AF464373

CÉSARISME

ET

CHRISTIANISME

(DE L'AN 45 AVANT J.-C. A L'AN 476 APRÈS)

PAR

P.-J. PROUDHON

PRÉCÉDÉ D'UNE PREFACE

PAR J.-A. LANGLOIS

Deuxième Édition

PARIS
C. MARPON ET E. FLAMMARION
ÉDITEURS
26, RUE RACINE, PRÈS L'ODÉON.

CÉSARISME

ET

CHRISTIANISME

—

TOME II

IMPRIMERIE C. MARPON ET E. FLAMMARION
RUE RACINE, 26, A PARIS.

CÉSARISME

ET

CHRISTIANISME

(DE L'AN 45 AVANT J.-C. A L'AN 476 APRÈS)

PAR

P.-J. PROUDHON

PRÉCÉDÉ D'UNE PRÉFACE

PAR J.-A. LANGLOIS

TOME SECOND

PARIS
C. MARPON ET E. FLAMMARION
ÉDITEURS
26, RUE RACINE, PRÈS L'ODÉON.

1883

CÉSARISME

ET

CHRISTIANISME

DEUXIÈME PÉRIODE

DE 71 A 193 APRÈS JÉSUS-CHRIST

(SUITE)

145. École de Bardesane.

Originaire d'Édesse, en Mésopotamie, versé dans la connaissance des cultes anciens et les sciences des Chaldéens, mais attaché au Christianisme, sans ambition, d'une piété fervente, Bardesane se signala d'abord en écrivant contre Marcion et les gnostiques, et confessa généreusement la foi chrétienne devant les empereurs Lucius Vérus et Marc-Aurèle. Il écrivit plusieurs savants ouvrages, que l'orthodoxie a détruits; mais ce qui l'illustra surtout, ce furent ses hymnes, dont l'admirable poésie popularisait dans toute la Syrie ses idées. [Bardesane fut en relation avec le roi Abgace.] Il eut un fils, Harmonius, dont le talent poétique surpassa celui de son père. Ces poèmes se chantèrent longtemps après leur mort dans les églises d'Asie, et ce ne fut qu'au IVe siècle qu'un prêtre orthodoxe, du nom d'Éphrem, vint à bout, en composant d'autres hymnes sur le même rythme, de faire oublier celles de Bardesane. Éphrem a été pour cela canonisé; Bardesane, qui, le premier, fit chanter le Christianisme et lui donna ce moyen puissant de propagande populaire, est rangé parmi les hérétiques. Ainsi va la justice des partis et des sectes: les esprits secs, médiocres, impuissants, calomniateurs, pourvu qu'ils sachent s'entourer d'une apparence de rigidité orthodoxe, écrasent les génies originaux, féconds et forts, à qui ils doivent jusqu'à leur existence.

Bardesane, qui avait reçu l'influence de Valentin, prétendait, à la différence de Marcion, justifier toutes ses idées par des écritures juives : la Bible devint ainsi pour lui la source d'une nouvelle gnose.

[On pouvait concilier Bardesane et Marcion, sur le terrain même de la gnose, en faisant voir que le fond de leurs idées était le même; que comme Valentin avait enseigné que les juifs étaient des psychiques (135), de même Marcion les considérait comme tels, etc., etc. On verra plus bas (149), par les ophites, que l'essence de la gnose était de repousser Jéhovah et tout le mosaïsme. Du reste, la tendance de Marcion était autre encore; il s'opposait à la *judaïsation* du Christianisme, devenu, depuis 71, un acte de foi.]

[Bardesane distingue, avec tout l'Orient, deux principes, Dieu et la matière; tandis que, suivant Zoroastre, Satan, l'esprit du mal, est une émanation de lumière déchue, il est, chez Bardesane, un produit du principe ténébreux et inerte, la matière.

Le Père suprême se déploie en plusieurs êtres, ou *éons* de sa nature : le 1er est sa pensée, *Ennoia;* le 2e est son fils, *Christos*, suivi de son épouse ou sœur, la *Sophia*, Saint-Esprit. — De *Christos* et de son épouse le Saint-Esprit naissent d'autres couples ou syzygies, la terre et l'eau, le feu et l'air : le tout ensemble formant l'ogdoade sacramentelle, le plérôme; viennent ensuite l'heptade sidérale, et une foule d'autres puissances qui gouvernent, chacune selon sa spécialité, les détails de l'univers.

L'homme est à ses yeux un membre distingué du monde des intelligences; son âme est née des éons; elle est, par conséquent, une émanation de l'Être suprême; c'est par elle que l'homme est immortel, par elle qu'il est libre; tandis que par son corps il est sous le joug de la nécessité. Il raconte ensuite comment cette âme s'étant corrompue par son union avec la matière, le *Christos* céleste vint à son secours; comment ce Christos naquit *en apparence* d'une vierge, prit l'apparence d'un corps; en ceci, il est d'accord avec les dokètes et avec le 3e et le 4e Évangile, qui montrent Jésus traversant, après la résurrection, les murs à la façon des esprits. Bardesane niait donc formellement que le Verbe eût été *fait chair;* il ne lui attribuait, selon la parole de Paul, qu'une forme de corps céleste, et quand on songe qu'il était contemporain du 4e Évangile, on conçoit qu'il n'y avait pas en lui de rébellion au texte sacré. Le Christos avait donc paru naître, *par, à travers* le corps de Marie, non *de Marie;* d'où il résulte de plus en plus que les premiers chrétiens qui raisonnèrent tant soit peu leur foi ne crurent rien des mystères qui depuis ont fait le fond du Christianisme, tels que l'incarnation, la virginité de Marie, bien moins encore la résurrection.

[Ou Bardesane n'a pas connu le 4e Évangile, dont la 1re citation formelle se trouve dans Théophile d'Antioche, en 172, ou, s'il l'a connu, il ne l'a regardé que comme une composition apocryphe, récente, et de nulle valeur. (Cf. 173, les Aloges.)]

L'école de Bardesane, l'une des plus raisonnables qu'aient produites les premiers siècles, se distingue autant par la pureté de ses mœurs, que par l'éclat de ses poésies et la conséquence de ses idées, ce qui n'empêche pas le détracteur Éphrem de représenter ses disciples sous les couleurs les plus abominables et de les comparer aux renards et aux chiens.

146-147-180. *Successeurs de Valentin.* — Tous devinrent chefs ou fondateurs d'écoles : ce furent *Secundus*, *Épiphane*, *Isidore*, *Plolémée Marcus*, *Colarbasus*, *Héracléon*,

Théodote et *Alexandre*. (Voir *S. Épiphane*, pour la chronologie exacte de chacun de ces chefs, et vérifier s'il vaut mieux les réunir dans un seul article, ou les placer chacun à leurs dates respectives.)

Secundus fut le successeur de Valentin. Il remanie l'ogdoade, la divise en deux tétrades, une droite et une gauche, et faisant des ténèbres le corrélatif positif de la lumière, place l'origine du mal dans le sein même du plérôme. Du reste, il fit plus de bruit que de besogne, ce qui lui valut l'honneur de donner son nom à un parti dans la gnose.

Épiphane introduisit dans la théologie valentine la terminologie des nombres, à l'exemple des kabbalistes, ce qui égaie fort Irénée. Clément d'Alexandrie parle de cet auteur avec estime : après sa mort, il fut honoré en Céphalénie comme un saint; il eut une chapelle, une liturgie, des anniversaires ; de tels honneurs à cette époque étaient rares ; les orthodoxes, qui depuis en firent litière, en prirent occasion de dire qu'Épiphane avait été adoré comme un Dieu.

Isidore était fils de Basilide. Il quitta les idées de son père pour celles de Valentin, ou plutôt il essaya une correction des unes par les autres. A l'exemple de Cerdon, Marcion, il se prononça de plus en plus contre le judaïsme, et reprit l'antithèse originairement posée par Paul entre l'ancienne et la nouvelle loi, antithèse qui tendait de plus en plus à devenir un simple rapport de filiation et de transformation religieuse. Une des singularités de son système est la désignation qu'il faisait du mot hébreu *Kantakan* קו לקו (Isaïe, XXVIII, 10), qui, d'après la traduction des 70, signifie *espérance sur espérance*. Ce mot acquit la même célébrité qu'avait obtenu celui d'*Abraxas* (110). Le parti d'Isidore a mérité que Clément d'Alexandrie dit de lui : « Le culte de ces gnostiques consiste dans une attention continuelle à leur âme, et en méditations sur la divinité comme étant l'amour inépuisable. Leur science a deux parties : la première s'occupe des *choses divines*, la deuxième des *choses humaines*. » — Par où se voit l'union intime qui existait dans leur système entre la théologie et la morale, la première étant regardée comme la *théo-*

rie, dont la deuxième était la *pratique*. Ce n'est point ainsi qu'elles sont associées dans la théologie orthodoxe. Clément d'Alexandrie ajoute, parlant des disciples d'Isidore : « Le gnostique prie en tout temps, dans toutes les situations et de toutes les manières, parce qu'il sait que sa prière est toujours entendue. »

Ptolémée. (Voir à l'an 166.)

Marcus et *Colarbasus*. (Voir l'an 171.)

Héracléon. (Voir an 172.)

Théodote et *Alexandre* furent les derniers qui représentèrent à Alexandrie avec quelque éclat le système de Valentin, et arrêtèrent la décadence de la secte. Leurs idées, comme celles de Marcus, tendaient fortement au quiétisme, et sous ce rapport elles ont mérité les censures d'Irénée. — « Ils se nomment, dit-il, les *pneumatiques* (spirituels), donnant aux autres chrétiens le nom de *psychiques* (passionnels). Or, ainsi qu'il est impossible à l'homme, uniquement composé de matière, *hylique*, de parvenir au salut; il est impossible aux pneumatiques de se corrompre, quelque mauvaises que soient leurs actions. » Ils disparurent tous au ve siècle, sous la proscription des empereurs.

148-149. Grande secte des *ophites* ou *serpentaires*. Sous ce nom étrange se cache une école de théosophes, les plus profonds peut être de tous les gnostiques, sinon par la valeur intrinsèque de leur système, au moins par leur tendance hautement synthétique et universaliste. On les trouve répandus partout: cependant leur principal foyer paraît avoir été l'Égypte.

Le caractère le plus saillant des *ophites* est qu'ils ne répudient aucune doctrine, aucune tradition : judaïsme, magisme, sabéisme, platonisme, hermétisme; ils embrassent tout. Simon le Mage, Apollonius, Marc-Aurèle, se bornaient à prêcher l'identité des cultes et la tolérance; les ophites essaient une synthèse supérieure, dans laquelle tous se retrouvent comme parties constituantes.

Suivant eux donc, tout est émané d'un principe unique, Être suprême, immense infini que l'entendement conçoit, mais que la raison ne saurait comprendre, et que la plupart des hommes ignorent; ils lui donnent, ainsi que Valentin, le nom de *Buthos*, analogue à celui d'*En-soph* que lui donnaient les kabbalistes (76), et qui est à proprement parler l'*Absolu*. Ce *Buthos*, ils le nommaient encore, à l'exemple des zoroastriens, source de lumière et homme primitif, *Adam kadmon*. L'humanité est toujours au fond des théories gnostiques et théosophiques.

Par une première émanation de son être, *Buthos* pose sa pensée, *Ennoïa*, autrement dite *Sigê*, le silence. C'est ce que chante l'Église dans la prose pour la Trinité : *Pater ab œvo se videns, parem sibi gignit natum. Buthos* et *Ennoïa* conjugués ensemble, *uterque sese diligens*, dit la prose, engendrent le *Pneuma*, l'esprit, *parem producit spiritum.*

Pneuma, neutre en grec, mais féminin en hébreu, autrement dit *Sophia*, la sagesse, est la mère des vivants. Elle repose sur le chaos, elle couve, pour parler comme la Genèse, *incubabat acquis*. C'est de sa vertu qu'émane toute existence ultérieure. Voilà le *spiritum vivificantem* de Nicée (325). L'Église orthodoxe a changé les genres, ou les sexes, de l'*Ennoïa* et de la *Sophia ;* c'est une question de pure grammaire, et qui n'est d'aucune signification en théologie.

La trinité fondamentale ainsi posée, il s'agit d'expliquer : 1° la génération des intelligences supérieures et du monde invisible; 2° la création de la matière et de l'humanité; 3° l'origine du mal et toutes ses conséquences. Ici commence une de ces généalogies célestes, qui répugnaient si fort à l'esprit monothéiste de Paul, et que l'Église orthodoxe a, si nous pouvons employer l'expression, escamotée de son mieux, en disant simplement dans sa profession de foi que Dieu le Père tout puissant, est l'auteur de toutes les choses visibles et invisibles : *Factorem... visibilium omnium et invisibilium.*

Comment la *source de lumière* a-t-elle produit le mal? Voilà le problème qu'il s'agit de résoudre et qui occupa surtout les ophites. Or, telle était l'idée de pureté que ces théosophes se faisaient de l'Être divin, que non seulement ils refusaient de lui faire créer directement ou indirectement la matière, mais qu'ils ne consentaient même pas à le commettre avec elle dans le moindre rapport. Ils supposaient donc les *éléments* du monde existant de toute éternité; puis entre ces éléments et l'Être suprême, ils plaçaient une série descendante d'émanations dont les rameaux aboutissaient à la création de la nature, des êtres et de l'homme.

La triade primitive, *Buthos*, *Ennoïa* et *Pneuma*, engendre deux êtres de perfection inégale : le premier est Christos, le Messie divin, guide et conservateur de tout ce qui est de Dieu, voilà la tétrade; le deuxième est *Sophia-Achamoth*, l'âme du monde futur, qui, s'approchant du chaos, engendre le démi-urge, créateur véritable.

Ce démi-urge, *per quem omnia facta sunt*, est *Ialdabaoth*, c'est-à-dire l'enfant des ténèbres(םךוקגלרא), lequel engendra *Iao* ou *Jéhovah*, qui engendra *Sabaoth*, qui engendra *Adonaï*, qui engendra *Eloi*, qui engendra *Ouraïos*, qui engendra *Astaphaïos* (génies du ciel, de la terre, de l'air, du feu et de l'eau), qui tous, sous des noms divers, sont adorés chez différents peuples. Après ces génies, il en vint encore d'autres d'un ordre de moins en moins élevé, décorés des noms génériques d'*anges*, *archanges*, *vertus* et *puissances*, et qui forment la milice céleste, population innombrable du polythéisme; de telle sorte que, selon les ophites, chaque objet particulier de la nature avait son génie, son créateur spécial : c'est ainsi que les *dryades* présidaient aux arbres, les *oréades* aux montagnes, les *napées* aux bosquets, les *nymphes* aux fontaines, à la mer, etc.

[A refaire tout ce qui suit sur les ophites.]

Iadalbaoth crée l'homme. Mais l'homme, animé du principe vivifiant qu'Ialdabaoth tenait lui-même de l'esprit pur, suit son attraction pour la lumière et reproduit bientôt l'image de Dieu, l'homme primitif; Ialdabaoth devint jaloux de sa créature, et de ses regards d'envie, réfléchis par la matière, naît Satan, aux jambes tortueuses, *Ophiomorphos*, comme l'égyptien *Phtha*, ou le grec *Héphaïstos*, en un mot le génie de la laideur et du mal.

Dire ensuite comment *Ophiomorphos* tourmente l'homme et lui défend de manger du fruit de l'arbre de la science; comment Sophia Achamoth envoie un bon génie, sous la forme d'un serpent, ὄφις, pour préserver Adam de ce funeste conseil, etc., etc. Ce serait chose trop longue.....

(Voir à ce sujet MATTER, qui n'est pas clair du tout.)

[Les prières de l'âme, au moment où, après avoir quitté le corps, elle s'achemine à travers les sphères jusqu'au trône du Très Haut, sont fort curieuses, ainsi que la description de son voyage; elles nous semblent inspirées par la mythologie ou les purifications égyptiennes.

(Cf. Matter, *Hist. du gnos.*, t. II, p. 229.)]

Ce qui est essentiel ici à retenir, c'est que les *ophites*, ainsi nommés par dérision du rôle que le serpent *Ophis*, tour à tour bon ou mauvais génie, jouait dans le système de leurs mythes, sont les vrais représentants de la synthèse religieuse, objet essentiel de la révolution chrétienne. Comme tous les gnostiques, ils ont préparé la voie à la théologie orthodoxe, qui les a condamnés après les avoir pillés; et plus que tous les autres, ils ont poussé le Christianisme dans cette voie d'absorption et d'imitation qui devait faire de lui, non une synthèse, mais un syncrétisme ridicule des opinions religieuses qu'il défigurait en s'y substituant.

Une tentative comme celle des ophites prouve surabondamment qu'au temps où ils parurent, il n'existait dans l'Église aucune théologie, aucune profession de foi, aucun livre faisant autorité, aucun Évangile reconnu... C'est ce que la suite de l'histoire achèvera de démontrer. Nous verrons, en effet, que postérieurement à l'époque où l'autorité des *quatre* fut acceptée dans la majorité des Églises, et surtout après le concile de Nicée, la spéculation théosophique *s'éteint*, et l'on ne dispute plus que sur les questions que les Évangiles n'avaient pas résolues, et qui, alors, furent du ressort, non plus des livres canoniques, mais des conciles et des papes.

150. Les Huns blancs, essaim de la race turque, arrivent de la Tartarie et s'établissent dans la Transoxiane, à l'est de la mer Caspienne et au sud du lac Aral, dans la contrée que plusieurs traditions supposent avoir été la première civilisée de l'univers. Alors furent détruits vraisemblablement tous les monuments de l'histoire et de la philosophie bactriennes.....

Commencement des princes sarrasins à Palmyre.

Religion des bardes en Écosse, après la destruction des druides par Trenmor. Suivant les bardes, les nuages sont le séjour des âmes après le trépas. Elles commandent aux vents et aux tempêtes et se livrent, dans leur séjour aérien, aux occupations qui ont fait leur bonheur dans la vie.

(Comparez, s'il se peut, la doctrine des bardes avec celle des druides et d'Odin.)

150. Tolérance d'Antonin pour les chrétiens. — Il ne leur imposait d'autre obligation, comme Trajan et Adrien, que de ne rien faire contre les lois de l'État. — Il est possible que ce fut lui qui, étant sous le règne de Trajan gouverneur d'Asie, et voyant accourir les chrétiens à son tribunal, leur lança ce sarcasme : *Misérables! si vous avez envie de mourir, manquez-vous de cordes et de précipices.* Cela est digne d'un Romain, d'un empereur et d'Antonin.

[Malgré la tolérance de Trajan (103), d'Adrien (126), les chrétiens avaient toujours quelque affaire : il leur était, en effet, difficile de remplir la condition imposée par Trajan, Adrien, renouvelée par Antonin le Pieux et Marc-Aurèle, quand il n'y aurait eu contre eux que les faits de *société secrète* et d'*athéisme.*]

— Sous un règne comme celui d'Antonin, il y avait peu d'apparence pour les millénaires que leurs rêves se réalisassent. Aussi, l'arrivée du Christ fut-elle ajournée à la mort de ce prince. En attendant, les plus impatients, ceux que les attaques de Marcion (141) ont ébranlés, jugent utile de se justifier.

Cette année 150, Justin, philosophe converti, présente sa première apologie.

[Justin est un de ces nombreux chrétiens des premiers siècles, dont on explique aujourd'hui les *idées* non orthodoxes en disant qu'ils étaient *peu éclairés* ou *mal convertis.*]

Il prouve, ce que les empereurs n'ignoraient certainement pas, que si les chrétiens se tenaient à l'écart de la religion officielle, et même de tout culte formel ou extérieur, ils n'étaient pas pour cela des *impies*, des gens sans *foi ni loi;* qu'athées à l'égard du polythéisme, ils ne l'étaient point relativement à un *être suprême.* Il explique ensuite le royaume des chrétiens dans le même sens que Jésus, ce qui est une dissimulation ou une négation du millénarisme. Sa théorie du Verbe, *premier-né* de Dieu, qui s'est manifesté à Moïse, Abraham, n'est pas différente de celle de la plupart des gnostiques, mais fort peu d'accord avec celle du quatrième Évangile, qu'il n'a évidemment pas connu, et encore moins avec celle de Nicée, où le fils de Dieu n'est plus *premier*, mais *unique.* « Quiconque suit la droite raison, dit Justin, est chrétien. » Maxime fort large qui fait dire à Justin que, même avant Jésus, il y avait des chrétiens, par exemple Socrate; mais maxime qui ruine la spécialité de la mission évangélique par la base, ainsi que nous l'avons prouvé (56).

151. *Apellès.* — Un des disciples de Marcion (141), chassé par son maître pour un péché d'incontinence, finit par conclure « qu'il faut s'abstenir de tout examen de la religion; que chacun doit demeurer ferme dans la croyance qu'il a embrassée, et que l'essentiel est de pratiquer les bonnes œuvres ». Ce qui nous ramène, en désespoir de doctrine, au point de départ de Jésus et des premiers apôtres. Apellès disait que le mauvais principe est né du bon; il pouvait ajouter, et réciproquement.

Il conduisait avec lui une prophétesse nommée *Philomène*, chérie, ce qui était de mode, depuis Simon le Mage (20, 171, 172).

152-153. Les chrétiens placent vers ce temps le martyre de Félicité et de ses *sept* fils, répétition de celui de Symphorose (126), et, comme celui-ci, contrefaçon de celui de la mère des Macchabées.

154-155. Sectes des séthiens et caïnites : deux branches opposées des ophites. — Les premiers, loin de rejeter les codes hébreux, y trouvaient, au contraire, exposées en apologues, toutes les sublimités de la gnose ; à ce compte, ils tendaient à repousser l'universalisme de Simon le Mage et des ophites et à accepter la succession du judaïsme. Abel et Seth représentaient, selon eux, la génération des spirituels ou pneumatiques ; de même que Caïn, la race des matériels ou hyliques. Jésus, selon eux, s'était incarné pour la première fois en Seth, d'où le nom de *séthiens* qui leur fut donné.

Les caïnites, en revanche, prétendaient que tous les personnages maudits de la Bible, tels que Caïn, Cham, Ésaü, les Sodomites, etc., étaient des pneumatiques calomniés et persécutés pour leur opposition au culte de Jéhovah, génie inférieur et malfaisant (149). Par une conséquence de cette réprobation, ils soutenaient que les apôtres et leurs écrits avaient été tous entachés de judaïsme et réhabilitaient Judas Iscarioth, le seul pneumatique, selon eux, de tous les apôtres. Judas, disaient-ils, savait que l'empire de Ialdabaoth serait détruit par la mort de Jésus, et c'est pour cela qu'il le livra !... En conséquence, ils rejetaient toutes les Écritures à eux connues et n'admettaient qu'un Évangile, celui de Judas ; du reste, les meilleurs chrétiens du monde.

155. L'orthodoxie consiste à garder ici un juste milieu ; c'était naturel. Dès lors qu'on assignait un rôle provisoire au judaïsme, on ne pouvait le condamner d'une manière absolue comme les caïnites, les ophites, les marcionites, etc., etc., ni l'affirmer comme les nazaréens, séthiens et ébionites.

Au reste, à cette époque, l'orthodoxie est nulle. La *foi* a la plus grande latitude.

156-157. Dialogue de Justin avec Tryphon le Juif. — L'Église nazaréenne de Pella était revenue au giron de l'orthodoxie depuis une vingtaine d'années. — Question posée alors : Si un chrétien judaïsant peut être sauvé ? — C'est l'opinion de Justin ; mais il avoue que beaucoup parmi les orthodoxes le niaient ; c'est cette dernière opinion qui a prévalu. — Excommunication pour excommunication.

158. Grande dispute dans l'Église, à propos de la célébration de la pâque. Polycarpe, évêque de Smyrne, se rend à Rome tout exprès pour conférer de cette affaire avec le pape Anicet. Il s'agissait de savoir si la pâque devait être célébrée par les chrétiens le même jour que les juifs, 14e de la lune de mars, ou bien le dimanche suivant. Cette question, qui semble aujourd'hui ridicule, touchait alors à l'essentialité même du Christianisme.

Le Christianisme romprait-il avec le judaïsme, comme le voulaient par exemple Marcion et les caïnistes (141, 155), ou bien se porterait-il son héritier, comme le proposaient depuis 71 les auteurs des épîtres aux Hébreux, de Barnabé, les séthiens et autres ? Quand on se reporte au temps, et qu'on songe à ce qu'étaient toutes ces sectes, on n'est plus surpris du vacarme effroyable qui s'éleva à cette occasion. Ici le fait ne laissait aucune ressource aux restrictions : rien qu'à la manière de célébrer la pâque, vous étiez jugé orthodoxe ou hérétique : pas moyen d'échapper. Mais la question était encore trop brûlante : la succession du judaïsme fut acceptée sous bénéfice d'inventaire ; Anicet et Polycarpe convinrent que chacun suivrait sa coutume ; la question ne fut tranchée que trente-six ans plus tard, en 194.

— Hégésippe, historien. Il écrivit en cinq livres l'histoire ecclésiastique, depuis la passion jusqu'à son temps. C'était un recueil sincère des *traditions apostoliques*, d'un style simple. Il reconnut, dit-il, dans le fragment unique conservé par Eusèbe, que l'Église de Corinthe n'avait rien ajouté ni changé à l'Évangile de Paul (58); qu'il avait fait la même remarque dans toutes les Églises fondées par les apôtres, en sorte que ces Églises tenaient toutes sans modification aucune, depuis la mort des apôtres, soit environ quatre-vingt-dix ans, la même doctrine et les mêmes maximes. — L'ouvrage d'Hégésippe a été détruit comme ceux de Papias (120), de Quadratus (125) et plusieurs autres. Les orthodoxes ont conclu ensuite de ce passage d'Hégésippe, conçu en termes généraux, que, depuis les apôtres, les Églises avaient eu la même foi que celle pour laquelle combattirent les Irénée, les Tertullien, les Athanase, et qui se formula, tant bien que mal, au concile de Nicée; tandis qu'il en résulte simplement, ce que toute l'histoire démontre, que jusqu'à l'époque où parurent les grandes écoles gnostiques, les Églises, jalousement protégées par leurs évêques contre l'invasion des idées nouvelles, s'en tenaient au formulaire de Paul, Pierre, Jacques, Jean, sans plus ample informé, sans explication ni commentaire.

En deux mots, au temps où écrivait Hégésippe, il n'y avait rien de décidé ni de reçu dans l'Église sur les questions qui occupaient les gnostiques, et qui devaient un jour former le fonds de la théologie chrétienne : ces questions étaient même traitées de nouveautés et prudemment écartées comme *vaines* et *dangereuses.*

159. Lucanus, disciple à ce qu'on croit de Marcion, enseigne qu'il ne faut pas se marier et faire des enfants, de peur d'augmenter le royaume du Créateur, qui n'était autre, selon lui et les ophites (149), que le père de Satan et de la matière. Un Évangile de ce temps, attribué à Philippe, apôtre, mit dans la bouche d'une âme défunte cette prière à l'Être suprême, différent d'Ialdabaoth, le Créateur: « Je me suis moi-même reconnue dans mon être; je me suis recueillie de tous les côtés; je n'ai point donné d'enfants au dominateur des mondes; mais j'ai extrait sa racine et j'en ai recueilli les membres épars. Je sais qui tu es, car je tiens mon origine d'en haut. »

160. Des disputes s'élèvent entre païens et chrétiens sur la prééminence de Pythagore, Apollonius de Tyane et Jésus. Elles duraient encore au IVe siècle, du temps d'Augustin. Les chrétiens se tirent d'affaire en disant qu'Apollonius était possédé du démon.

161. Mort d'Antonin le Pieux. Son successeur est Marc-Aurèle, qui se prétendait descendant de Numa, avec Lucius Vérus, son gendre, pour coadjuteur. Ils règnent ensemble sans partager l'empire, ni même sans séparer leurs résidences.

[A son avènement, il paye aux prétoriens, *vicena H. S.*, ou 3,600 livres (7,000 fr. environ par homme).]

[A l'âge de douze ans, Marc-Aurèle embrasse la philosophie stoïcienne.]

Le Césarisme, en la personne du nouveau titulaire, se pose de plus en plus en réformateur, mais réformateur traditionniste, éclectique, tempérant, prudent, conservateur et honnête; réformateur, c'est-à-dire plus fait pour glacer les courages que pour les porter avec enthousiasme vers les régions de l'avenir.

Marc-Aurèle ne reconnaît, comme les chrétiens et les philosophes, qu'un Dieu unique, éternel, souverain arbitre et créateur de l'univers, et dont l'âme de l'homme est une émanation. Cela ne l'empêche point, dans son langage officiel, de parler à chaque instant des dieux, d'en soutenir le culte, d'en protéger les mystères, d'honorer les Césars défunts, et de recevoir lui-même, dieu présent, l'encens du soldat. Pouvait-il autrement? — Du principe de l'unité de Dieu et de l'origine de l'âme, Marc-Aurèle déduit, comme conséquence, la fraternité des hommes, l'amour du prochain et la souveraineté de la conscience. Malgré cette belle doctrine, il maintient, affermit, consolide les vieilles institutions qui la détruisent, la conquête romaine, le Césarisme, la servitude, les sacrifices humains offerts chaque jour à cette affreuse idole, le peuple. Était-il maître d'agir autrement? — Marc-Aurèle conclut en recommandant aux hommes la tempérance, le mépris de la célébrité et de la vie, la fuite de la cour et des princes, l'empire sur les passions, le dédain de l'opinion, la recherche de l'obscurité, de la médiocrité, du repos. Lui-même, on l'avait vu, à Rome et en Grèce, donner des leçons publiques de philosophie, comme on le vit, pendant huit hivers, sur les bords du Danube, braver la rigueur des frimas pannoniens. Mais qu'étaient cette constance stoïque et cette morale vraiment impériale, là où il eût fallu attaquer la corruption dans sa racine, c'est-à-dire dans l'abus de la propriété, dans l'horreur du travail et le parasitisme du peuple-roi? Marc-Aurèle se plaisait à louer Cassius et Brutus : on l'a traité d'hypocrite; nous croyons qu'il était sincère. Pouvait-il rétablir ce patriciat avare, rendre aux nations désaccoutumées de la vie politique la disposition d'elles-mêmes, démembrer l'empire en restaurant les vieilles aristocraties, ramener, en un mot, les choses au point où elles étaient trois cents ans auparavant?...

Ou bien, reprenant en sous-œuvre la mission des Apollonius, des Simon, des Jésus, achever cette révolution chrétienne déjà dévoyée et qui ne se connaît presque plus? Non, non, Marc-Aurèle fut le Jérémie des Césars; l'espèce humaine est entrée dans une période de malheurs, d'hypocrisie et de crimes. Apprenez, ô nations, à souffrir; et vous, hommes, apprenez à mépriser et la vie et la mort, et la richesse et la misère : vous en aurez besoin. C'est en vain que Julien, venu bien plus tard (361), essaiera de réaliser une généreuse utopie; il n'aboutira qu'à se rendre ridicule et à se faire infliger le nom odieux de rétrograde, d'apostat!...

[Rapprocher les idées de Marc-Aurèle de celles d'Adrien (126).]

— A la mort d'Antonin le Pieux un mouvement a lieu sur toute la frontière. Les Lombards sont d'abord rejetés au delà du Danube ; l'antagonisme entre les races teutoniques et gréco-latines, un instant suspendu, reprend son cours.

162. La guerre recommence aussi avec les Parthes, qui ont chassé le roi d'Arménie; avec les Cattes et la Grande-Bretagne. Inconvénient du gouvernement personnel; chaque nouvel empereur est obligé de donner sa mesure à l'ennemi. — Lucius Vérus est envoyé en Orient; il a pour lieutenant Avidius Cassius.

Une colonie de Goths descend de la Suède et veut s'établir en Germanie.

Apulée publie son *Ane d'or*. Curieux de magie, et cédant aux tendances mystiques des philosophes de son temps (101), il s'était fait initier à tous les mystères, instruire dans toutes les religions, sans oublier celles des chrétiens et des juifs. Il avait espéré trouver dans ces sanctuaires et les livres des théosophes des connaissances extraordinaires, obtenir des révélations, voir ou faire des prodiges; quelle fut sa conclusion? que tout était vanité, et rien que vanité! Il se comparait lui-même à Circé, que les poètes faisaient fille de la Persuasion; sa grâce, sa bonne mine, son éloquence, son esprit insinuant lui gagnaient les cœurs; et c'est en cela, disait-il, que consistait sa magie!...

163. Le roi des Parthes, Vologèse, marche à la rencontre de Vérus; celui-ci parvient à le refouler et rétablit Sohème sur le trône d'Arménie.

Édit de persécution contre les chrétiens; c'est le quatrième. (Cf. 103, 93 et 66.)

164. Galien applique la philosophie péripatétique à la médecine, et prétend expliquer celle-ci au moyen des éléments, des qualités cardinales et des humeurs. — *Quid?*

165. Les Parthes vaincus demandent la paix. Cette paix, toujours violée et toujours accordée après chaque violation et chaque défaite, met à nu le désavantage de l'empire, qui, ne pouvant franchir ses limites, se donner des provinces qu'il faudrait enrichir et régir à grands frais, est forcé d'accorder la paix aux barbares toutes les fois qu'il ne leur convient pas de se battre. Maintes fois les empereurs, suivant l'ancienne politique, ont essayé de créer en Arménie, et chez les Parthes eux-mêmes, une royauté amie qui pût leur servir de rempart; ce système n'a pu aboutir. La nature du Parthe est l'indiscipline, son but le pillage; tout prince qui ne donne point satisfaction à ce double instinct est pour lui un usurpateur indigne; il le détrône et s'en donne un qui le conduise au butin. L'ancien royaume de Syrie, avec les Séleucides, lui avait dû en partie sa ruine; les Césars, occupés d'ailleurs, ne pourront pas plus. A force de traités violés et de victoires inutiles, il faut que Rome succombe; c'est ce que savent les Germains aussi bien que les Parthes.

Ligue des Marcomans et autres peuples de la Germanie contre les Romains.

165. *Mort de Pérégrinus Protéus.* — C'était un cynique, couvert de crimes, qui, après avoir longtemps trompé les chrétiens, vécu de leurs dons et obtenu les grades les plus éminents dans l'Église, finit par être convaincu d'imposture; se fit chasser d'Italie, et, pour finir d'une manière extraordinaire, se brûla lui-même tout vivant, en présence de Grecs réunis aux jeux olympiques. Lucien a fait de Pérégrinus le sujet d'un dialogue contre les chrétiens. Il eût dû, pour être juste, en composer un autre sur le cynique Crescent, protégé de l'empereur Marc-Aurèle, et dont la philosophie consistait, comme celle de Pérégrinus, à tromper les gens de bien, amasser de l'argent et se livrer à toutes les espèces d'amours. L'existence de ces personnages impurs, et ils n'étaient point rares, décèle le désarroi des intelligences et des consciences à cette belle époque des Antonins, et justifie les efforts des gnostiques pour asseoir enfin la morale sur une base solide et rationnelle.

166. Triomphe des deux empereurs Marc-Aurèle et Vérus. L'empereur envoie des ambassadeurs au souverain de la Chine, Han-Honou-ti, et fait avec lui un traité pour le commerce des soies. Il part ensuite pour aller combattre les Marcomans et les Quades! La peste désole l'empire.

166. École de *Ptolémée*. Elle florissait à Alexandrie vers cette année; elle cherchait un certain tempérament ou juste milieu entre les diverses écoles gnostiques, s'écartant à la fois, et de ceux qui proscrivaient les monuments judaïques, et de ceux qui leur accordaient une autorité excessive, et s'efforçant de maintenir la gnose dans les termes d'une sage théorie.

Ptolémée surtout protestait contre l'intention de faire secte et du désir de garder la communion universelle : il affirmait que ses croyances étaient de *tradition apostolique;* qu'elles lui avaient été transmises par une *succession* d'organes respectables; il les jugeait d'ailleurs sur les paroles mêmes de Jésus, conservées par la *tradition.* — Un homme aussi prudent que Ptolémée, aussi désireux de garder l'*orthodoxie*, aussi soigneux de mettre ses opinions d'accord avec l'enseignement vulgaire et les traditions apostoliques, se fût-il exprimé de la sorte, s'il avait eu en main les quatre Évangiles, ou s'il leur avait accordé l'importance qu'ils ont acquise par après?

Le système de Ptolémée est exposé dans une lettre adressée à une dame romaine, nommée Flora, qu'il appelle : Αδελφη μοι καλη φλωρα.

A côté de l'école de Ptolémée paraît la figure méphistophélique de Lucien, auteur de *Dialogues* où il siffle les dieux et les hommes et tourne en ridicule toutes les religions. Un mot de lui prouve combien le dogme de l'immortalité de l'âme, tel que l'entendaient les chrétiens, était encore nouveau et scandalisait le polythéisme : « *Ces misérables*, dit-il, *se persuadent qu'ils sont immortels.* » Toute l'antiquité polythéiste réservait aux dieux, en effet, à l'exclusion des hommes, le privilège de l'immortalité. C'est par là que les poètes les distinguent les uns des autres : αθανατοι, et θνητοι, les immortels, les mortels.

[« Pendant tout son règne, dit Gibbon, Marc-Aurèle méprisa les chrétiens comme philosophe et les punit comme souverain. » Comme philosophe et comme souverain, Marc-Aurèle avait droit de faire l'un et l'autre : devant l'histoire, c'est autre chose.]

— 2e apologie et martyre de Justin. — Ce qu'il y a de plus triste sur cette mort, c'est qu'elle fut très probablement causée par les dénonciations acharnées du cynique Crescent (165), qui semble s'être fait l'adversaire de Justin. Dans cette apologie, Justin venge les mœurs des chrétiens des calomnies qui avaient cours parmi les païens; mais ni dans ce second écrit pas plus que dans le premier (150), ni dans son *Dialogue avec Tryphon* sur la religion chrétienne, on ne trouve la moindre mention des *quatre Évangiles*, bien qu'il s'y trouve de nombreux passages, dont on trouve les analogues dans les livres actuellement regardés comme canoniques et que l'auteur ait eu mainte occasion de les citer.

[Justin cite sur la divinité de Jésus-Christ les *Psaumes* et le livre de l'*Ancien Testament*, mais pas les ÉVANGILES. — Cependant il insiste sur l'autorité de l'*Apocalypse*.]

167. 25 *avril*. Martyre de Polycarpe, évêque de Smyrne.

C'était un vieillard, alors âgé de quatre-vingt-six ans, qui avait vu l'apôtre Jean, et qu'on pouvait regarder alors comme le doyen de tous les chrétiens, c'est-à-dire le plus âgé dans la religion. De semblables exécutions, faites avec fanatisme et un grand éclat, ne pouvaient que nuire au Césarisme et servir la cause chrétienne. Il reste de lui une *Épître aux Philippiens ;* on a vu (71, 92, 108) que la coutume s'était répandue parmi les évêques d'écrire, à l'exemple des apôtres, aux Églises voisines, soit pour entretenir la communion, soit pour leur donner des conseils. La lettre de Polycarpe est importante pour l'histoire de l'épiscopat : on y voit que l'évêque de Smyrne, à l'exemple de son collègue Ignace d'Antioche (107), appuyait la doctrine de Clément (92) sur la hiérarchie ecclésiastique. — (Voir si, dans cette lettre, les passages de l'Évangile sur la primauté de Pierre sont rapportés?)

« Ce qui est remarquable, dit Strauss, c'est que non seulement Polycarpe ne cite point l'Évangile de Jean, qu'il a connu, ni celui d'aucun autre; mais c'est qu'Irénée, disciple de Polycarpe, qui eut à soutenir l'authenticité du 4e Évangile, n'invoque nulle part en témoignage l'autorité de l'homme apostolique. »

— Athénagore, apologiste, réfute, au nom des chrétiens, les reproches d'athéisme, de promiscuité et de cannibalisme qu'on leur adressait. Il professe, en termes à peu près orthodoxes, mais qu'avait réfutés Justin, la foi à une trinité : mais cette trinité est prise de la gnose, rien n'y trahit l'autorité des Évangiles, que l'auteur semble n'avoir aucunement connus.

Bergier place cette apologie d'Athénagore à l'an 177. — *Quid ?*

(Voir cette apologie, qui existe encore tout entière, et dont le silence à l'endroit des QUATRE Évangiles serait décisif, comme celui de Polycarpe et de Justin.)

168. Les barbares s'avancent en masse le long du Danube, jusqu'à Aquilée, et s'apprêtent à faire irruption en Italie.

Victoires des Romains sur les peuples confédérés de la

Germanie : Marcomans, Quades, Hermundures, Narisques, Buriens, Bastarnes, Pénéniens, Castoboques, Suèves, Victophales, Vandales, Iazyges, Roxolans, Alains, etc.

Discours de Tatien contre les Grecs.

— C'est une attaque en forme contre le culte des dieux, la mythologie et tout le système polythéiste. Jusqu'ici les chrétiens s'étaient tenus sur la défensive et s'étaient bornés à faire l'apologie de leurs croyances et de leurs mœurs. Tatien, le premier (?), porte la guerre dans le camp ennemi et rompt en visière au paganisme, comme avaient fait les apôtres. Son discours est une diffamation en règle des dieux, de leur culte et de leurs prêtres. Tatien était disciple de Justin, à qui il rend hommage : nous le retrouverons plus tard (171), chef des encratites.

[Dans ce discours de Tatien, l'union de Dieu le Père et de Dieu le Fils est exposée, moitié d'après les idées de Platon, moitié d'après celle des gnostiques; la théorie de l'émanation est la base de son système. Pas un mot de l'*Évangile* de Jean.]

— Denys, évêque de Corinthe, écrit différentes épîtres aux Romains, aux Lacédémoniens, aux Athéniens, aux Nicomédiens et aux Crétois (167); le pape, Soter, Pynitus, évêque de Crète, faisaient de même. Ces lettres étaient lues dans les églises, comme celles des apôtres. — Denys avait exhorté Pynitus à se montrer moins sévère à l'endroit de la continence; Pinytus lui reproche à son tour d'être un retardataire, et lui recommande de prêcher à ses ouailles une morale plus forte.

169. La guerre continue contre les Marcomans et les Quades. Lucius Vérus est frappé d'apoplexie ; Marc-Aurèle, resté seul empereur, revient à Rome.

Publication de la troisième collection des livres sibyllins : on y trouve sur Jésus et le Christianisme des prédictions qui prouvent jusqu'où allait, chez les chrétiens de ce temps, l'insolence des fraudes pieuses.

170. Tandis que les Goths, descendus de la Suède, prennent la Germanie, les Scythes du Don se jettent sur le

Bosphore et les Maures sur la Bétique. Les Romains font face de tous côtés et repoussent les barbares.

Cependant les chrétiens, haïsseurs de Rome et de l'empire, haïsseurs de la philosophie et des arts, se livrent en toute sûreté à leurs *agapes*, ou repas d'amour. Pour mieux représenter l'innocence et la fraternité primitives, un grand nombre parmi eux, tels que les *antitactes*, les *phibionites*, les *barbétions*, les *adamites* ou *prodiciens*, mettaient ou feignaient de mettre tout en commun, rejetaient le mariage, faisaient un dogme de l'amour libre et de la communauté des femmes, et célébraient leurs fêtes érotico-bachiques dans des salles parfaitement closes et chauffées, où les deux sexes communiaient nus.

[Le Christianisme, ne pouvant réaliser son objet, à savoir la révolution sociale, ne sachant donner la raison philosophique de sa morale, rejetant, en conséquence, les espérances qu'il avait fait naître dans un monde supérieur, la corruption commence aussitôt, elle se raisonne, se systématise; elle atteint son apogée dans la deuxième moitié du IIe siècle, un siècle à peine après la prédication apostolique. Les philosophes les premiers la dénoncent, les empereurs la répriment par le supplice; enfin, l'épiscopat la combat par l'excommunication.

Rétrogradation sur l'idée sociale.

Rétrogradation sur le culte.

Corruption des mœurs.

Voilà, après un siècle, où en est le Christianisme. Il périrait bientôt s'il devait répondre de l'ambition de ses chefs, de l'impuissance de ses docteurs et des hallucinations de ses ignorants sectaires; mais il reste avec le problème qu'il a posé; il porte en soi un germe indestructible : il ne cessera que par la manifestation de la vérité.]

Les *antitactes* avaient pour principe de prendre pour loi le contrepied de tout ce qui était prescrit dans l'Ancien Testament (155, 141), prétendant que les préceptes qui y sont contenus sont l'œuvre du démon. Précisément parce qu'il nous défend la fornication, disaient-ils, nous devons forniquer : *Quia dixit, non mœchaberis, nos mœchemus.* — Les *borboriens* ou *barbétions*, adorateurs d'un éon femelle, nommé *Barbelo*, allaient dans leurs mystères bien plus loin que les antitactes : c'étaient tout à la fois la fornication, l'inceste, l'omnigamie, l'amour unisexuel et par toutes les parties du corps.

— Les *phibionites*, comme les barbétions, avaient pris naissance en Égypte ; leur nom copte indique un raffinement de volupté dont Épiphane n'ose donner la traduction. Les *adamites* et *prodiciens*, autres singes de la gnose, aimaient aussi à se mettre nus, comme Adam et Ève dans le paradis terrestre. Ils avaient quelques livres : l'*Évangile de la perfection*, poème ; les *Interrogations de Marie*, les *Révélations d'Adam, Ève et Seth ;* l'*Évangile d'Ève* et celui de *Philippe*, etc. Voici une de leurs inscriptions : « La communauté de tous les biens et celle des femmes est la source de la justice divine, et un bonheur parfait pour les purs et les élus, qui, suivant Zarades et Pythagore, chefs des hiérophantes, doivent vivre en commun. »

Où donc prenait sa source ce sensualisme révoltant, dans lequel faillit s'asphyxier au IIe siècle le Christianisme? Il ne faut pas craindre de l'avouer : dans la prédication socialiste et communautaire de Jésus, prédication déjà délaissée par Paul, qui recula devant les conséquences, et qui, dépourvue de science économique et aidée des théories panthéistiques, dualistes et quiétistes de la gnose, poussait invinciblement, par diverses routes, des natures encore grossières et impatientes de réaliser les prédictions millénaires, vers les hallucinations des sens et du cœur et se chargeaient elles-mêmes d'accomplir ce que, dans leur imagination égarée, le Christ n'avait fait que promettre. Chose étrange, et pourtant vraie, ces abominations, que réprouvait déjà cinquante ans auparavant l'*Apocalypse*, et que condamnait l'évêque Jude (103, 117), ne provenaient pas tant de libertinage et de corruption que du fanatisme et de la superstition, et des fausses interprétations de la gnose.

Ainsi la prédication messiaque aboutissait au néant : le

principe d'égalité prêché par Jésus menait la société à l'anarchie et à la dissolution; le principe de fraternité, à la destruction de la famille et à la promiscuité; le principe de la résurrection ou de la distinction des substances, à l'indifférence des bonnes œuvres. La raison démocratique proclamée et glorifiée par le maître niait à la fois la morale, la liberté individuelle et l'ordre. Le Christianisme était jugé par ses fruits; allait-il périr?...

C'est en ce moment que le philosophe Celse publie ses livres contre les chrétiens. La philosophie voit le péril. Après avoir fait, d'après les rapsodies qui circulaient parmi eux, une histoire ridicule de leur fondateur, Celse raconte leurs infâmes mystères et les livre au mépris et à l'indignation des peuples...

Le livre de Celse parut vers cette année. Il ne cite point les QUATRE, bien qu'il parle des histoires de Mathieu et de la généalogie de Luc, ce qui ne prouve rien.

Telum imbelle sine ictu! Le philosophe aurait dû mettre en tête de son livre cette épigraphe. Le Christianisme ne pouvait être guéri par la raison. A cette heure, il n'y a contre lui qu'un remède; c'est qu'il arrive au pouvoir à son tour, et qu'après les César, les Alexandre, les Cyrus, etc., il fasse à son tour acte d'impuissance. Quand une utopie s'est emparée des masses, la contradiction ne sert qu'à l'irriter : le seul remède est l'expérience.

Celse reproche aux chrétiens d'être sans cesse occupés à *faire et refaire* leurs livres.

Le Christianisme périra-t-il donc parce que le problème posé par lui sur la société, la morale et le bonheur, il n'a pu ni su le résoudre?... Non, le Christianisme ne périra pas, parce que l'humanité ne peut pas rétrograder, parce que le Césarisme est condamné sans retour, parce que la réflexion s'emparant des nations parvenues au plus haut point de leur spontanéité passionnelle, elles tendent désormais à se constituer selon un ordre moral, rationnel et parfait. Il faut donc qu'elles avancent toujours à travers le Césarisme corrupteur et tyrannique, à travers le Christianisme lui-même, impuissant et corrompu, mais subsistant néanmoins non plus comme solution, mais comme position du problème.

La communion chrétienne n'est donc plus qu'un symbole d'avenir, que l'Église placera dans le ciel.

Le règne du Christ, toujours attendu, sera indéfiniment ajourné.

Cependant, les évêques gouverneront l'anarchie chrétienne et conduiront le peuple à la félicité éternelle, par les lois d'une morale et d'une discipline sévères.

Quant à la gnose, dont les plus magnifiques efforts ont avorté, on se bornera à recueillir en un syncrétisme, le plus simple possible, le plus approchant de la lettre des Écritures, toutes ses spéculations sur le *Verbe*, les hypostases divines, la création, l'origine du mal, la rédemption et la résurrection.

Ce sera l'œuvre des évêques et des conciles...

Les apologies se multiplient. Cette même année, Méliton de Sardes adresse une requête à Marc-Aurèle, dans laquelle il attribue aux chrétiens la prospérité dont jouit l'empire depuis Auguste; dit que Néron et Domitien, seuls parmi les empereurs, ont méconnu les adorateurs du Christ et ne leur ont pas rendu justice, et rend témoignage à la tolérance des autres. — Ici nous sortons tout à fait de la tradition apostolique. Le Christianisme était l'amour du Christ et de son règne, en haine des empereurs; et voici que l'on avoue la prospérité de l'empire, et qu'on en fait honneur aux chrétiens!... L'empereur n'est donc pas l'*antéchrist*, Rome n'est pas la *bête*. Le règne de mille ans n'a nulle raison d'être, etc.

[Il est bon de remarquer que *Méliton* était eunuque, ce qui ne l'empêchait pas de passer pour prophète. Il a dressé un catalogue des livres de l'Ancien Testament; mais il ne parle pas de ceux du Nouveau. A cette occasion, il remarque que plusieurs Églises *n'avaient pas d'Écritures !...*]

Un autre, Apollinaire d'Hiéraple, homme très érudit, écrivit aussi une apologie, qui ne nous est point parvenue.

La propagande n'en était pas moins suivie. Depuis l'an 103,

le Christianisme s'était répandu en Parthie, Médie, Perse, Bactriane, Arabie, peut-être aux Indes. Il s'était propagé dans toutes les parties de l'Égypte, dans l'Afrique propre, la Mauritanie, la Numidie, la Belgique, l'Espagne; il débordait l'empire lui-même. Sur la demande d'un roi de la Grande-Bretagne, nommé Lucien, le pape Éleuthère envoie dans ce pays des missionnaires.

171. Les Marcomans battent Vindex et s'avancent jusqu'à *Aquilée.*

Toute action engendre une réaction; toute chose, tout abus comme toute loi, a son contraire.

En opposition aux sectes sensualistes et amoureuses se posent les *encratites* ou continents et leurs subdivisions, les *hydroparastales*, les *sévériens*, les *apotactites* ou *cathares*, les *saccophores* et beaucoup d'autres. Leur chef à tous fut Tatien, disciple de Justin, déjà connu par son *Discours aux Grecs* (168), et qui se signala en cette circonstance par l'opposition vigoureuse qu'il fit aux sectes relâchées.

Chrétien fervent, mais trop judicieux pour admettre aucun des Évangiles en vogue, Tatien, à l'exemple de Marcion, s'était composé un spicilège, ou harmonie des Évangiles, qu'il intitula *Dia Tessarôn*, par les quatre. C'est la première fois que les *quatre* sont nommés dans l'histoire. Il en retranche toutes les légendes, les généalogies; et cette composition eut en Syrie un immense succès. — Sa gnose offre une trinité : le Père, l'Esprit, du sexe féminin, ou Ennoïa, et le *Logos*, qui procède du Père et de l'Esprit (au rebours du symbole de Nicée qui fait procéder l'Esprit du Père et du Fils) et crée le monde. Il distingue dans l'âme deux principes. Comme Paul, il repoussait le mariage; comme Pythagore, il proscrivait l'usage des viandes, et comme Mahomet, il condamnait celui du vin.

La théologie orthodoxe, en revendiquant le *Discours aux Grecs*, dit que Tatien fut fidèle une moitié de sa vie, et hérétique l'autre moitié, façon commode de se débarrasser d'un témoin incommode.

Les apotactites, surnommés aussi apostoliques ou cathares,

rejetaient, ainsi que les carpocratiens (123), toute législation, toute institution civile, notamment la distinction des biens. Ils se donnaient les noms d'*apostoliques*, nom que prenaient, à cette époque, tous ceux qui affectaient de suivre la pure doctrine des apôtres; — d'*apotactites*, ou renonçants, parce qu'ils renonçaient à toute fortune; de *cathares*, ou purs, à cause de leur puritanisme inflexible sur la chasteté et la propriété; le fruit défendu, selon eux, était l'union des sexes. Ils avaient des *Actes* de saint André et de saint Thomas, actes que nous trouverions peut-être aujourd'hui dans le canon, s'ils n'avaient eu le malheur d'être patronnés par des hommes que l'épiscopat déclara depuis hérétiques.

Les hydroparatastes, ou *aquariens*, ne se servaient que d'eau dans l'Eucharistie.

Les saccophores étaient vêtus d'un sac, comme Jean-Baptiste, par esprit de pénitence.

Les encratites se répandirent partout, en Syrie, en Mésopotamie, en Gaule et en Espagne. Ils étaient encore assez nombreux à la fin du IVe siècle pour que Théodore ait cru devoir prendre contre eux trois décrets consécutifs.

Entre deux exagérations en sens opposé, l'Église prit un juste milieu, et condamna à la fois le relâchement des sectes communistes et le rigorisme des encratites.

172. Les Marcomans reparaissent sous Aquilée. Pour les repousser, l'empereur est réduit à armer des esclaves et des gladiateurs.

172. La morale chrétienne tourne au monachisme; Montan, l'un de ses représentants, sera hérétique, mais son esprit passera dans le Christianisme et donnera lieu à toutes les hypocrisies et macérations des ascètes.

Imitation des austérités des brahmines, bouddhistes, derviches, etc.

(Cf. Paul de Samosate, an 269.)

La morale du Christ a été bien défendue jusqu'à la mort des apôtres; tout à coup elle est dénaturée par les rêveries de la gnose, l'envie populaire et l'affectation d'un faux stoïcisme, l'imitation des cyniques, etc.

172. Il règne à cette époque une véritable émulation de doctrines.

A côté des ramifications nombreuses de l'eucratisme, nous trouvons les écoles de Marcus, Colarbasus, Héracléon et Montan.

Marcus porte les idées de Valentin, son maître, d'abord en Syrie, puis dans la Gaule, où il s'avança jusqu'à Lyon, parmi le troupeau de l'évêque Irénée, qui l'attaqua avec force.

La théologie de Marcus, comme celle d'Épiphane (147), ne se distingue guère que par une terminologie nouvelle; où celui-là mettait des nombres il mit des lettres, rapport de plus entre la gnose et la kabbale. Seulement, au lieu des lettres hébraïques, qu'on peut regarder, d'après leurs noms et leurs formes, comme des semi-hiéroglyphes, Marcus se servit des lettres grecques. — Colarbasus, son ami, modifia encore cette disposition alphabéto-théogonique et y ajouta des idées astrologiques. Plus tard, ils se séparèrent et eurent chacun leur doctrine et leurs disciples.

Marcus s'occupait surtout des femmes, agents de propagande aussi dangereux qu'efficaces. Il écrivait à une de ses néophytes : « Je veux te faire participante de ma grâce : le Père de toutes choses voit toujours ton ange devant sa face. Il faut que nous nous unissions ensemble. Reçois premièrement la grâce de moi et par moi; prépare-toi comme une épouse qui attend son époux, afin que tu sois ce que je suis, et que je sois ce que tu es. Monte sur ton lit nuptial; voici que la grâce descend; ouvre la bouche et prophétise. » On comprend, sans qu'il soit besoin de le traduire, le sens de ces dévotes métaphores.

Parvenu à ce degré de perfection, Marcus jugeait inutile la pénitence, la vertu et les bonnes œuvres, et ne faisait aucun cas du martyre. Il avait séduit, en Asie, la femme d'un diacre, qui, revenue à la raison, fit pénitence toute sa vie. — Aux marcosiens, on joint les *ascodrontes*, ou *ascodroupites*, et les *archontiques* : ces derniers ainsi nommés des sept principes directeurs des sept cieux, et dont le plus élevé était le Dieu Sabaoth.

— *Héracléon*, disciple, comme Marcus, de Valentin, doué d'un grand talent et de connaissances variées, enseignait à Alexandrie, « précisément à l'époque où les chrétiens de cette ville venaient de fonder leur première école de théologie ». (Matter.) Témoin à la fois de la décadence du Christianisme et de la dégradation de la gnose, il paraît s'être rattaché au mouvement épiscopal, qui commençait à s'arroger le titre exclusif d'orthodoxe, et rendit à l'Église le service signalé de lui prouver que tout ce qu'il y avait de vrai et de meilleur chez les gnostiques se trouvait en substance dans le 4e Évangile, qui commençait dès lors à se répandre. Origène profita beaucoup des idées d'Héracléon. Clément d'Alexandrie (196) lui emprunta également d'excellentes pensées. Cependant, il ne put si bien faire qu'il ne trébuchât lui-même dans la recherche de l'orthodoxie; ainsi que son collègue Ptolémée (166), il a été rejeté, pour quelques interprétations sentant la gnose, par les orthodoxes, et mis au rang des hérétiques.

— *Montan*, Phrygien, génie faible, mais que son état malheureux d'eunuque prédisposait à l'exaltation, enchérit encore sur la sévérité de Tatien et des eucratites; il joignit, à une discipline rigoureuse, l'enthousiasme prophétique et les rêveries de l'illuminisme.

[Ce fut un véritable instituteur d'ascètes. Dans la société qu'il fonda, les jeûnes étaient rigoureux, les pénitences atroces, les secondes noces interdites, pauvre Montan! les épurations fréquentes; il se disait le *Paraclet* et prétendait faire revivre le don de prophétie, promis dans le livre des *Actes des apôtres :* effet de la lecture de ce livre, et preuve, selon nous, de sa nouveauté. On se vantait moins, devant Paul et Pierre, du don de prophétie (57)! On accusait les montanistes de répandre, à l'Eucharistie, le sang d'un enfant : témoignage des idées anthropothysiques qui s'étaient perpétuées parmi les chrétiens.]

Montan avait pour amies deux femmes, Priscille et Maximille, que l'hystérie rendit prophétesses, comme l'impuissance avait fait de Montan un moraliste, et qui acquirent à la petite Église une grande célébrité.

Les orthodoxes ont couvert de leurs calomnies la mémoire de Montan et de ses deux prophétesses : ce qui donne lieu de penser que la contagion fut plus grande qu'au premier abord la pauvreté de sa théologie ne semble l'avoir mérité. Quoi qu'il en soit, c'est à cette secte que se rattacha l'esprit le plus vigoureux et le plus inconséquent qu'ait produit le Christianisme, Tertullien.

Montan, qui s'éloignait si fort par sa pratique des relâchements des gnostiques, y revenait par une autre route; les prophétesses Maximille et Priscille sont tout à fait des contrefaçons de l'Hélène-Prounikos, de Simon le Mage (20), de la Marcelline de Valentin, de la *Philomène* d'Apellès (151), de la Flora de Ptolémée, de la Quintille des caïnites. La secte de Montan, comme toutes celles où les femmes jouent un rôle, finit par l'éternelle vulgarité des amourettes.

173-192. L'intervention du principe d'autorité en matière de dogme, et l'opinion qui commençait à se soutenir, non plus par une libre spéculation, mais par une affirmation épiscopale que Jésus, le Messie, était en même temps le Fils du Verbe de Dieu, et que telle était la foi enseignée par les apôtres et transmise, jusqu'à ce moment, par les Églises qu'ils avaient fondées, soulevèrent une tempête de dénégations parmi les chrétiens. Nous avons ici le prélude de la grande scission arienne, qui éclatera un siècle et demi plus tard, et embrasera la chrétienté divisée.

Ainsi, chaque nouveauté amène à sa suite une foule de protestations qui la réfutent. Personne ne s'inscrit en faux ni contre l'existence de Jésus, ni contre le dogme de la résurrection, ni contre la réforme sociale ou l'idée messianique, ni contre le millénarisme, ni contre l'authenticité des lettres de Paul, de Pierre ou de Jacques : mais on proteste, 1° contre le titre de chrétiens, qui est une modification à la doctrine de Jésus et une altération de son rôle; 2° contre la théorie de la *foi* de Paul; 3° contre l'identité entre l'homme-Jésus, et le Christ divin, ou le Logos; 4° contre les tendances à la hiérarchie; 5° contre l'héritage du judaïsme; 6° enfin, contre la supposition des Évangiles, depuis réputés canoniques.

A toutes ces protestations, l'épiscopat a répondu par des déclarations d'hérésie et des excommunications, arguments commodes mais de nulle valeur en histoire et en philosophie.

Ainsi ont été excommuniés et déclarés hérétiques :

1° Les théodotiens, partisans de Théodote, le corroyeur, qui plus tard (192) se rendit de Byzance à Rome pour y exposer ses idées, et que l'on accusait d'avoir faibli pendant la persécution de Marc-Aurèle. Il niait la divinité de Jésus, et, en choisissant parmi les écrits prétendus apostoliques, témoignait par le fait de leur défaut d'authenticité;

2° Les *artémonites*, que l'on confondait généralement avec les premiers, disciples d'un nommé Artémon, qui soutenait que la vertu divine ne s'était communiquée à Jésus qu'après sa naissance, conséquemment qu'il n'était pas le Logos incarné;

3° Un autre Théodote, qui, ayant appris avec les gnostiques à distinguer le Christ céleste du Christ terrestre, prétendait que le premier s'était manifesté en Melchisédech, et le deuxième en Jésus; que le premier assistait les anges, le deuxième les hommes, etc. — Ses partisans reçurent le nom de *melchisédéciens.*

4° Les *aloges*, qui niaient purement et simplement que Jésus fût le *Verbe* ou *Logos ;* d'où leur nom épigrammatique d'aloges (sans raison), et qui rejetaient, en conséquence, l'Évangile attribué à Jean et l'*Apocalypse*;

5° Les praxéates, disciples de Praxéas, qui disaient que Jésus était un homme comme un autre, et qui soutenaient qu'après le baptême de Jésus, c'était le Père, non le Verbe, qui s'était uni à lui. — Les praxéates, n'admettant en Dieu qu'une seule personne, furent surnommés *monarchiques;* on peut les considérer comme les précurseurs de Mahomet ;

6° Les noétiens, disciples de Noétius, de Smyrne, qui, avec moins de clarté peut-être, attaquaient également la divinité de Jésus, ou plutôt du Logos qui s'était uni à lui.

[Il faudrait s'assurer des dates exactes d'apparition de toutes ces sectes, ou de leur plus grande vogue, et de l'ordre dans lequel elles se sont montrées.]

L'Église dite orthodoxe a déclaré toutes ces sectes hérétiques : à la bonne heure. Mais comment ont-elles refusé de croire à la divinité de Jésus, quand elles croyaient si facilement tant d'autres choses non moins merveilleuses? si ce n'est parce que le dogme était nouveau pour elles; que les apôtres ne l'avaient point enseigné; et que les écrits en vertu desquels on prétendait l'établir étaient dépourvus de toute autorité à leurs yeux, ou même de fabrication récente?

Il y a ici un fait de sens commun qui saute aux yeux : c'est que le livre n'est pas ici né de l'idée; il a été fabriqué pour l'affirmation de l'idée!...

174. La guerre continue avec les barbares. Marc-Aurèle, sur le point de périr de soif avec son armée, est sauvé par un orage, qui effraie les ennemis et verse une pluie abondante. Les chrétiens s'attribuèrent ce miracle; les païens en firent honneur à un thaumaturge égyptien; les flatteurs à Marc-Aurèle. Les premiers ont prétendu qu'en reconnaissance de cet événement, Marc-Aurèle avait rendu un édit favorable aux chrétiens.

L'édit est vrai; malheureusement, il est de l'an 170, suivant Fleury, et ne prouve qu'une chose, à savoir que les chrétiens purent disputer à l'aise sous le règne de Marc-Aurèle, comme sous celui d'Antonin. « Laissons aux dieux, aurait dit ironiquement l'empereur, le soin de poursuivre les impies; ils y ont plus d'intérêt que nous. »

175. Le gouverneur de Syrie, Avidius Cassius, sur un faux bruit de la mort de Marc-Aurèle, proclame le rétablissement de la République. La vérité connue l'oblige à se poignarder. La précipitation semble héréditaire dans cette famille (42 av.). — *Voyage en Grèce* de Pausanias : précieux pour l'étude des temps primitifs de la Grèce.

176. Victoires de Pertinax en Allemagne.

Mort de l'impératrice Faustine. Épouse d'un sage tout-puissant et complaisant, elle se rendit célèbre par ses débauches, dans lesquelles elle égala les Livie, les Messaline, les Poppée et les Agrippine, et surpassa de beaucoup sa mère, Faustine Ire, femme d'Antonin le Pieux.

L'*Histoire augustine* dit d'elle : *Faustinam satis constat apud Caïetam, conditiones sibi et nauticas et gladiatorias elegines*. Voir aussi Lampridius, qui explique les qualités qu'elle exigeait de ses amants.

Comment la plèbe n'eût-elle pas été ravie, en songeant que si tous ne pouvaient devenir empereurs tous pouvaient posséder l'impératrice? Elle fut faite déesse; vraiment, elle le méritait bien.

Par une faiblesse de père plus coupable encore, Marc-Aurèle, à la suite d'un long voyage en Grèce, en Égypte et en Syrie, fait reconnaître son fils Commode empereur.

177. Les Gaules sont agitées par la propagande chrétienne. C'est vers cette année qu'on fixe les actes des martyrs de Lyon, Pothin, évêque, Maturus, Sanctus, Blandine, Attale, Ponticus et Alexandre. Il y eut encore des martyrs à Chalon-sur-Saône, Autun et Tournus.

177. On arrête les chefs d'Église ou de communauté, afin de les dissoudre; on leur adjoint des esclaves, tels que Blandine, pour l'exemple. — La vie de l'esclave, à cette époque, est réputée comme celle des animaux.

Il serait curieux que, à côté de la tolérance de Marc-Aurèle, les sociétés savantes fondées par Auguste (13) et qui devaient servir l'empire de Rome contre les druides (53) eussent fait usage de leurs attributions contre les chrétiens. Quand on connaît la portée d'esprit et le courage des corps savants, on est presque convaincu du fait que nous ne faisons ici que donner en hypothèse.

Le Christianisme existait depuis longtemps déjà dans les Gaules, mais en groupes isolés, sans point de centralisation et de raccordement. Jusqu'à ce moment, il n'avait fait que des progrès médiocres; le sang de Pothin donne l'impulsion aux esprits. Irénée, son successeur au siége de Lyon, disciple de Polycarpe et de Papias, vient féconder cette semence, et vérifier le mot fameux de Tertullien : *Sanguis martyrum, semen christianorum.*

178. Les Quades sont chassés, et leur roi pris. Commode, dont la popularité croît avec la gloire de son père, est nommé Auguste, et marié à Crispine.

179. Grande bataille gagnée par Paternus, général romain, sur les Marcomans.

— Marc-Aurèle assigne une rétribution aux maîtres d'école.

180. Marc-Aurèle, dégoûté de l'empire et de l'existence, se laisse mourir de faim. (Cf. Vespasien, 79; Trajan, 117; Adrien, 138.) Parmi les empereurs, ceux que ne massacrent pas leurs soldats ou les conspirateurs quittent la vie de fatigue ou d'ennui. Sur soixante-quatorze empereurs qu'a comptés l'empire d'Occident, il n'y en a pas six dont la mort ait été heureuse.

Commode se hâte de rendre la paix aux Allemands, délivre plus de cent mille Romains, et revient à Rome jouir du triomphe, qu'il avait aussi bien mérité, selon nous, que s'il eût tué cent mille ennemis.

— On commence à connaître l'*Hibernie*, nom qui semble corrompu et latinisé de *Ierne*, *Irelande.*

180. Fondation de l'Académie de Tibériade, par les juifs. Enfin, ils se résignent à la paix, ils renoncent spontanément à leurs prétentions messianiques et à leur culte, se livrent à l'industrie et au commerce, et se dédommagent, par leurs fraudes mercantiles, de la sujétion que leur imposent les Romains. Partout ils sollicitent et obtiennent les droits de cité; ils élèvent des synagogues; ils envoient à leur patriarche ou prince, *nasi,* résidant à Tibériade, la contribution annuelle; et, jouissant de tous les avantages de la paix, lancent des décrets anathèmes contre le royaume d'Edom. — C'est de Tibériade que nous verrons sortir les grandes compilations judaïques, sous la direction de Judas le Saint (   ). C'est à dater aussi de ce temps que les empereurs les distinguent nettement des chrétiens : les juifs étaient une *nation;* les chrétiens, une *secte.* Comme nation, les juifs avaient un certain droit à la tolérance des empereurs; comme secte, les chrétiens semblent inexcusables. Leur religion était une *nouveauté*, une *apostasie*, une *révolte*, une *misanthropie*. Et c'était vrai (103)!

— Vers cette époque, Pantène, philosophe stoïcien, depuis canonisé, dirige l'école d'Alexandrie, fondée depuis longtemps déjà (172). Il la quitta quelques années après, pour aller prêcher l'Évangile aux Indes. Il paraît que sa mission eut peu de succès, et qu'il n'eut pas lieu d'être satisfait des Hindous. Le Christianisme, en effet, devait paraître maigre auprès de la riche mythologie des brahmines. Pantène revint ensuite prendre ses fonctions de professeur à Alexandrie, où il eut pour disciple *Clément*.

180. Commode est le premier empereur *porphyrogénète*, ou né dans la pourpre. C'est-à-dire après deux cent vingt ans de durée, la monarchie césarienne absolue offre enfin un exemple de transmission héréditaire.

Commode à dix-neuf ans, point méchant, devient fou par le seul fait de la disproportion de son tempérament et de son génie avec sa fortune! Bonne mine, affable, très populaire.

181. Les prêtres polythéistes (poussés par la propagande chrétienne) se mettent à faire aussi des expiations et des pénitences; ils inventent les sacrifices tauroboliens, ou baptêmes de sang par aspersion. Idée anthropothysique et chrétienne, à laquelle il est fait allusion dans la 1re de Jean, V, 8. Prudence a laissé la description de cette cérémonie. Si le baptême d'eau avait le pouvoir de remettre les péchés, que ne pouvait obtenir des dieux le baptême de sang!...

— Théophile d'Antioche publie son traité à Antolycus. — Il prouve l'existence de Dieu par l'existence de la loi morale et par le spectacle de l'univers; dit que tout commence par la *foi*; que le premier acte de la pensée est de *croire*, maxime équivoque, dont ne cesseront jamais d'abuser ceux qui ne se sentent pas la force de convaincre. — Il dit que l'homme n'a été créé ni mortel, ni immortel, mais capable de l'un ou de l'autre, selon ses mérites; proposition absurde aussi bien dans l'expression que dans la physiologie. Sur le Verbe, il dit que c'est la pensée de Dieu, conçue de toute éternité, et produite, dans le temps, pour la création de l'univers ; le troisième terme est la sagesse, *sophia*. Théophile est le premier, parmi ceux qui se nomment orthodoxes, qui nomme la trinité, ou triade, ce qui n'est pas la même chose que d'affirmer simplement, comme Justin ou Tatien (150), le Père, le Fils et l'Esprit. Il comptait depuis la création du monde jusqu'à la mort de Marc-Aurèle, 5695 ans, calcul qui dépasse celui d'Ussérius et Bossuet de plus de quinze siècles.

182. Commode, après d'heureux commencements, s'abandonne aux plaisirs et à la débauche.

César s'amuse. Ce que l'histoire ne cesse de démontrer par l'exemple de la Chine, de l'Égypte, de la Perse, etc., se reproduit à Rome. Les dynasties commencent avec gloire et finissent par l'infamie. La conscience politique, si haute chez les fondateurs, s'éteint vite chez leurs héritiers, qui n'y voient qu'un instrument de volupté. — (Détails.)

[Commode fut un excellent prince pour les chrétiens. Sa maîtresse Marcia, qui à la fin conspira contre lui (192), était attachée à la secte, qui lui donnait apparemment l'absolution de ses fautes, et elle protégea efficacement ses coreligionnaires. (Cf. Dion Cassius, I, 72.) — De quel droit les jésuites ont-ils reproché aux philosophes la protection de la Pompadour, quand eux-mêmes avaient eu celle de la Maintenon ?]

183. Les Calédoniens essayent de passer le mur élevé contre eux par Adrien (121) et sont repoussés par Ulpius Marcellus.

Conspiration contre Commode.

[Un assassin fond sur lui le soir et, lui portant un coup de poignard, crie : *Voilà ce que t'envoie le Sénat*.]

Sa sœur Lucile, convaincue, est mise à mort avec ses complices.

Cette Lucile, sœur de Commode, perdue de débauches, était veuve de Lucius Vérus; elle avait été impératrice et voulait reprendre la pourpre.]

A partir de ce moment, Commode, l'imagination effrayée, sévit contre tout ce qui l'entoure et cherche à faire périr son meurtrier.

[La peur fit de cet enfant, naturellement doux, un tyran atroce. — Maximus et Condianus, de la famille Quintilienne, personnages consulaires et illustrés par une victoire sur les Germains, sont mis à mort. Les délateurs reparaissent en foule.]

184. Guerre contre les Sarmates. — Perennis, assassin, chef de la garde prétorienne, obtient la faveur de Commode, comme Séjan avait eu celle de Tibère, et, comme Séjan, aspire à l'empire. — Irénée compose son grand traité contre les hérétiques et les valentiniens.

[Il semble qu'Irénée, et après lui Épiphane, aient pris plaisir à multiplier les sectes d'hérétiques, sans doute afin de faire mieux ressortir l'unité de l'Église (*Gibbon*). — Irénée, dans sa controverse, invoque surtout l'autorité des Églises, dépositaires, selon lui, de la tradition des apôtres; il s'appuie moins des Évangiles, monuments encore douteux à cette époque. Ses livres sont d'une faiblesse de philosophie et de critique rare, et révèlent dans l'auteur, avec beaucoup d'animosité, une incapacité absolue d'apprécier les idées qu'il combat, une crédulité excessive, un défaut complet de philologie et de science exégétique.

Il dit qu'il ne peut y avoir ni plus ni moins de quatre Évangiles, à cause des quatre animaux de l'*Apocalypse* (empruntés d'Ézéchiel); il réfute les gnostiques, non par les Évangiles, que les gnostiques n'avaient pu connaître, mais par la tradition, et cette tradition est toute négative; elle consiste en ce que les évêques, successeurs des apôtres, *n'ont jamais entendu rien de semblable* aux idées de Valentin, Basilide, etc., et il prouve son dire en citant, pour exemple, des listes d'évêques de Rome, qui n'avaient, en effet, jamais rien su ou rien compris à ces questions, qui même ne s'étaient pas doutés de leur nécessité et de leur importance. — Comme Justin, Quadratus, etc., il soutient que les morts ressuscités par les thaumaturges chrétiens l'ont été pour tout de bon, tandis que ceux des Apollonius, des Simon, n'étaient que des cadavres galvanisés...

Après cela, on n'est point surpris de voir Irénée, prenant les Écritures au pied de la lettre, combattre les dokètes, les aloges, etc., par des textes mal entendus; Jésus-Christ est Dieu, parce que l'Évangile le dit *fils de Dieu*; il est le Verbe, parce que tout prophète possède le Verbe; il est homme, parce que né de Marie, il est ressuscité dans le même corps qu'il avait sur la croix, et qui est mort, parce que les Évangiles se servent du mot *résurrection*, etc., etc. Tout cela n'est que grossièreté, matérialisme pur et vraiment non avenu. C'est l'abaissement de la raison dans le Christianisme, que tendaient à élever si haut les gnostiques. Après cette belle philosophie, il recommande la soumission aux évêques, et promet en récompense les joies du règne de mille ans, toujours au nom des Écritures.

185. Vers ce temps, Théodotion, disciple de Tatien, successivement chrétien orthodoxe, c'est-à-dire vulgaire, puis marcionite, et enfin juif, entreprend, à l'exemple d'Aquila (134), une nouvelle version de l'Ancien Testament, d'après l'hébreu. Ces changements de croyances (195) dans les esprits les plus éclairés montrent quelle nudité de doctrine il y avait alors dans le Christianisme, en dehors du programme de Jésus et de ses apôtres : la réforme sociale, la morale nouvelle, l'immortalité de l'âme et la fin du monde. Qu'aurait-ce donc été, si, dans ce moment où la ferveur des disputes était si grande, tout le monde, comme Théodotion et Aquila, avait pu consulter avec discernement les livres hébreux !...

186. Pertinax, envoyé en Angleterre, apaise une révolte des soldats, mécontents de l'administration de Pérennis. Ils envoient à Rome une députation de quinze cents légionnaires exiger de l'empereur la mort de Pérennis, qui du reste de son côté conspirait. Il n'y fait pas bon, à coup sûr, pour un prince de l'espèce de Commode, succéder à des hommes tels que les Marc-Aurèle, les Antonin, les Adrien, les Trajan ; mais il fait encore pire avec une plèbe telle que celle de Rome, des soldats comme ceux du prétoire, et sous des monstres tels que Commode, Néron, Domitien et Caligula, déplaire au véritable empereur et souverain, le peuple!... Pérennis est remplacé dans la préfecture du prétoire par Cléandre, esclave phrygien, dont l'âme vile et l'influence sur Commode furent encore plus funestes que Pérennis.

187. La désertion se met dans les armées de l'empire : en Espagne, Maternus les rassemble en bandes, ouvre les prisons, brise les fers des esclaves et se compose une armée avec laquelle il menace l'empire.

— Cependant Commode se livre aux combats du cirque et signale son adresse meurtrière à la chasse des animaux et des hommes. On ne pouvait pas perdre un empire plus *héroïquement.*

188. Les gouverneurs de Gaule et d'Espagne, qui pendant quelque temps étaient demeurés spectateurs des déprédations de Maternus, qui peut-être en avaient profité, se décident enfin à le poursuivre. Le déserteur alors ordonne à sa bande de se séparer et de se rendre par pelotons à Rome, où il se propose de massacrer Commode et de s'emparer de l'empire. La conjuration n'est découverte qu'à Rome même, à l'instant de l'exécution. Elle est apaisée par la mort de son auteur. — Une sédition éclate en Italie, à l'occasion de la peste. Conspirations sur conspirations, révoltes sur révoltes : *Imus, imus præcipites!* L'empire, depuis bientôt cent vingt ans, a usé tout ce que lui avaient donné de vie les victoires de Vespasien et de Titus : un mal intérieur, inconnu, plus intense le dévore. Le travail des idées a vermoulu l'édifice : encore un peu de temps, et nous le verrons tomber par lambeaux (253-273); et encore un peu, et il n'y aura de ressources pour lui que de se jeter dans ce déluge des opinions qui précipite les peuples (313).

—Sérapion, évêque d'Antioche, en Cilicie, auteur de divers écrits. A propos de l'*Évangile de Pierre*, reçu dans son Église et fort répandu dans son pays, il déclare qu'il n'y a rien trouvé que de *vrai;* mais que, du moment que cet Évangile cause de la division et devient un sujet de scandale, *il faut le supprimer.* Telle est la critique des Pères et la manière dont ils respectent la vérité et pratiquent la concorde. Qui pourrait douter, après cela, que le choix des *quatre Évangiles canoniques* a été le résultat d'une convention secrète de l'épiscopat chrétien, au moment où il sentait le besoin de satisfaire à la gnose, d'arrêter la débâcle communautaire et de fonder la hiérarchie ecclésiastique sur le dogme, la tradition et l'Écriture?...

188-231. Épiscopat de Démétrius à Alexandrie. Jusqu'à lui, l'évêque d'Alexandrie avait été le seul de toute l'Église égyptienne. Démétrius en conserva *trois*. Son successeur Héraclius en porta le nombre à vingt.

189. Apollonius, sénateur romain, dénoncé par un de ses esclaves, plaide la cause des chrétiens devant le sénat, et reçoit, conformément aux édits des empereurs, la couronne du martyre.

La tyrannie de Cléandre fait regretter celle de Pérennis. Les confiscations et les supplices se succèdent sans interruption; la peste et la famine mettent le comble aux calamités de Rome. Le peuple, irrité, se révolte et demande la tête de Cléandre, qui fait charger la multitude par un corps de cavalerie; mais les prétoriens se joignent au peuple, et Commode, assiégé dans son palais, ne parvient à se sauver lui-même qu'en jetant à la multitude furieuse la tête de son favori. C'est la deuxième fois que Commode rejette sur autrui la responsabilité de ses crimes, et pour la deuxième fois le peuple lui pardonne.

190. Publication de la Mischna (c'est-à-dire deutérose ou seconde édition), code des lois civiles et canoniques des juifs, par Rabbi Juda, dit le Saint. Ce recueil est divisé en six parties, appelées *Sedarim*, subdivisées à leur tour en traités et chapitres. Il fut par la suite augmenté de volumineux commentaires, émanés des écoles de Babylone et de Jérusalem, qui reçurent le nom de *Guémara* (complément). La *Guémara* et la *Mischna* réunies forment le *Thalmud* (tradition ou discipline). Le premier de ces commentaires, ou Thalmud de Jérusalem, fut achevé probablement dans la première moitié du IVe siècle; le deuxième fut rédigé au Ve siècle et terminé l'an 500. C'est l'esprit juif qui replie ses ailes, fait son inventaire, met sa vie en ordre et la livre à la postérité, car il ne produira désormais plus rien; ayant manqué son Christ, il doit mourir.

— Hermogène, philosophe stoïcien, enseigne que Dieu n'ayant pu créer le mal, le mal a dû naître d'un autre principe qui, suivant lui, est la *matière*. Il eut pour disciples *Hermias* et *Séleucus*, qui propagèrent ses idées en Galatie. Tertullien se donna une peine immense pour réfuter l'argument d'Hermogène et n'en vint jamais à bout.

191. Commode passe sa vie dans un sérail composé de trois cents femmes et trois cents garçons de tout rang et de toute beauté, dont il était à la fois l'amant et le giton. *Sororibus suis constuprati, ipsas concubinas suas sub oculis suis constuprari jubebat, nec irruentium in se juvenum carebat infamiâ, omni parte corporis atque ore in sexum utrumque pollutus.*

Un des amants de Commode avait été par lui surnommé *l'Ane*. On peut juger par là du mérite spécifique qui réjouissait l'empereur. — O sage Marc-Aurèle !

Commode, sans goût pour les lettres et les sciences, totalement dépourvu de génie, se pose en *Hercule romain*, et régale ce peuple de son adresse à tuer les bêtes à coups de flèches. Dans un seul spectacle, il tue cent lions, des éléphants, des panthères, des rhinocéros, une girafe. Il combattit sept cent trente-cinq fois comme gladiateur; sept cent trente-cinq fois remporte la victoire et reçoit la somme accordée pour prix. Dégoûté du surnom d'*Hercule* qu'il avait pris, il se donna celui de *Paulus*, nom d'un sécuteur, et força les Commode de répéter six cent vingt-six fois : *Vive Paulus! premier des sécuteurs.*

Longue liste de sénateurs, consulaires, etc., mis à mort par lui. — Il était ivre de sang.

191. Un incendie consume la moitié de Rome et le temple de Vesta.

Commandement de Sévère en Illyrie.

192. Conspiration d'Adetus, Eclectus et Marcia, la concubine favorite, contre Commode. Il est empoisonné, puis étranglé par un athlète, 31 décembre. Ce fut une maladresse; la colère montait aux prétoriens et à la plèbe, et Commode ne pouvait aller loin. Mieux valait laisser aux masses le soin de punir le monstre.

Les Sarrasins se font connaître par une victoire sur les Romains.

En somme, les fureurs de Commode ne se firent guère sentir qu'à ses proches, aux nobles et gens de cour qui, justement révoltés de ses débauches, conspirèrent contre lui. La paix fut maintenue, malgré la dissolution générale, sous son empire, comme elle l'avait été sous ceux de Caligula, Néron et Domitien. L'impulsion donnée par des hommes puissants se soutenait longtemps après leur mort, et rendait d'abord imperceptible le délabrement des affaires causé par des imbéciles et des furieux. — Le sénat déclare Commode *infâme;* l'appelle *gladiateur*, *tyran*, *ennemi public!*... On renverse ses statues; Pertinax le fait inhumer avec décence.

— Plusieurs écrivains chrétiens, Rodon, disciple de Tatien; Candide et Appion, Héraclite, Maxime, Sextus, Arabien, écrivent sur divers sujets contre les hérétiques; leurs livres sont tous perdus.

Cette disparition d'ouvrages faits par des défenseurs de l'Église élève une suspicion immense contre les évêques des siècles suivants, qui, pour mieux prouver l'unité, l'antiquité et la perpétuité de leur profession de foi, ont détruit non seulement les livres des scissionnaires, mais jusqu'aux réponses qui leur avaient été faites.

TROISIÈME PÉRIODE

DE 193 A 313 APRÈS JÉSUS-CHRIST

(PERTINAX A L'ÉDIT DE CONSTANTIN ET LICINIUS)

[1° Despotisme militaire, ou dernier mot du Césarisme, exprimé par Septime-Sévère ;
2° Réaction et lutte du Césarisme contre l'idée chrétienne ;
3° Défaite du Césarisme, et son alliance avec l'Église ;
4° Concessions de cette dernière, et corruption.]

[Pendant cette période de cent vingt ans, de hideuses personnalités se montreront sur le trône des empereurs : mais à tout prendre, on pourra noter une amélioration. Le Césarisme est accepté et compris comme une nécessité, une tradition ; avec l'hypocrisie, disparaissent les vices les plus odieux des Césars. Chose singulière, les individus s'améliorent, la société se dégrade. Pertinax, S. Sévère, A. Sévère, les trois Gordiens, Balbin, Maxime, Philippe, Dèce, Valérien, Claude, Aurélien, Tacite, Probus et Carus, sont des hommes aussi vertueux, et peut-être plus que les Antonins : cela n'empêche pas que l'empire s'éteint entre leurs mains, et que leurs noms ne figurent que dans les temps les plus malheureux.]

[L'ère prétorienne est remarquable par l'enseignement

qu'elle donne et l'appréciation qu'elle fournit du rôle de Constantin, qui la suit.

Le Césarisme, à son origine, est l'assassinat de l'humanité. Il poursuit son œuvre de mort pendant cent quinze ans, de la dictature de César à la prise de Jérusalem.

Alors les révoltes et les guerres civiles le forcent à rentrer en lui-même : la république est oubliée et ne peut revenir : il s'agit de gouverner pour le mieux avec le despotisme.

Une période nouvelle s'ouvre, où le Césarisme se montre administrateur et philanthrope : c'est le siècle des Flaviens et des Antonins.

Pendant ces cent vingt ans, le Césarisme, entré dans les mœurs, devient pour ainsi dire normal : la société a pris sa forme, il faut qu'elle marche par lui et avec lui, malgré le vice indélébile de son origine et de sa constitution.

Une ère nouvelle commence; Septime-Sévère ouvre la série des réformateurs ou plutôt des progressistes.

Le prétorianisme, en effet, sous la forme la plus brutale, cache une tendance progressiste et révolutionnaire, dont l'empereur est l'expression!...

Ce fait explique toutes les individualités qui vont paraître : *Septime-Sévère*, *Caracalla*, *Héliogabale*, *Alexandre*, *Maximin*, *les Gordiens*, *Philippe*, *Décius*, *Valérien*, *Claude*, *Aurélien*, *Tacite*, *Probe*, *Carus* et *Dioclétien;* il n'y a d'interruption que pour Gallien et Carin. Mais le septicisme du premier est vengé par l'anarchie des 30 tyrans; le deuxième périt comme un infâme.]

L'empire, dans le premier siècle de son existence (45 a. 71), avait eu à dompter les nationalités vaincues, qu'écrasait la rapine romaine, que révoltait l'infamie des Césars, et que poussaient à la révolte leurs prêtres, leurs sociétés secrètes, leurs zélateurs et les princes de leurs anciennes dynasties...

La décadence était visible et fort avancée, et le péril imminent sous Néron, lorsque éclatèrent, à la fois, les soulèvements en Gaule, en Espagne et en Palestine. La victoire de Titus fut le dernier coup porté au monde vaincu et indigné; l'empire fut affermi pour plus d'un siècle : il fut prouvé du moins que les peuples ne recouvreraient pas leur liberté PAR LES ARMES.

Le travail d'émancipation fut donc laissé tout entier AUX IDÉES. — Elles se développèrent, sous les Flaviens et les Antonins, dans toutes les directions en mal comme en bien, avec une activité qui n'avait jamais eu d'égale; — les écoles philosophiques de la Grèce n'avaient point saisi les masses, la plèbe et encore moins les esclaves; — et qui n'a jamais été surpassée depuis, même par la *réforme* de Luther, même par la Révolution française. Ce mouvement intellectuel, qui renouvela l'esprit des peuples et fit marcher, malgré la résistance des évêques, l'Église assoupie, s'appelle la GNOSE.

La première période chrétienne, l'apostolat, s'était arrêtée dans la négation et l'expectative. Pour les apôtres, le Christianisme, si puissamment révolutionnaire, si socialiste sous le Galiléen, était devenu tout à fait inerte et résigné; il n'était plus de ce monde; il recommandait la patience, l'obéissance, la soumission; assurant seulement que le Christ viendrait *bientôt* délivrer ses fidèles, et se bornant à prêcher la pureté, la charité, et les bonnes mœurs, qui, seules, pouvaient mériter la participation à ce règne mystique.

— Ce *statu quo* ne pouvait durer : le Christianisme en fut tiré bien vite par les écoles qui, de toutes parts, s'ouvrirent et entraînèrent dans leur mouvement les masses converties. Alors le Césarisme, — l'empire romain, le polythéisme, l'esclavage, — fut de nouveau nié et avec plus d'énergie, et toutes les institutions sociales attaquées par la base. L'œuvre de démolition était à peu près terminée et une constitution nouvelle, celle de l'Église, déjà ébauchée, quand finit, en la personne de Commode, la gloire impériale et la dynastie des Antonins.

— La contradiction au Césarisme est donc aujourd'hui tout autre qu'elle n'avait été cent vingt ans auparavant, lorsque les empereurs, d'Auguste à Domitien, n'avaient su contenir que le génie national, partout frémissant. L'opposition naissait maintenant des entrailles de l'humanité. Sauf les divergences insignifiantes des docteurs et des sectes, elle se montrait homogène, embrassant toutes les âmes, sans distinction de races, de pays, de conditions, ni de sexes. Si donc, le monde à exploiter et les nations à contenir avaient pu, jusqu'à un certain point, légitimer la dictature césarienne; des motifs analogues, et plus puissants encore, vont rendre raison du despotisme militaire qvi va commencer.

Ce ne sont plus, en effet, des mécontents qu'il faut punir; c'est l'empire tout entier, travaillé par le Christianisme, qu'il s'agit de tenir, pour ainsi dire, en état de siège. Ni les légions, ni les hommes d'État, ni la plupart des empereurs eux-mêmes n'eurent la conscience de cette situation : mais elle résulte de la nature et de la nécessité des choses ; les faits l'établissent tous, et les empereurs les plus remarquables par leur génie, leur esprit romain, qui persécutèrent le Christianisme : Septime Sévère, Décius, Valérien, Dioclétien, le comprirent à merveille.

Le despotisme militaire va donc s'établir, fatalement amené par le cours des choses, et traînant à sa suite toutes ses désastreuses conséquences : les rivalités militaires, les guerres civiles, les usurpations, l'anarchie. D'après le principe et la constitution du Césarisme, le vrai despote, ce n'était pas César, c'était la plèbe, et comme expression de la plèbe, la légion.

Le peuple romain, armé ou non armé, était le vrai propriétaire et usufruitier de la conquête; l'empereur etait son patron, mais avec cette différence que ce patronat n'était pas héréditaire; il ne put jamais le devenir. Les empereurs fils d'empereurs ne tinrent jamais leur pouvoir de l'hérédité, mais de la faveur du soldat et de la plèbe, et de l'adoption de leur auteur. L'hérédité impériale, établie en droit et en institution, eût été l'abdication du peuple-roi, son expropriation : une chose qui impliquait contradiction. Une monarchie héréditaire, si elle avait pu s'établir, entraînait l'égalité des provinces et de Rome, et de tous les habitants devant l'empereur; c'était la négation du droit *quiritaire*, c'était le Christianisme même (282).

Ainsi le gouvernement de l'empire devenant de plus en plus pénible, et réclamant autant de la force armée que la défense contre les barbares, la *Légion* qui défend et protège, qui réprime et qui punit, la légion qui fait tout dans l'empire, va devenir souveraine; — l'empire se trouve donc fatalement engagé dans la voie d'un despotisme croissant, au bout de laquelle se rencontreront nécessairement deux choses : 1° la lutte de la légion contre la légion, ou la guerre civile; 2° les concessions à l'esprit nouveau, c'est-à-dire, la victoire de l'IDÉE !...

Pendant cette marche du Césarisme, que fera l'Église? que fera la Révolution?

Sa marche n'est pas moins bien tracée :

1. Elle continuera sa propagande; c'est forcé.

2. Elle se créera une organisation et un gouvernement, l'épiscopat; c'est forcé.

3. Elle réagira contre les aberrations des sectes rigoristes et relâchées et posera son dogme et sa discipline dans un milieu, qui deviendra pour elle un glaive à deux tranchants, en même temps qu'un instrument d'absorption.

4. Grâce à la multiplicité des écoles, elle prendra le sceptre de la doctrine, l'intérêt commun du pouvoir épiscopal facilitant l'accord sur la profession de foi; et leur union, toujours plus apparente que réelle, entraînant le gros des chrétiens, et mettant à néant la pacuité des dissidents.

5. Elle soutiendra la guerre contre César, et conduira les fidèles à travers les persécutions. Puis elle s'offrira au Césarisme vaincu comme un appui et un auxiliaire; elle lui imposera son alliance; elle partagera avec lui le pouvoir; et comme, sous les Antonins, le Césarisme avait essayé une alliance avec le pouvoir sénatorial, elle le contraindra à reconnaître le pouvoir épiscopal. Et l'an 325, le monde romain se trouvera constitué sur un plan nouveau (prématuré, impossible), qui n'aura sa complète réalisation et sa théorie

que bien des siècles plus tard, le système constitutionnel. La logique de l'histoire nous mène là, en effet; mais cette logique, nous la verrons bientôt contredite par celle des deux parties contractantes; alors l'union deviendra impossible, et une évolution d'un autre genre commencera.

[A cette époque, le reproche de barbarie, de superstition et d'ignorance pèse sur les chrétiens, d'autant plus poignant et redoutable qu'il était vrai. Ce n'étaient pas les rares apologies d'un Quadrat, d'un Justin, d'un Méliton et autres, apologies si lamentables que l'Église ne les a pas conservées, qui pouvaient les laver de ce reproche. Et puis, quelle si mauvaise cause ne trouve un avocat?...

Mais depuis l'*Épître aux Romains*, les chrétiens faisaient profession de mépriser la philosophie et les lettres; depuis Simon le Mage, ils proscrivaient la philosophie et la gnose; ils excommuniaient, comme hérétiques, ceux d'entre eux qui essayent une explication de leur foi; ils détestent l'art païen comme diabolique; ils fuient les théâtres comme instruments de fornication, pompes d'idolâtrie et tentations de Satan: ils méprisent la politique et l'ordre établi; ils flétrissent le commerce, mettent le travail et l'étude fort au-dessous de la prière; ils jugent la science profane inutile, auprès de la science du ciel, dont le règne est toujours attendu. Qu'était donc une secte qui ne recevait rien de ce qui constitue la société humaine?...

Bon gré, mal gré, il fallut, à peine de périr, se résigner à avoir des écoles, non plus seulement de catéchumènes, mais aussi de docteurs. On se résigna à manger de ce fruit redoutable de la science; on consentit à se donner, mais avec quelle méfiance! des écrivains, des orateurs, des philologues, des dialecticiens, des penseurs!... La première école fut ainsi fondée à Alaxandrie (183); puis on en eut à Antioche, à Césarée; puis partout.

La naissance des écoles, la permission d'écrire accordée aux savants, marquent l'époque où cesse la fabrication des écritures apocryphes. La vérité y gagnera, et les affaires de l'Église y gagneront aussi; non que les Irénée, les Clément, les Tertullien, les Origène, pas plus que les Athanase, les Jérôme et les Augustin, qui viendront après, aient été des génies supérieurs, capables de reculer les bornes de la connaissance; non plus qu'ils aient réfuté, surpassé les gnostiques et les philosophes; ils ne les ont, la plupart du temps, pas compris; mais la pensée reprit son mouvement; on sut enfin, en lisant un écrit, à qui l'on avait affaire; et si, à la place d'évidence, les conciles mirent leur autorité, du moins l'on sut dès lors que l'on croyait, non plus par conviction, mais par obéissance, et les vérités de la raison purent se distinguer des vérités de la foi!...]

193. 1er *janvier.* Pertinax, accepté plutôt qu'élu par les prétoriens, sur la présentation des meurtriers de Commode, révèle des intentions d'économie et de bonne administration. Il est massacré après trois mois de règne (28 mars).

[Pertinax finit comme Galba, et pour le même motif.]

[États de services de Pertinax, d'après Capitolinus :

1. Centurion.
2. Préfet de cohorte en Syrie et en Bretagne.
3. Chef d'escadron en Mésie.
4. Commissaire pour les provisions sur la voie Émilienne.
5. Commandant de la flotte sur le Rhin.
6. Intendant militaire en Dacie, aux appointements militaires de 36.000 l. (72.000) l'an.
7. Commandant de vétérans légionnaires.
8. Sénateur.
9. Préteur.
10. Chef de la première légion en Rhétie et Norique.
11. Consul en 175.
12. Aide de camp de Marc-Aurèle en Orient.
13. Général de division sur le Danube.
14. Légat consulaire en Mésie (inspecteur général).
15. — en Dacie.
16. — en Syrie.

17. Légat consulaire en Bretagne.
18. Ordonnateur des subsistances à Rome.
19. Proconsul d'Afrique.
20. Préfet de Rome.]

[A son avènement au pouvoir, Pertinax n'avait trouvé dans le trésor que dix sesterces (180.000 l.); il laissa à sa mort 27.000 sesterces, ou 500 millions.]

L'élévation de Pertinax donne une idée de l'esprit démocratique qui régnait sous le couvert des Césars. Il était fils d'un charpentier de Piémont; après avoir passé par tous les grades militaires et civils, administré des provinces et commandé des armées, il fut élevé à la pourpre par une conspiration; une conspiration l'en précipita. Examinées de près, ces deux conspirations apparaissent comme l'expression de deux esprits antagoniques qui se disputaient l'empire: l'une est celui des hommes d'État, qui cherchent à organiser rationnellement l'empire, et à faire cesser l'exploitation abusive, incarnée dans les Domitien et les Commode; l'autre est l'esprit du soldat et de la plèbe, jaloux de leurs privilèges, et qui ne peuvent souffrir des réformes qui menacent leur parasitisme (282)! Ce qui se passe dans l'empire est juste le contraire de ce que l'on verra à la Révolution française: au temps de Commode, les empereurs, le sénat, les grands, tendaient généralement à des réformes que repoussait la masse; en 89-93, c'était la cour et les grands qui repoussaient la Révolution.

Le régime des Antonins pesait donc aux légions et à la plèbe. Le long règne de Commode, sa popularité, la mort de Pertinax, et ce qui s'ensuivit, le prouvent.

— Pertinax assassiné; les prétoriens, qu'offensait sa parcimonie, mettent l'empire à l'encan.

— Deux enchérisseurs se présentent, Sulpicianus, gendre de Pertinax, promet 5,000 drachmes (3,680 liv.) pour chaque prétorien; Didius Julianus, sénateur, en offre 6,200 (4,600 liv.); la pourpre lui est adjugée. Ce fait, que les historiens regardent tous comme monstrueux et ridicule, qu'est-il au fond?

La revendication par le soldat du droit de conquête, du droit de souveraine jouissance que laissaient périmer ou amortir les grands empereurs. L'empire, on ne saurait trop le redire, était la propriété du peuple, dont l'empereur n'était que le tenancier. A ce point de vue, le meilleur empereur était celui qui donnait le prix le plus élevé de la ferme : c'est ce qui fit la popularité de tous ces monstres, dont l'existence encore plus que les crimes, étonnent toujours ceux qui en lisent l'histoire.

[Didius Julianus, vieux gastronome, passant le temps à se goinfrer et jouer aux dés. — Le jour de son élection, s'amuse à regarder le danseur Pyladès... Un drôlatique en cheveux blancs.]

A la nouvelle de l'élection de Didius Julianus, les généraux de Bretagne, de Pannonie et de Syrie, Albinus, Septime-Sévère et Niger haranguent leurs soldats, qui les nomment à l'instant. Fut-ce par un sentiment de dignité publique? Non. Les légions, comme les prétoriens, ne faisaient pas des empereurs sans se faire auparavant payer, donnant donnant. Septime-Sévère, notamment, paya plus cher encore son élection que Didius Julianus. Mais les prétoriens, soldats de la garde impériale, corps d'élite, sorte d'aristocratie dans l'armée, n'avaient traité que pour eux-mêmes : de quel droit disposaient-ils de la propriété commune?...

Septime-Sévère passe en Italie : à son approche, les prétoriens usurpateurs embrassent son parti ; Didius Julianus, abandonné, conspué, est mis à mort, et Septime-Sévère salué à la fois par le sénat, l'armée et le peuple. Mais Sévère, vengeur du droit méconnu des légions, dépouille les prétoriens de leurs privilèges et les dissémine dans l'Italie, avec défense de s'approcher de moins de 30 lieues de la capitale. Il envoie ensuite de bonnes paroles à Albinus et part pour combattre Niger.

— Théodote le corroyeur (173) est excommunié par l'évêque de Rome Victor. On l'accusait, lui et ses adhérents, de corrompre les Écritures, c'est-à-dire de les entendre autrement que l'Église de Rome, qui certes ne les entendait point. On leur reprochait en outre de s'attacher à la géométrie, de faire cas d'Euclide, Théophraste, Aristote, voire même de Galien!... On voit par cet exemple à quel point la philosophie et les sciences étaient devenues dans la chrétienté impopulaires. Dans le Christianisme, comme dans l'empire, la plèbe était contraire à la science, au progrès, à la justice et à la liberté!...

Athènes, de Naucratis, en Égypte, littérateur.

194. Après une première action sur les bords de l'Hellespont, Sévère défait l'armée de Niger à Issus, dans la Cilicie.

La commotion de la guerre civile ébranle les peuples dans l'Osroène et l'Adiabène; les Samaritains et les juifs se mettent en insurrection.

Un roi de Suède, Haldan, essaie de nommer pour son successeur un roi goth, Unguin; il est lui-même tué, l'étranger repoussé, et Ragnald mis à sa place.

— Célébrité de Clément d'Alexandrie, disciple de Pantène.

Clément d'Alexandrie fut, dans toute la rigueur un éclectique de la gnose, ainsi que le prouve le titre de son principal ouvrage, les *Stromates* ou Tapisseries. Sa philosophie est morale avant tout, et toujours rationnelle et d'un juste tempérament. Son but, en réfutant les écoles exagérées des encratites et marcionites, en même temps que celles relâchées de Nicolaüs et Carpocrate, est de poser les vrais principes concernant l'usage des biens, le mariage et la conduite dans la persécution. — Bien loin de repousser les titres de philosophe et de gnostique, il s'en pare et les préconise, essayant de montrer que le vrai philosophe et le parfait gnostique n'est autre chose que le chrétien. Il s'efforce aussi de concilier les traditions polythéistes et judaïques, en montrant que tous les anciens symboles contiennent la même théologie et la même sagesse. Tout son livre, il l'avoue lui-même, n'est qu'un recueil, un musée des meilleures choses qu'il a rencontrées dans la gnose. Il parle de Dieu, l'Être suprême, en gnostique. « La grande difficulté de parler de

Dieu, dit-il, vient de ce qu'il est le premier principe de tout. Or, en chaque chose, le principe est difficile à trouver. Comment exprimer celui qui n'est ni genre, ni différence, ni espèce, ni individu, ni nombre, ni accident, ni sujet?... » Il conclut qu'il est infini, sans figure et sans nom. La manière dont il s'exprime sur la Trinité est tout à fait prise de Valentin. Pour lui, le Fils est la nature *la plus approchante* du Tout-Puissant; le Saint-Esprit vient encore après. Quant à l'orthodoxie, il dit qu'il faut la chercher dans la tradition uniforme et immuable des Églises, non dans les raffinements des écoles : ce qui signifie que Clément, ainsi que ses ouvrages le prouvent, faisait en dernière analyse assez peu de cas de la spéculation, revenait à la foi pure et simple des apôtres, mettait au-dessus de tout la science morale, hors de laquelle il se montre d'une indifférence, non pas pyrrhonique, il soutenait contre Pyrrhon qu'il y a des choses certaines, mais tout à fait philosophique.

On pourrait faire des livres de Clément un traité de civilité chrétienne. C'est un vrai Athénien, qui cherche partout, comme Socrate, la règle des convenances, de la grâce, de la modestie, de la tempérance et de la justice.

— La dispute recommence au sujet de la Pâque (v. 196).

195. Construction du Colisée, à Rome; il contenait 87,000 personnes.

— Symmaque, tour à tour chrétien, ébionite et juif, entreprend une quatrième version de la Bible d'après l'hébreu. Il est à remarquer que les traducteurs venus après les *Septante*, Aquila (134), Théodotion (181) et Symmaque, tous trois païens convertis au Christianisme, finissent tous trois, d'évolution en évolution, par se faire juifs!... Ce résultat accuse la fausse voie où était entrée l'Église depuis 71 ; en se portant héritière du judaïsme, elle affirmait le judaïsme ; et comme à cette époque la théologie chrétienne n'était pas faite, que l'on hésitait sur la question de savoir si Jésus était Verbe, Christ, ou simplement prophète, la conséquence était fatalement de le rattacher au mosaïsme et d'affirmer le mosaïsme !

196. *Conciles*. — C'est la première fois (?) qu'il en est fait mention. Mais il ne paraît point que la chose eût été alors absolument nouvelle. Cependant Tertullien (*De Jejunio*, c. 13, an 117) en parle comme d'une institution récente et étrangère. (Cf. Mosheim, *Histoire de l'Église*, IIe siècle.)

Jusqu'à ce moment néanmoins, les évêques avaient plutôt correspondu entre eux par lettres.

On peut supposer, dit Gibbon, qu'en formant ainsi des conseils représentatifs, les évêques prirent pour modèles les établissements célèbres de leur pays : les amphictyons, la ligne achéenne, les assemblées des villes d'Ionie. La coutume s'établit donc parmi les Églises, toujours indépendantes, et passa peu à peu en loi, que les évêques se rendraient dans la capitale de leurs provinces, au printemps et en automne. Là ils prenaient l'avis des prètres les plus distingués; tout se passait en présence du peuple.

Les membres de ces assemblées reçurent, comme les sénateurs romains, le nom de *pères*.

Les décrets furent appelés *canons*.

Ces assemblées, où le peuple ne pouvait plus assister en entier, mais seulement être *représenté*, en traînèrent l'abolition de la puissance législative en chaque Église particulière, puissance qui résidait dans la communauté entière, et qui fut ainsi transportée aux réunions d'évêques. Or l'évêque étant nommé *à vie*, *disposant des fonds* (cf. an 100), *jugeant les différends*, *nommant à tous les emplois de l'Église*, devint bientôt le maître et le tyran de la communauté. (Cf. Cyprien, an 247.)

La *puissance législative* concentrée dans l'assemblée de la province (et plus tard dans le concile œcuménique). — La *puissance exécutive* concentrée, pour chaque Église, entre les mains de l'évêque (100).

Le droit de faire des *ordonnances* interprétatives des *canons*, pour leur meilleure exécution, également accordé à l'évêque; le droit d'admettre à la *communion* ou d'en *rejeter* !...

La chrétienté se trouva ainsi transformée en une république *aristocratique* et *fédérative*, dont tous les bénéfices appartinrent, comme ceux de la république romaine, au *patriciat*, aux évêques.

L'usurpation épiscopale se consacre dès ce moment, par la distinction nouvelle du *clerc* et du *laïc*, κληρος et λαϊκος, qui signifient exactement la *noblesse* et la *multitude* chrétiennes. Les nobles furent les évêques, prêtres, diacres, religieux, etc.; — la multitude se composa de tout le reste.

[Dès cette époque les Églises sont fort riches; sous Antonin le Pieux, un particulier offrit à l'Église de Rome, 200,000 sesterces, environ 50,000 francs pour sa bienvenue!!...

En vain les empereurs défendaient en général par la loi, les legs et testaments, en faveur de sociétés et compagnies : les chrétiens éludaient la loi; les Églises s'enrichissaient aux dépens des familles, etc., recevaient non seulement des sommes, mais des terres, des maisons et toutes sortes d'immeubles.

Cf. les rescrits de *Constantin*, qui ordonnent la restitution, an 314.]

La puissance d'excommunier, la plus essentielle à une société, celle qui exclut le mieux tout arbitraire individuel (*ex-communitate*), transférée aux évêques et aux conciles, fut l'attentat le plus injurieux à la dignité humaine, et le plus sanglant affront au Christianisme. Une opinion sur le *Christos* vous faisait chasser de la société ; — et l'évêque, qui s'arrogeait le droit d'admettre ou d'exclure qui bon lui semblait, n'était pas lui-même chassé comme *apostat* et *destructeur* de l'Église!...

Tout en se produisant comme organisme et comme doctrine, le Christianisme avait obéi à sa nature plutôt théologique que scientifique ; il avait perdu son unité, il était devenu de plus en plus divergent, antagonique et scissionnaire. Les solutions à donner aux problèmes qu'il s'était posés, ne pouvant être constatées par aucun critère rationnel, ces solutions n'avaient pu ni se concilier ni se réfuter; leur diversité n'avait pu se résoudre en une synthèse capable de forcer l'adhésion générale; il y avait des peuples chrétiens, c'est-à-dire reconnaissant le Christ pour objet de leur culte ;

il n'y avait pas de chrétienté, pas d'Église, une et adéquate. Le Christianisme demeurait donc, sous ce rapport, ce qu'il avait été dès le commencement ; un mouvement religieux, plutôt qu'une religion ; une multiplicité de sectes n'ayant de commun que leur point de départ.

« Les communautés formées par les apôtres, ce que nous appelons Églises de Jérusalem, d'Antioche, d'Alexandrie, de Corinthe, de Rome, n'ont jamais été gouvernées par une autorité commune. Elles n'ont eu de commun, suivant l'expression d'un auteur sacré, que la *foi*, l'*espérance* et la *charité*. Pierre, Paul, Jean dirigeaient, chacun dans une parfaite indépendance, celles qu'ils avaient établies ; en sorte que les Églises apostoliques elles-mêmes, prises en bloc, ne présentent qu'une unité tout à fait idéale. Ces communautés ne furent pas plus unies sous les successeurs immédiats des apôtres... Il n'a jamais existé une seule Église, il n'y en aura jamais, si ce n'est dans l'éternité !... » (Matter, *Hist. ecclés.*)

Or, si le Christianisme, si l'Église est incapable de se constituer dans l'unité, il appert qu'elle est aussi incapable que le Césarisme de produire l'unité humanitaire ; bien loin de servir à l'émancipation, à la liberté, à l'harmonie générale, elle n'est qu'un élément d'antagonisme de plus. Le jour où, pour se donner l'unité, elle fera appel à l'autorité, à la force, elle aura donné sa démission, elle aura vécu !...

196. Après avoir pris Byzance, boulevard de l'empire, dont il fait démolir les fortifications, Sévère retourne en Italie, avec le projet de se défaire d'Albinus, qu'il avait reconnu César comme il s'était défait de Niger. Il commence par créer César, son fils Bassien, auquel il donne le nom d'Antonin. La guerre éclate aussitôt entre les deux rivaux : la Gaule se prononce pour Albinus. Une première rencontre a lieu dans les Gaules entre Albinus et Numérien, lieutenant de Sévère, qui est vainqueur.

— La question de la Pâque (158) met le trouble dans l'Église. Le pape Victor, obéissant à l'emportement de son zèle, prétend imposer aux Orientaux la coutume de son

Église, et fulmine contre eux l'excommunication : il est blâmé par l'évêque de Lyon, Irénée. Des conciles sont tenus pour cet objet à Rome, à Césarée, dans la Gaule, le Pont, la Grèce et l'Osroène. Tous conviennent de célébrer la Pâque le jour de la résurrection du Christ, c'est-à-dire le dimanche qui suit le 14e de la lune de Mars. Polycrate d'Ephèse maintient l'ancienne coutume; mais déjà le parti qu'il représente est en minorité, et la pratique de Rome deviendra universelle après le concile de Nicée (325).

A côté des grands intérêts politiques qui étaient en lutte, la querelle sur la Pâque peut sembler aujourd'hui misérable. Mais Sévère et Albinus ne combattaient après tout que pour le service de leur ambition; tandis que Victor luttait pour l'établissement d'un nouveau culte, qui, tout en s'emparant du rituel mosaïque, aspirait néanmoins à se distingner du mosaïsme. Tout ce que possède le Christianisme, tout ce qu'il affirme, lui vient d'emprunt : mais tout ce qu'il emprunte, il le convertit à sa mesure et à sa physionomie. Sa Pâque ne sera pas celle des juifs; son jour sacré ne sera pas le samedi; sa Trinité pas celle de Platon ; son Messie pas celui des Hébreux; sa confession pas celle d'Éleusis, sa catholicité pas celle de César; son diable même ne sera pas celui de Zoroastre; et sa prédestination autre chose que la fatalité.

197. Les deux armées romaines, au nombre de 150,000 combattants, se rencontrent dans la plaine de Trévoux, sur la Saône, à quelques lieues de Lyon. Longtemps la victoire est disputée : enfin la fortune se prononce pour Sévère. Dans la joie de la victoire, il écrit au sénat : « Je vous envoie la tête d'Albinus, afin que vous sachiez que je suis irrité contre vous! » Quarante et une familles de sénateurs sont proscrites, Commode vengé, une proscription, qui rappelle celle d'Octave, achève l'œuvre des combats. Femmes, enfants, vieillards, rien n'est épargné! Une fois tranquille, Sévère s'occupe d'organiser l'exploitation du domaine impérial. A la préfecture du prétoire, il réunit la juridiction civile et criminelle et l'administration des finances : un véritable état de siège perpétuel et systématique. Il pose en principe que la volonté de l'empereur est la loi de l'État, et prend soin de ses sujets, comme un maître intéressé de ses esclaves... Aucun ne sut mieux profiter, pour remplir le trésor, des confiscations; aucun ne fit mieux goûter, au peuple et au soldat, le bénéfice de la conquête. Des constructions magnifiques, des spectacles, des distributions abondantes et régulières lui valurent l'affection du peuple. A l'affectation qu'il mettait à humilier le sénat, on pouvait juger combien il prenait au sérieux son rôle d'*imperator* et son titre de César. Il avait d'abord puni les prétoriens (193), en les dispersant après la mort de Didius Julianus; il porta leur nombre de 16,000 à 50,000, et voulut qu'ils se recrutassent de l'élite des légions.

Il éleva leur paie : sa maxime était qu'il fallait *bien traiter les gens de guerre et ne pas s'inquiéter du reste.* Lui qui était venu, disait-il, pour venger la majesté de l'empire prostituée à Didius Julianus, il éleva le *donativum*, non pas à 6200, mais à 9000 drachmes.

Ainsi le gouvernement des Flaviens et des Antonins avait incliné vers une monarchie fusionniste, égalitaire, quant aux provinces et aux cités, et tempérée dans sa hiérarchie et son administration. Sévère ramène tout au despotisme militaire, et mieux que ne l'avaient fait les fondateurs même de l'empire, César et Auguste, il réalisa, systématiquement et de sang-froid, le rêve des plébéiens de Marius et des vétérans de César : l'exploitation et la jouissance du monde par le peuple romain.

Sévère part ensuite pour l'Asie, où le défiaient les Parthes.

— Victor, évêque de Rome, est remplacé par Zéphirin.

198. Tertullien, prêtre de Carthage, déjà fameux dans la chrétienté par la composition de plusieurs ouvrages, écrit son livre *De Corona*. Il suggère aux chrétiens engagés dans la profession des armes l'expédient de la désertion. C'était la coutume que les soldats romains, dans les fêtes militaires et les distributions que leur faisait l'empereur, paraissaient la tête ceinte d'une couronne de laurier, tels que nous voyons sur les médailles la tête des empereurs. Le soldat était empereur, avant César lui-même, nous l'avons dit maintes fois. Un jour, à une distribution, un soldat chrétien ose se présenter sa couronne à la main : interrogé pour ce fait, il répond que sa religion lui défend les actes d'idolâtrie; et sur son refus, il fut dégradé.

Cette action fut diversement interprétée. Quelques-uns blâmèrent le soldat et l'accusèrent d'indiscrétion, disant que la couronne était chose de soi indifférente, que les Écritures ne défendaient nulle part. Tertullien prit la défense du soldat, et soutint que le port de la couronne en cette circonstance était un symbole antichrétien. Nous ne citerons pas les divagations de Tertullien à ce propos; mais on ne saurait nier qu'il eut raison au fond.

La couronne militaire, signe du despotisme impérial et de l'oppression des peuples, était un outrage de plus à la société écrasée. Le livre de Tertullien ne fut peut-être pas étranger à la persécution qui éclata l'année suivante contre les chrétiens.

Sévère, inaugurant une politique nouvelle, ou revenant hardiment à l'ancienne, n'agissait point par fureur, cruauté ou ineptie; ce n'était point un insensé comme Caligula, souhaitant de décapiter d'un coup le peuple romain; un débauché comme Néron cherchant des émotions dans des prodigalités sans nombre, un bravache comme Commode, un lâche comme Domitien, achetant sa sécurité au prix des plus monstrueuses largesses. Tout en lui décèle un esprit de suite qui trahit le théoricien, on dirait presque le réformateur. Il songe à tout, à la religion, à la justice, aux arts; il prétend tout soutenir, tout faire marcher, en organisant méthodiquement l'exploitation des nations par le peuple romain, et en faisant de ce peuple le Dieu de l'univers. Il a parfaitement vu que le Christianisme est l'antithèse de César : aussi songe-t-il à le combattre par la religion, par la philosophie, et même par des apparences de réforme. Sa femme, bel esprit, cœur généreux, Julia Domna, vient à son aide, dans cette œuvre de résistance.

C'était une dévote à Apollonius de Tyane; par son ordre, Philostrale reçut la permission d'écrire l'histoire du grand théosophe, sur les mémoires qu'avait laissés Damis, son disciple. En même temps Antipater, dit *le docteur des dieux*, fut chargé de faire l'éducation du jeune Bassien, et Papinien, de composer le code des lois.

199-202. Sévère rend des édits rigoureux contre les sociétés secrètes, ce qui amène la cinquième persécution. — Les martyrs les plus célèbres qu'elle fit furent *Léonide*, père d'Origène, alors âgé de dix-sept ans, à Alexandrie; Plutarque, disciple de Léonide; Irénée, l'antignostique, à Lyon; les martyrs Scillitains, à Carthage. — Les ordres de Sévère répondaient aux sentiments du peuple et des soldats. Contre les adorateurs du Christ, il n'y avait qu'un cri dans la masse : *Christianos ad leones!*

200. Destruction du royaume de Bactriane par les Scythes Borans. Combien de fois, depuis sept mille ans, n'a-t-elle pas été saccagée, la patrie de Zoroastre!... A de longs intervalles, l'histoire nous apporte l'écho de ses malheurs : rien n'a surnagé de cette civilisation, qu'un livre de prières, le *Zend-Avesta*, et le principe dualiste de la théologie, qui après avoir parcouru le monde, civilisé la terre, réformé l'Assyrie et la Palestine, repose aujourd'hui dans le tombeau de Jésus-Christ.

— Sérénus, Perséus, Philon, mathématiciens, perfectionnent la théorie des courbes et des sections coniques.

SIÈCLE DES PRÉTORIENS.

De la fin de Commode (192) à la paix de l'Église (312), on compte, pendant un laps de cent vingt et un ans, quarante-six à cinquante personnages revêtus de la pourpre impériale, et en ajoutant dix-neuf sur les trente *tyrans* que l'on compte ordinairement, soixante-cinq à soixante-dix représentants du

Césarisme. En retranchant de ce nombre la moitié au moins, pour la simultanéité des commandements divers, voulue ou non voulue, il reste trente à trente-cinq, soit un peu moins de quatre ans, en moyenne, par empereur!

Ainsi Rome est déchirée au dedans par sa constitution césarienne, plus encore que tourmentée et vexée au dehors par les barbares. Avec le principe, que l'élection populaire, devenue l'élection du soldat, fait la *légitimité*, aucune tradition ne peut s'établir; l'État est essentiellement révolutionnaire. Comme l'a dit un prince français, jeté par un tour de fortune des marches du trône dans l'exil, l'empereur Napoléon Ier était légitime; Louis-Philippe légitime; le gouvernement provisoire légitime; et Napoléon III, aussi légitime!...

Dès lors on peut dire que c'est la mort du pays qui est légitime.

Cependant chaque empereur fait de son mieux pour créer, avec le respect de la démocratie, une perpétuité et une transmission régulière: la pourpre reste d'abord dans la famille d'Auguste, puis elle passe aux Flaviens, des Flaviens aux Antonins; Sévère va de nouveau essayer de l'hérédité sur sa propre famille; nous verrons la famille de Constance Chlore, celle de Théodose, recommencer le même labeur. Les proscriptions, les séductions, l'or et les privilèges ne sont pas ménagés. Rien n'y fait; l'hérédité ne s'établira pas: elle répugne au Césarisme comme à la papauté elle-même.

Dans l'ordre des idées, le Christianisme va se formuler progressivement sur les débris de la gnose, en face de la philosophie expirante. Sa méthode de syncrétisme, nous la connaissons: pressé par le débordement des théories, par l'avalanche des écritures, *Évangiles*, *Apocalypses*, *Épîtres*, et forcé de faire un choix, et de publier son programme, il vient de se donner un code sacré; il a fini par se composer un recueil de livres, qu'il déclare seuls et à l'exclusion de tous autres traditionnels, authentiques, apostoliques; avec des textes de ces codes et un certain nombre de passage de livres hébreux, il se fera une gnose à lui, qu'il déclarera antérieure à toutes les autres, et qui seule sera réputée orthodoxe et véritable. De ce moment, sa polémique sera simple : aux armes accoutumées de la mauvaise foi, de l'ignorance et de la calomnie, il joindra son lit de Procuste, c'est-à-dire son formulaire, et tout ce qui restera en deçà ou ira au delà sera condamné. Il faudra du temps aux chrétiens, à leurs évêques mêmes, pour se pénétrer de ce système : tout se fera avec le temps. Le plus fort est accompli : nous avons des Écritures, une tradition : il ne s'agit plus que d'exégèse.

La dissolution des grandes doctrines philosophiques, l'invasion de la théurgie, attestent l'invasion des classes inférieures dans l'ordre des idées, comme dans celui de la politique ; tout génie disparaît sous la superstition et le despotisme, et toute littérature. La vase de la société monte à la surface : et pour avoir cherché l'ordre, la justice et la piété en dehors de la liberté et de la raison, il n'y a plus ni ordre, ni justice, ni piété.

Mais pour suivre le système de Sévère, peu de génie est nécessaire ; la force, encore la force et toujours la force. Aussi, le IIIe siècle ne présente plus, parmi les Césars, d'individualités d'une haute valeur ; ou s'il s'en rencontre quelques-unes, elles n'apparaissent, comme Probus, que pour protester contre le despotisme militaire.

Les époques de triomphe pour la démocratie sont les époques de misère pour l'humanité : cela sera vrai encore après dix-huit siècles.

201. L'organisation du despotisme militaire se poursuit avec ardeur. La constitution d'Auguste, qui du moins avait respecté les formes, et que les Antonins avaient rendue presque aussi libérale qu'elle avait été sous la république, est abrogée purement et simplement. Jusqu'ici l'empereur avait porté le titre de prince ou président du sénat ; grâce à cette fiction, qui conservait les formes de l'ancienne légalité, le sénat semblait être toujours l'autorité législative et souveraine, dont l'empereur ne faisait qu'exécuter les décrets ; à cette ombre de constitution, à ce principal fictif,

Sévère substitue l'absolutisme du sabre dans toute sa nudité. Sa vie entière est une censure de la mollesse et de la négligence des Antonins, qui avaient laissé péricliter l'empire. Sur son invitation, orateurs, jurisconsultes, hommes d'État, tous s'empressent à l'envi de proclamer l'omnipotence de César : oui, il est l'héritier du sénat, il réunit en sa personne toutes les prérogatives des pères conscrits, toutes les attributions. Le principe de l'obéissance passive est prêché au nom de la nécessité et de la raison d'État par ceux que leurs fonctions et leur caractère public appelaient à défendre le droit traditionnel, et comme on l'a vu tant de fois depuis, c'est au moment où la jurisprudence atteint sa perfection, que les jurisconsultes, perdant le sens de leurs aphorismes, signalent leur abaissement par leur zèle à proclamer le droit divin de la plèbe, en la personne de son empereur. Le châtiment ne se fera pas attendre : s'il n'y a rien de plus vil que le magistrat courtisan, il n'y a rien aussi que la tyrannie se plaise à humilier davantage.

Des jurisconsultes, la corruption semble s'étendre aux philosophes, protégés par l'impératrice Julia Domna. C'est elle qui nomme aux chaires; elle encourage, récompense, applaudit; elle apparaît, sous la pourpre, entre deux faisceaux d'armes, comme la déesse de la raison prétorienne. Elle mérite d'être surnommée la *Philosophe :* aussi les chrétiens l'ont couverte d'outrages, qu'elle mérita aussi peu que les déesses de la liberté en 93.

Sévère soutient ces réformes par le succès de ses armes. Il soumet les peuples de l'Adiabène et les Arabes, revient en Palestine, où il châtie les juifs toujours en révolte, défend à eux et aux chrétiens, sous peine de mort, de faire des prosélytes; puis il passe à Alexandrie, où il institue un sénat pour gouverner au nom de l'empereur.

Après tout, Sévère raisonnait avec cette rigueur de logique qui distingue les hommes d'épée. Pouvez-vous faire que tous les hommes soient égaux, demandait-il? Personne ne le pensait, et les chrétiens communautaires donnaient de tristes échantillons de leur égalité. Or, si tous les hommes ne peuvent être égaux, poursuivait Sévère, il faut donc qu'il y en ait qui servent et d'autres qui commandent; telle a été dès l'origine la pratique des patriciens et des nobles de tous les pays. Mais depuis le grand Jules César, l'application du principe a changé : il n'y a plus à Rome ni patriciens ni plébéiens; il n'y a qu'un seul peuple, commandé par l'empereur, et les nations pour les servir... Tout le secret de l'empire, *Arcanus Imperii*, est là!...

— Suivant Buret de L...., cette époque est marquée, pour la Germanie, par la transformation de l'ancien culte druidique en religion nouvelle, dont les dieux furent pris parmi les héros qui s'étaient signalés contre les Romains, tels qu'Arminius, Odin, Sartovir, Radogaste, Barlenus, etc. Les Romains déifient leurs empereurs, semblent dire les barbares; nous déifierons nos héros. C'est toujours la guerre, la guerre élevée jusqu'à l'idéal.

(Vérifier ce qu'il y a de positif dans cette indication.)

202. Sévère fait épouser à son fils Bassien, dit Caracalla, la fille de Plautien, commandant général des gardes prétoriennes. Pour célébrer ces noces, Plautien fait châtrer cent Romains de condition libre, afin que sa fille ait des eunuques dignes d'une reine d'Orient.

— Tertullien publie son apologie en faveur des chrétiens. Hypocrisie! Avec des princes tolérants, tels qu'Antonin et Marc-Aurèle, l'apologie était de mise : entre chrétiens et philosophes, on pouvait alors s'entendre. Mais sous Sévère! pour l'honneur de la chrétienté, mieux eût valu faire comme les juifs, désobéir, souffrir et se taire. Il y a, certes, dans l'apologie de Tertullien, des choses d'une prodigieuse ironie, d'une éloquence divine, d'une raison souveraine : l'ensemble, dans la bouche surtout d'un Tertullien, et en présence d'une condamnation systématique aussi parfaitement motivée, n'apparaît que comme un tissu d'arguties ou de mauvaise foi. Tertullien n'est beau que quand il attaque : c'était une invective qu'il devait lâcher sur l'empereur, non une apologie. La cause était entendue, et depuis un siècle! Il fallait mettre en présence les deux mondes.

203. Sévère, vainqueur des Parthes et pacificateur des provinces, rentre à Rome par l'Asie mineure et l'Illyrie.

— Commencements d'Origène : il est chargé d'instruire à Alexandrie les catéchumènes.

(Noter ce personnage, dont l'influence sur le Christianisme sera décisive, comme celle de Sévère sur le Césarisme. Mais Sévère, au lieu de se laisser aller à la philanthropie cosmopolite des Antonins et des Flaviens, pose le Césarisme dans la rigueur de son principe, et en poursuivit sans broncher ni dévier l'exercice; tandis qu'Origène, avec sa théorie de l'inégalité des âmes, ramène le Christianisme à l'inégalité sociale, et dément toute la mission de Jésus.)

204. Plautien, préfet du prétoire, insulté par Caracalla, son gendre, conspire ou plutôt est censé conspirer contre la vie des empereurs. Sévère le fait égorger sous ses yeux, puis lui donne des regrets. Ainsi commence le châtiment de la magistrature : la préfecture du prétoire est donnée ensuite au jurisconsulte Ulpien.

De grands jours sont célébrés à Rome cette année. Réjouissance et massacre, c'est le pain et le sel du peuple romain.

La secte des apostoliques (171) se montre de plus en plus hostile aux tendances dogmatiques et hiérarchiques de l'épiscopat. Elle refuse d'obéir à aucune autorité; les apostoliques pouvaient citer, en faveur de leurs sentiments, des textes invincibles et des exemples manifestes; des textes : *Que celui qui veut commander aux autres*, avait dit Jésus, *soit le dernier de tous!* Et Jean, le disciple favori : *Vous n'avez que faire de docteurs parmi vous; car, sachant ce que je vous dis, vous savez tout!* des exemples : les évêques pouvaient-ils être bien venus, sous un despotisme comme celui de Sévère, à reprêcher encore leur autorité? quoi! c'est là tout ce qu'ils savaient pour organiser le peuple chrétien!...

Mais la logique, le bon sens, ne furent jamais dans les tendances du sacerdoce. Tandis qu'Irénée et ses collègues dogmatisaient, excommuniaient, créaient un empire plus redoutable que celui des Césars, Tertullien, sous prétexte d'idolâtrie, déclamait contre les spectacles, l'art dramatique, les lettres, les arts, la toilette des femmes ; il eût voulu mettre tout le monde sous le joug d'un ascétisme barbare.

[Citer quelque chose de ces ouvrages, — notamment de celui sur les spectacles.

« Il vous faut des spectacles : attendez le plus grand de tous les spectacles, le jugement dernier, jugement universel de l'univers ! Oh ! combien j'admirerai, combien je rirai, combien je me réjouirai, combien je triompherai, lorsque je contemplerai tant de superbes monarques et de dieux imaginaires, poussant d'affreux gémissements dans le plus profond de l'abîme ; tant de magistrats qui persécutaient le nom du Seigneur, liquéfiés dans des fournaises mille fois plus ardentes que celles où ils ont précipité les chrétiens ; tant de sages philosophes rugissant au milieu des flammes, avec les disciples qu'ils ont séduits ; tant de poètes célèbres tremblant devant le tribunal, non de Minos, mais de J.-C. ; tant d'acteurs tragiques élevant la voix avec bien plus de force pour exprimer leurs propres douleurs ; tant de danseurs, etc. » (Voir pour la suite, *De spectaculis*, c. 30.)

Cette tirade de Tertullien sert encore de modèle à tous les prônes de nos curés et missionnaires sur l'enfer, le jugement dernier, etc. — Et l'inquisition s'est donné le plaisir, dans ses *actes de foi*, d'en donner des représentations.]

Cyprien avait raison de dire de lui : *Da.... mihi magistrum!* Maître en fanatisme !

N'y avait-il donc pas mieux à reprendre dans le monde romain ? Quoi ! pas un mot contre le despotisme césarien, contre l'esprit séditieux et tyrannique des légions, contre la grande propriété, contre la désertion du travail ; pas un mot en faveur des esclaves !.... Sans doute le polythéisme est la consécration des abus et des vices que le Christianisme est venu abolir; mais en attaquant la mythologie de cette société, ne pourrait-il pas combattre aussi sa pratique ? Combien le prêtre africain est loin de Jésus !...

Dans son écrit *Aux martyrs*, il ne tolère pas la plus légère précaution pour échapper au supplice; et cependant nous l'avons vu, dans son *Apologie*, dissimuler le drapeau chrétien et défendre son parti sur des choses qui, dès ce moment, ne sont plus en question!....

— Oppien publie ses livres sur la *Chasse* et la *Pêche*. — En voilà un du moins qui se moque également des chrétiens et des empereurs.

205-207. Bulla Félix, chef de brigands, exploite l'Italie sous le nez de l'empereur, pendant deux ans, et rappelle les exploits de Spartacus. Il est pris à la fin, et envoyé au supplice. Ce fait accuse une désorganisation générale, et la nécessité d'une réforme, que poursuivaient, chacun dans une direction opposée, le Christianisme et l'empereur. Sévère, dans son système de conservation et de réaction impitoyable, était logique, plus logique que l'épiscopat chrétien : mais la cause qu'il soutenait était condamnée; et, si mal défendu, si dissimulé et faux que fût dès cette époque l'Évangile, il avait raison contre César. Les esclaves formaient seuls la classe travailleuse, et l'esclavage était meurtrier; cause de dépopulation plus terrible encore que la guerre; la condition du colon peut-être pire encore que celle de l'esclave.

Dans cette misère des classes travailleuses, la propriété, le commerce et l'industrie perdaient toute sécurité. Fort pour la guerre civile et la guerre étrangère, l'empereur se trouvait impuissant pour la police des campagnes : il y avait des légions pour les Germains et les Parthes; des prétoriens pour vendre l'empire; des vétérans pour le ressaisir; il n'y avait rien pour encourager l'agriculture et les métiers, protéger le commerce et la propriété.

207. Tertullien se met à batailler contre Marcion, et comme s'il eût voulu rire de lui-même, il entre dans la secte de Montan. Il y fut poussé, dit Fleury, par l'envie qu'il inspira au clergé de Rome et par les outrages qu'il en reçut!... Ce clergé, jouissant de bons appointements, voulait vivre en paix et ne point s'attirer de misères de la part des empereurs; il se souciait peu des réformes du prêtre africain, qui le discréditait!... C'est vers cette époque qu'il écrit son livre des *Prescriptions*.

Si quelque philosophe de l'école de Lucien ou de Socrate eût suivi à cette époque la polémique de Tertullien, quel immense éclat de rire lui serait venu, en voyant ce déclamateur, au moment même où il opposait aux hérétiques une série de fins de non-recevoir, qui toutes se résument dans ce seul mot, l'autorité, devenir lui-même chef de secte et protester contre l'autorité !... Eh quoi ! fidèle Tertullien, vous aussi, voilà que vous protestez contre l'Église et contre l'épiscopat !...

Non, dites-vous, je suis avec l'Église : je pense seulement que certaine chose que j'affirme doit se trouver dans l'Église et vient des apôtres, bien que tels et tels ne la connaissent plus, et que certaine autre chose que je nie n'est pas dans l'Église et ne vient point des apôtres, bien que certaines gens, qui croient être quelque chose, disent le contraire !... Et que disent donc les autres que vous traitez d'hérétiques ! Allez, rhéteur, ni vous ni personne ne savez ce que les apôtres ont entendu ou n'ont pas entendu : ils n'ont jamais su un mot de toutes les questions qui s'agitent maintenant, et vos Églises, prétendues dépositaires de leur doctrine et qui dogmatisent en cette qualité, n'en ont rien reçu !...

208-210. Sévère occupe ses soldats contre les Calédoniens. Il perd dans cette expédition 50,000 hommes tués par le froid et exterminés par l'ennemi dans une retraite. Après avoir fait la paix avec les barbares, il ne trouve pas de meilleur moyen pour protéger la conquête romaine que la construction d'une muraille entre l'Angleterre et l'Écosse.

— Tertullien publie traités sur traités (contre *Praxéas*; contre *Hermogène*; de la *Chair de J.-C.*; de l'*Ame*; de la *Résurrection*). — Tout ce qu'il dit est un syncrétisme emprunté de droite et de gauche aux opinions en vogue, et qu'il appuie ou combat par des arguments à lui, les plus étranges du monde. C'est ainsi qu'il soutient, contre Valentin (135), la résurrection des cadavres, opinion qui doit d'autant moins surprendre en Tertullien, qu'il soutenait, non la matérialité, mais la corporalité de l'âme.

210. Origine de la maison de Nassau, en Allemagne.

Règne de Fingal, fils de Comhal et père d'Ossian, dans le nord-ouest de l'Écosse.

— La persécution sévit à Alexandrie, surtout parmi les disciples d'Origène. Les exhortations de ce jeune homme (il avait alors 25 ans) enflammaient les hommes et les femmes d'un incroyable enthousiasme ; et plus d'une fois sa vie fut en danger, non moins par la colère des familles qui l'accusaient de la perte des leurs, que par les recherches des officiers de l'empire, qui l'eussent puni du dernier supplice. C'est vers ce temps qu'Origène, chargé de catéchiser les femmes, et voulant se mettre à l'abri de toute tentation, désarma l'ennemi en se mutilant lui-même : il a depuis combattu cette fausse et grossière interprétation d'un texte de l'Évangile, et il a donné lieu de penser, par ses regrets, que non seulement il avait fait le malheur de sa vie, mais anéanti en lui la vertu même de chasteté, qu'il tenait en si haute estime.

211. Sévère meurt à York, à 66 ans, de fatigues, de chagrins, peut-être aussi de remords. Il avait vu son fils Caracalla attenter à ses jours, et l'idée qu'il laissait l'empire aux mains d'un parricide remplit d'amertume ses derniers instants. On l'entendait dire : *Omnia fui, et nihil expedit: J'ai été tout, et tout a bien peu de valeur!* Encore un Salomon désabusé. Il avait donné à ses deux fils le titre d'Auguste et le nom sacré d'Antonin, espérant que leur union ferait la gloire de sa famille et la prospérité de l'empire : aussi coupable en cela que Marc-Aurèle, dont il avait souvent blâmé le népotisme à l'endroit de Commode, il sacrifia à l'orgueil dynastique les intérêts du monde.

— A peine Sévère a rendu le dernier soupir, les Calédoniens se soulèvent. Les deux Augustes, Caracalla et Géta, sont d'abord battus ; ne voulant ni vaincre ni être vaincus ensemble, ils se hâtent de faire la paix avec les barbares, et portent à Rome le scandale de leur discorde.

— Tertullien écrit le *Scorpiaque*, ou antidote contre Marcion et les gnostiques : pamphlet qui ne manque pas d'une certaine valeur négative contre les sectes qu'il attaquait, mais qui ne prouve absolument rien en faveur des Églises épiscopales et prétendues orthodoxes, témoin Tertullien lui-même, qui s'en séparait. — Dans un autre écrit du même temps, il soutient qu'il est défendu au chrétien, sous peine d'apostasie, de se soustraire par la fuite à la persécution, ce qui est diamétralement opposé à l'Évangile, qui dit : *Si l'on vous persécute dans une ville, fuyez dans une autre.* Mais peut-être que l'on regardait ce texte comme une interpolation faite pour le besoin du moment : ce qui n'avait rien d'impossible.

[La fuite est, selon Tertullien, une quasi-apostasie. Il est cependant à remarquer que Tertullien ne souffrit pas le martyre.]

— Minutius Félix écrit son traité contre les païens. — Opuscule plein d'élégance, instructif pour l'histoire ecclésiastique, mais dans lequel on ne saurait nier que les objections de l'orateur du paganisme, Octavius, ne sont nullement réfutées par l'avocat des chrétiens, Cécilius.

Sur l'appréciation du paganisme, l'ouvrage de Minutius Félix est fort au-dessous de la théorie d'Apollonius de Tyane (37) et de Simon le Mage (20), des ophites (149) et d'autres gnostiques. Il embrasse pleinement le mosaïsme, comme fondement et précurseur du Christianisme, n'aperçoit dans les autres cultes que ridicule et immoralité, et conclut contre tous en faveur du sien.

Le sens de la révolution chrétienne se perd de plus en plus.

Construction du cirque de Caracalla.

212. La haine des deux frères divise la cour, la ville et l'armée en deux factions. Quelques-uns forment pour eux le projet de partager l'empire, l'héritage plébéien. A cette nouvelle, l'indignation éclate parmi le peuple. Julia Domna, par ses supplications, réussit à faire abandonner cette idée funeste et obtient un semblant de réconciliation. Les deux frères consentent à se voir, à s'embrasser dans l'appartement de leur mère : Caracalla choisit ce moment pour assassiner son frère, dont le sang jaillit sur la robe de l'impératrice.

Le fratricide se sauve dans le camp des prétoriens, qu'i entraîne par ses calomnies et ses distributions; puis il fait l'apothéose de Géta. Car après tout Géta est mort empereur, et il faut que les choses se passent convenablement. *Sit divus, dum non sit vivus*, dit Caracalla.

Il consacre, dans le temple de Sérapis, l'épée avec laquelle il avait tué son frère.

Alors commence une proscription affreuse, où périrent, dit-on, vingt mille personnes. Le principe césarien, prétorien, légionnaire triomphe, et se signale par ses œuvres. Nous ne sommes pas encore arrivés cependant à son expression la plus haute, la plus idéale!...

[Une fois entré dans la voie du crime, Caracalla devient furieux comme Commode. Il croit voir l'ombre de Géta qui le poursuit; partout il voit la vengeance, et pour la prévenir se fait assassin. Helvius Pertinax le surnomme *Gétius*, jouant sur le mot *Géta;* il paie de sa vie ce bon mot. — Mort de Favilla, dernière fille de Marc-Aurèle, et de Thraséas *Priscus*. — Caracalla est un *mélancolique*. Un an après la mort de Géta, il quitte Rome pour n'y rentrer jamais.]

Papinien, que Sévère avait chargé (198) de la rédaction des codes, refuse de faire l'apologie de l'assassin. Ainsi Papinien, comme Plautien (204), comme Ulpien (228), paie de sa vie le servilisme de la magistrature. Son tort fut de consentir à rester dans un corps avili (201). En faisant l'apologie du meurtre de Géta, il eût été lâche, mais conséquent; après la révolution opérée par Sévère, sa résistance, d'après les propres maximes des magistrats, n'était plus que de la révolte. Que le juge livre au bon plaisir du prince la liberté publique, et le prince lui demandera bientôt sa conscience : et s'il refuse, eh bien! dira l'empereur, la toge ou la vie!...

— Tertullien écrit à Scapula, gouverneur d'Afrique, en faveur des chrétiens. Il s'appuie surtout sur de nombreux prodiges, signes de la colère du ciel contre les persécuteurs. Il cite notamment une éclipse de soleil arrivée à Utique, *contre les règles de l'astronomie!* La superstition envahit le Christianisme : encore un peu, et ce sera une superstition qui n'aura rien à envier, rien à reprocher à l'idolâtrie.

[A Scapula, Tertullien lui dit, entre autres, que s'il veut réprimer sérieusement le Christianisme, il doit s'attendre à décimer Carthage. Dans cet écrivain hyperbolique et passionné, cela représenterait un quarantième de la population. Et cependant, à en croire ce même *apologète*, les chrétiens rempliraient TOUT.]

213. Caracalla dans les Gaules.

Pour subvenir à ses profusions, il déclare tous les citoyens de l'empire citoyens romains, et conséquemment soumis aux lois fiscales. — C'était une façon nouvelle de spolier les provinces et d'augmenter le revenu de l'empereur, de la plèbe et du soldat.

Il y avait une *taxe* pour les citoyens romains, sur les legs et héritages, et des tributs particuliers pour les sujets.

Caracalla, au lieu d'un vingtième en prit deux, soit un dixième sur les donations et successions ; et il ne diminua point les *tributs ;* ce qui lui procura un revenu énorme, rendit odieuse la qualité de citoyen, mais fut un pas vers le nivellement.

Suivant Dion, liv. 78, les distributions que Caracalla faisait à ses soldats, en sus de la solde, montaient annuellement à 70 millions de drachmes (63 millions de fr.). A cette époque, la paye du prétorien était de 1,250 drachmes (1,125 fr.), la retraite de 10,000 dr. pour les prétoriens (9,000 fr. une fois payés), et, pour les simples légionnaires, 4,250 dr. (3,825 fr.). La profession des armes était donc devenue depuis Tibère un métier lucratif, dont le peuple romain garda tant qu'il put le privilège, jusqu'au jour où les citoyens romains manquant, l'armée fut peuplée de barbares, ou, ce qui revient au même, ne se composa plus que d'auxiliaires.

Caracalla était dans la vérité de sa position : affectant la plus grande familiarité avec le soldat, lui prodiguant, avec l'argent des provinces, les revenus de la confiscation, dont il ne se faisait faute vis-à-vis des patriciens et sénateurs.

Les Égyptiens entrent dans le sénat : nouvelle source de revenus, nouvelle manière de vexer l'aristocratie.

Admirateur d'Alexandre le Grand, il organisait une phalange sur le modèle macédonien ; toute cette conduite prouve que le soldat est tout, le peuple et le sénat peu de chose, et le reste rien. C'est ce qu'avait très bien dit Septime-Sévère.

— Origène va visiter l'Église de Rome, mais il n'y demeure pas longtemps, rebuté apparemment par les mêmes causes qui avaient repoussé Tertullien. Les coteries chrétiennes écartent le talent et le génie : ce n'est plus un parti de réformateurs, c'est une cohue d'exploiteurs et de dupes. Origène retourne à Alexandrie, où il commence ses travaux sur la Bible. Sa réputation, à cette époque, est déjà telle, que le proconsul d'Arabie veut le voir par curiosité.

Les païens l'appellent ; les chrétiens le flétrissent...

214-215. Guerre des Romains avec les Allemands, les Goths, les Sarmates et les Daces. Caracalla parcourt ces divers pays ; puis il tombe sur Alexandrie, dont il fait massacrer à l'improviste les habitants, qui s'étaient permis sur son compte quelques plaisanteries. La délation atteignait non seulement les plus hauts personnages, mais les villes et les provinces.

Beaux temps du prétorianisme !

215. Une guerre de succession entre les enfants de Vologèse, roi des Parthes, attire ensuite l'attention de Caracalla...

— Secte des *agrippiniens*, sectateurs d'un évêque d'Afrique, du nom d'Agrippin, qui rejetait le baptême des hérétiques, et dont on croit que Tertullien partagea l'erreur. Agrippin débaptisait en conséquence ceux qui ne l'avaient point été par les orthodoxes : système déplorable, qui montre à quel point la concurrence était parvenue entre les évêques. Tout se formait en partis : Agrippin fut soutenu par les évêques d'Afrique et de Numidie.

216. Expédition de Caracalla en Médie et chez les Parthes.

Comme il avait une grande foi et dévotion à Apollonius de Tyane, il lui bâtit un temple (120, 273).

La guerre fut pour lui mêlée de succès et de revers.

217. Macrin, chargé de l'administration civile, est dénoncé à Caracalla comme devant être alors son successeur à l'empire, d'après la prédiction d'un sorcier. Le péril conduit Macrin au crime : Caracalla est assassiné entre Édesse et Carrhes, en Mésopotamie, au moment où il allait en pèlerinage, dans un temple fameux de la Lune. Supposons que pareil malheur arrivât à Henri III, dans une de ses processions, il eût été considéré comme martyr du devoir religieux et canonisé! Le sénat n'y manqua pas : à la demande des troupes, si bien payées par lui, Caracalla est mis au rang des dieux.

Macrin, Numide de race obscure, et pas encore sénateur, est fait Auguste au refus du préfet du prétoire Advantus, par les prétoriens que séduisent ses gratifications. En même temps, il fait César son fils, âgé de douze ans, et lui donne le nom d'Antonin. Mais bientôt forcé par la pénurie de ressources, il laisse entrevoir le dessein de rétablir l'antique discipline parmi les soldats et de réduire la solde. *Inde iræ.* Le bruit court que Macrin, plein de mauvaises intentions à l'endroit du soldat, est l'assassin de Caracalla : il n'attend que l'occasion de se venger.

Mort volontaire de Julia Domna, veuve de Sévère.

— Tertullien écrit ses traités de la *Monogamie*, de la *Pudeur* et du *Jeûne*. Dans le premier, il désapprouve les secondes noces, autorisées par l'apôtre Paul, et il est considéré de ce chef comme hérétique. On peut, selon nous, les accorder, en faisant voir qu'autre chose est le principe, et autre chose la pratique. Selon la loi de l'amour et du mariage, l'homme ne peut aimer véritablement qu'une fois; par conséquent, il ne devrait aussi se marier qu'une fois. Mais il est difficile d'épouser ce que l'on aime, et c'est ce qui fait une nécessité de la tolérance. Tertullien avait plus que Paul le sentiment du vrai mariage; Paul était plus dans la réalité.

Dans le traité de la *Pudeur*, Tertullien, entraîné par la logique de son principe, se moque de l'évêque de Rome qui admettait les fornicateurs et adultères à l'absolution ecclésiastique. Il prétend qu'à Dieu seul appartient d'absoudre de ces péchés, comme de celui d'idolâtrie et d'hérésie, qu'il mettait sur la même ligne. Là encore, il y a une vérité secrète : c'est que l'homme tombé dans l'habitude de la fornication et de l'adultère se rend incapable du vrai amour et reste esclave de la seule volupté ; donc il n'y a que Dieu, c'est-à-dire une crise de l'âme ou de la nature, qui le puisse délivrer.

Le livre du *Jeûne* ne contient que des préceptes particuliers surajoutés à ceux de l'Église, qu'il ne jugeait point assez sévères. C'est le pythagorisme restauré, c'est-à-dire l'art, plus ou moins vrai, de se rendre maître de ses sens par l'abstinence et la macération. — Mauvaise pratique : on ne maîtrise pas la nature par la violence, pas plus que l'amour.

[Dans ce livre, comme dans les autres, il attaque la morale des orthodoxes et leur renvoie toutes les accusations dont ils accablaient les gnostiques. Il dit que la promiscuité des agapes, qui se pratique dans l'Église romaine, est due à la bonne chère : *Adolescentes tui cum sororibus dormiunt, appendices scilicet gulæ lascivia et luxuria.*

Ainsi, le Christianisme ne marchait point d'un pas assuré dans sa morale, pas plus que dans sa théologie et ses réformes. La superstition gagne de jour en jour : vers cette époque, cette même secte de Montan, à laquelle appartient Tertullien, annonce officiellement la fin du monde pour l'an 300. Que de déceptions depuis Jésus ! Mais encore un peu, et l'Église, dite orthodoxe, mettra fin à la mystification en la déclarant hérétique.

Élien, de Préneste, littérateur grec.

218. Macrin, défait par Artaban, roi des Parthes, est forcé d'acheter la paix. A un chef de prétoriens, suspect de réformisme et accusé d'usurpation, il n'est pas permis d'être vaincu. L'insuccès ouvre la porte aux intrigues : les soldats, séduits par Mœsa, sœur de l'impératrice Julie, qui promet de les rétablir dans leurs solde et privilèges, proclament empereur le jeune Bassien, surnommé Élagabale (créé de Dieu), âgé de dix-sept ans, cru bâtard de Caracalla, et qui exerçait alors les fonctions de prêtre du Soleil à Émèse, en Syrie. Sa mère Soœmias, qui l'avait eu de son commerce impudique, soit prudence, soit superstition, l'avait fait entrer en religion : c'est ainsi qu'au moyen âge et jusqu'à la Révolution française, on faisait abbés ou évêques les cadets de famille princière ou noble. Macrin est abandonné par une partie de ses soldats, qu'entraînent les noms d'Antonin, de Sévère, de Caracalla. Peu de temps après, 6 juin, Macrin est défait en bataille rangée et massacré avec ses enfants par le parti d'Élagabale, qui n'est autre, au fond, que celui de Caracalla, c'est-à-dire du prétorianisme même.

Ainsi, l'empire, après être sorti avec Néron de la famille de César, puis après avoir été conféré hors de Rome par la proclamation de Vespasien, se donne à des hommes de race étrangère : Élagabale est Syrien; Maximin, Goth; Philippe, Arabe; Macrin, qui vient de périr, était Numide : la succession à l'empire est une prostitution. C'est un effet de la loi de Caracalla, qui, en donnant le titre de citoyen à tous les sujets de l'empire, leur a donné droit à l'empire même.

219. Divers gouvernements de provinces refusent de reconnaître l'élection d'Élagabale : les noms d'Antonin et de Sévère triomphent de toutes les résistances; les révoltés sont mis à mort.

Élagabale part d'Asie pour venir à Rome se présenter au peuple. Son voyage est une procession religieuse qui dure quatre mois. Enfin, il fait son entrée dans la ville éternelle, vêtu d'une robe traînante, toute de soie, le visage fardé, les sourcils peints, le front ceint d'une tiare orientale, dans une attitude extatique, et conduisant le char où repose son idole favorite, le dieu Élagabal, une pierre noire (probablement un aérolithe) taillée en cône (Phallus) et enchassée de pierreries. De jeunes Syriennes célèbrent autour du char des danses lascives; les parfums les plus rares, les vins les plus exquis, tout est prodigué pour ce jour de triomphe. — Les vieux Romains s'indignent; le préfet du prétoire, Julien, entreprend de chasser l'infâme. Mais l'heure n'est pas venue; Julien est tué par les soldats.

L'empereur entreprend ensuite de subordonner tous les cultes à celui du dieu d'Émèse : d'abord il se marie avec la Lune, la déesse de Carthage, Astarté : et tous les citoyens sont forcés de contribuer à la dot.

Élagabale persécute les philosophes : cela devait être; et donne le spectacle de la plus prodigieuse impudicité. Sa luxure, qui étonne les Romains, même après celle de Commode et de Néron, était un effet des superstitions de l'Orient. La religion seule pouvait inspirer de tels raffinements; il y a quelque chose de sacerdotal dans les infamies de toute espèce qu'il mit dévotement en pratique, et dont le palais impérial devint le théâtre. C'est presque de la gnose, une gnose aphrodisiaque. Le réformateur Mahomet, venu quatre cents ans plus tard, et qui se vantait lui-même d'avoir une puissance d'action érotique égale à celle de trente hommes ordinaires, reproduit quelque chose de cette lasciveté religieuse d'Élagabale.

220. Élagabale crée pour gouverner l'empire un sénat de femmes publiques. Il viole une vestale, tient académie de prostitution pour les deux sexes; assigne un *donativum* à ses compagnes d'armes, s'habille en femme, prend le nom de l'impératrice et confère les hautes dignités de l'État à ses nombreux maris, recrutés du cirque, de l'armée, de la marine et de tous les lupanars pour leurs facultés priapiques. Commode, poursuivant les bêtes du cirque, jouait l'Hercule; Élagabale joue la Vénus, tantôt l'Anadyomène, tantôt la Callipyge, et comme homme, et comme femme, épuise toutes les inventions de la luxure. Sous lui, c'était un moyen de fortune que la possession d'un grand et gros nez. Jamais il ne toucha deux fois la même femme.

Ces folies, d'après ce que l'on sait des mystères de la déesse syrienne, ne permettent pas de douter qu'Élagabale, né d'une mère impudique, initié de bonne heure au culte de Vénus, n'ait agi par esprit de superstition autant que par l'exaltation de la débauche. Le délire vénérien était arrivé au paroxysme : païens, chrétiens, Grecs et barbares ne rêvaient que de voluptés. Les livres ascétiques de Tertullien, la castration d'Origène, le rigorisme de Montan, les rêveries de certains gnostiques, les débauches des agapes peuvent seuls expliquer ce caractère étrange d'Élagabale, incompréhensible pour nous, et qui le sera de plus en plus pour la postérité. On cherche l'idéal de la jouissance, et de désespoir on se jette dans la macération : l'un comme l'autre prouvent également l'aberration du cœur et de l'esprit.

Héliogabale, comme certains socialistes du XVIIe siècle, affirmait la pantogamie et la confusion des sexes, une volupté omnisexuelle et omnimode, et omnianimale. Sa mère Socemias régnait avec lui, conduisant les chœurs amoureux de la cour, présidant toutes les fêtes, assistant aux séances des sénateurs, près des consuls, et signant avec eux les décrets.

Ainsi l'empire doit exprimer, en la personne des empereurs, toutes les pensées, toutes les croyances du monde. En attendant que l'épiscopat chrétien monte à son tour sur le trône, ou du moins dirige les conseils des Césars, nous avons l'exhibition du patriciat, en Pompée, de la plèbe, en César, de la philosophie, en Marc-Aurèle, du prétorien, en Septime-Sévère, Maximin et Caracalla ; du machiavélisme, en Auguste et Tibère, de l'héroïsme, en Trajan, de la théosophie, en Alexandre Sévère, Adrien, de la superstition aphrodisiaque, en Élagabale. Savoir les empereurs, c'est savoir l'antiquité, dans son passage de l'état passionnel à l'état spirituel ; c'est connaître l'antithèse et la cause par conséquent du Christianisme.

— Visimar, roi des Sarmates, est battu par les Goths.

— Le rabbin Samuel, fondateur d'une académie juive à Nahardéa, sur l'Euphrate.

221. Élagabale, par les conseils de sa mère Socemias, adopte son cousin Alexandre. Ce qui est curieux, c'est que, d'après les expressions de Gibbon, il fut conduit à cet acte, afin que, se déchargeant sur le jeune César des affaires politiques, il put s'occuper sans contrainte des choses de la religion. (Consulter à ce sujet, Dion, Hérodien et l'*Histoire augustine.*)

— Jules Africain, écrivain chrétien, savant historien et philologue. Il était en correspondance avec Origène, sur les Écritures. Il avait composé une chronique universelle, commençant à la création, et allant jusqu'au consulat de Gratus et Séleucus, 221 de J.-C. A cette époque, Africain comptait donc, pour la durée totale du monde, 5723 ans, ce qui donne, pour 1854, 7356 ans, 1498 de plus que la chronologie d'Ussérius (181). Conformément aux idées millénaires, il fixait la fin du monde, attendue par les chrétiens, à 279 ans au plus tard, vers l'an 502.)

222. Héliogabale, jaloux de la popularité du jeune Alexandre, tente de le faire périr : il tombe lui-même sous les coups des prétoriens (10 mars) à l'âge de 22 ans, après 3 ans 9 mois 4 jours de règne. Son nom est voué par le sénat à une infamie éternelle.

Héliogabale est une des apparitions les plus curieuses de la transition pagano-chrétienne. Il n'est, au fond, ni plus ni moins perverti que tant d'autres : ce qu'il en fait, on ne saurait assez le redire, est autant l'effet de l'hallucination religieuse que de l'enivrement des sens.

Ce n'est ni un bambocheur comme Néron, ni un mélancolique comme Tibère, ni un frénétique comme Caracalla, Commode ou le fils de Germanicus. C'est tout simplement le fils d'une prêtresse de Vénus, un initié de ce culte babylonien et syriaque, contre lequel tonnaient jadis les prophètes. Pour comprendre Héliogabale, il faut lire, non pas Juvénal ou Pétrone, il faut lire Ézéchiel, et même Anacréon, dans sa lamentation sur Adonis : Αιαζωτον, Αδωνιν, επαιαξουσιν ερωτες. — L'impureté d'Héliogabale ne se signale pas, comme celle de Commode, par la cruauté et l'effusion du sang; il ne persécute point les chrétiens, parmi lesquels il eût pu se distinguer par une chasteté angélique, si le hasard l'avait fait naître d'une chrétienne. Il est tout amour, mais une aberration monstrueuse de l'amour. Héliogabale est un psychique, — c'est ce que va démontrer le caractère de son successeur.

Alexandre Sévère est proclamé empereur à 17 ans, et règne sous la tutelle de sa mère Mamée et du préfet du prétoire, le célèbre jurisconsulte Ulpien.

Or, qu'est-ce que Mamée ? la sœur de Soœmias, une Syrienne initiée au culte de Vénus, dans l'exercice duquel elle devint mère du jeune Alexandre, dont le père est aussi inconnu que celui d'Héliogabale. Qu'est-ce que cet Alexandre lui-même ? un bon jeune homme, une demoiselle très pudique, très doux, très modeste, très obéissant à sa mère et à son ministre Ulpien.

Orné de toutes les vertus dont Héliogabale avait si étrangement exagéré les vices, et comme lui singulièrement religieux et dévot. Ces deux jeunes gens sont vraiment frères, ou pour mieux dire vraiment sœurs ; il n'y a de différence entre eux que celle de leur système, de leur éducation peut-être. Héliogabale fut une fille de joie ; Alexandre Sévère sera une personne rangée. Chez l'un et l'autre, la pudeur et la lubricité procèdent du même tempérament efféminé, du même esprit mystique. Du reste, comme Héliogabale, Alexandre Sévère manque tout à fait au principe de son élection, le prétorianisme, d'abord en faisant ou laissant nommer Auguste sa mère Mamée, comme l'avait été Soœmias ; puis par sa religiosité cosmopolite, son zèle envers tous les dieux, sa protection de tous les cultes, ses inclinations philanthropiques et anticésariennes.

Il se livre tout entier au parti des hommes d'État, représenté alors par Ulpien, Paul, Sabin, Africain, Modestin, Callistrate, Hermogène, Marcien, peu aimé du soldat ; mais il trompe leur politique par la tolérance qu'il accorde au Christianisme, accusé, non sans raison, de troubler et de pervertir la société romaine et de refroidir le courage du soldat.

L'influence de ces hommes graves fit donc maintenir les

édits contre les novateurs; mais la faveur d'Alexandre, poussé à l'illuminisme, en paralysa l'effet.

222-223. Le Perse Artaxerce, fils de Sassan, attaque Artaban, roi des Parthes. (Cf. Dubeux.)

223-235. Règne pieux et honnête d'Alexandre Sévère. Bon jeune homme, studieux, aux inclinations douces et dévotes, mais dont la religion est aussi tempérante et chaste que celle d'Héliogabale avait été fougueuse et obscène. Tous les matins, dit Lampridius, il passait dans son oratoire, faisait sa prière devant les images des héros, des bons princes et des âmes saintes, parmi lesquelles Orphée, Apollonius de Tyane, Abraham et Jésus. Il protégea les mathématiciens, les philosophes et les gens d'esprit, ce qui ne prouve pas précisément qu'il fût rien de tout cela. Les prétoriens, par allusion à son origine et à ses dévotions toutes syriennes, l'appelaient d'abord par dérision, Archi-Synagogus : plus tard, quand il s'avisa de vouloir les soumettre à la réforme, ils lui donnèrent non moins ironiquement le sobriquet de Sévère : ce fut son arrêt de mort. Ayant épousé, avec la permission de sa mère Mamée, la fille d'un patricien qu'il adorait, sa tendresse conjugale remplit de jalousie le cœur de la vieille auguste, qui vint à bout, par ses intrigues, de perdre la jeune impératrice, sans que le benoît empereur eût la force de protéger sa femme. Il se contenta de la pleurer!...

[*Alexandre* réduit au 30e les tributs que payaient les provinces, comme dette de la défaite, et réalisa l'égalité devant l'impôt, conséquence de l'égalité civique accordée par Caracalla (213).

Ce nivellement, qui annulait la différence des vainqueurs et des vaincus et le bénéfice de la victoire, ne dura pas longtemps, et fut une des causes de la perte d'Alexandre. Cet empereur n'était plus romain, il était philantrophe, cosmopolite, universaliste, chrétien.]

Sous lui les chrétiens protégés élevèrent, dit-on, leur premier temple, mais on ne saurait dire si ce fut à l'Être suprême, à Jéhovah ou à Jésus-Christ, dont la divinité n'était pas encore reconnue. — Origène, appelé à la cour par Mamée, qui paraît avoir pris Julia Domna (199) pour modèle, jouit de la plus grande faveur. Sans doute il visita la chapelle de l'empereur; il y vit, à côté de Jésus, l'image d'Apollonius dont il ne niait pas les prodiges, se contentant de les attribuer au démon!....

[« Alexandre lui-même, selon les chrétiens, aurait été dans l'intention de bâtir un temple à Jésus. » — Cela ne prouve qu'une chose, les préoccupations d'esprit d'Alexandre.]

— Suivant Tillemont, c'est sous Alexandre que les chrétiens bâtissent leurs premières églises. (Cf. 212, *supra.*)

223-235. La paix recommence pour les chrétiens, et dure jusqu'au règne de Dèce, trente-huit ans.

C'est dans cet intervalle qu'ils osent bâtir des églises : jusqu'alors, ils avaient tenu leurs réunions dans des maisons particulières. — Or, ce fut un fait très grave et décisif, sous plus d'un rapport, que cette construction de temples chrétiens.

La secte prenait ainsi une existence publique et quasi officielle;

Le Dieu Christ avait domicile;

Le pouvoir épiscopal échappait définitivement à l'étreinte démocratique et laïque, invincible, inévitable, tant que les clercs vivraient pêle-mêle avec les laïcs, dans la même cuisine!...

223. Un évêque chrétien, du nom d'Hippolyte, qui fut depuis martyr et mourut, à ce qu'on croit, à Porto, essaie une correction du calendrier, ou plutôt un procédé de calcul pour déterminer la fête de Pâques.

Il se servait pour cela d'un cycle de seize ans. Il marque le 14e de la lune de mars, la première année d'Alexandre, au 13 avril, ce qui convient en effet à l'an 222. Il existe, sous le nom du même Hippolyte, un traité de l'*Antéchrist*, que l'on croit apocryphe.

(Il a paru, en 1853, un livre sur saint Hippolyte; à voir.)

— Tremblements de terre et ténèbres à Rome, pendant trois jours.

224-225-226. Défaite d'Artaban par Artaxerce. Commencement de la dynastie sassanide.

Artaxerce rétablit la religion des mages et rêve de restaurer l'ancien empire de Cyrus. Cette réaction du magisme se fera sentir plus tard au monde chrétien, par la propagation des idés de Manès (273).

— Haquin, roi de Suède, défait Sigus, roi de Danemark.

— Dion Cassius, auteur d'une *Histoire romaine*.

227. Les Goths établis sur le Don menacent de déborder sur l'empire.

228. Révolte des prétoriens contre le parti des hommes d'État.. Le préfet du prétoire, Ulpien, est massacré par les soldats, sous les yeux d'Alexandre, qui ne trouve pour son ministre que des pleurs, comme il n'avait trouvé que des pleurs pour sa femme. — Ulpien et ses collègues étaient conservateurs et impérialistes, sans nul doute : mais leur idéal se rapprochait plus de celui des Antonins que de celui de Septime-Sévère. Pour appliquer leurs réformes, d'ailleurs, il eût fallu un homme pour empereur, non un enfant : de plus puissants qu'eux y échoueront. — Dans la même sédition qui coûta la vie à Ulpien, faillit aussi périr l'historien Dion Cassius.

Défaite des Allemands en Illyrie, par Macrin.

229. Guerre entre Artaxerce et les Mèdes. (Cf. Dubeux.) Grands travaux d'Origène. Ambroise, son disciple et son admirateur, homme riche, subvient à toutes les dépenses. Origène commence à publier ses *Commentaires* sur l'Écriture et finit par où depuis plus d'un siècle l'Église aurait dû commencer. L'exégèse évoque à son tribunal la question chrétienne, non pour la juger, mais pour la consacrer. L'œuvre entreprise par Marcion et Origène ne s'accomplira qu'au XIXe siècle.

Hérodien, historien grec, écrit une *Histoire des empereurs*.

230. Les Églises grecques étaient pleines de divisions : on ne s'entendait pas ni sur le Christ, ni sur Dieu, ni sur l'Église, ni sur rien. Le Christianisme qui avait paru si simple aux apôtres, tout pleins de la parole révolutionnaire de Jésus, était devenu, grâce aux reculades de l'épiscopat et aux spéculations de la gnose, une hypothèse inextricable. Origène fut appelé à Athènes, pour y enseigner le Christiamisme, le vrai Chistianisme, et partit d'Alexandrie avec une lettre de recommandation de son évêque Démétrius. En passant par la Palestine, il est ordonné prêtre par les évêques de Césarée et de Jérusalem. Alors commence pour lui une vie de persécution et d'amertume. Démétrius confie le secret, confié à lui seul, de la mutilation volontaire d'Origène ; on l'avait admiré jusque-là, et ce fut en invoquant un texte judaïque qui défend, et pour cause, aux prêtres de Jéhovah d'être eunuques qu'on le proscrit. Il dit que son ordination est irrégulière et l'accuse en même temps de nombreuses erreurs contre la foi.

La conduite de Démétrius, qui accuse Origène après l'avoir accrédité, révèle la jalousie épiscopale : il regardait Origène comme sien et trouvait mauvais que l'évêque d'un autre lieu se permît d'ordonner prêtre celui que lui-même avait refusé d'élever à cette dignité. Ce fut une indignité d'évêque, qui fut partout blâmée, mais qui importe à l'histoire.

Quelles étaient les idées d'Origène? c'est ici le lieu de les exposer.

(Article à faire, d'après *l'Encyclopédie nouvelle.*) — Traité περι αρχῶν.

Origène pose en principe l'*inégalité des âmes humaines*, l'inégalité de toutes les choses. C'est de cette philosophie que sortira un jour la féodalité, le mystère de l'inégalité des conditions et des personnes. Certes, ce n'était pas à l'épiscopat (au IIIe siècle), bien connu par ses tendances aristocratiques et oligarchiques, à faire tant de bruit de cette idée d'Origène, retenue des théories gnostiques : mais Démétrius voulait du scandale, et quelle prise n'offrait pas à l'anathème un penseur tel qu'Origène, à une époque ou l'Église n'avait pas de profession de foi, où l'orthodoxie était nulle?....

Nous ne défendons pas Origène, au surplus : nous le condamnerions plutôt. Il est un des destructeurs du Christianisme.

Ainsi Paul, ouvrant la voie à Augustin, nie la liberté et fonde la prédestination.

Origène vient à son tour et nie l'égalité, détruit la justice; car si les âmes sont inégales, elles n'ont pas de mesure commune; il n'y a pas plus de justice entre elles qu'il n'y en a entre l'homme et le cheval.

Les évêques nient, sous une forme moins abstraite, cette même égalité, en usurpant la souveraineté de l'Église, le droit de la démocratie, en transigeant avec le Césarisme, en tolérant l'esclavage, en transportant à l'ordre mystique et spirituel l'espoir messianique d'une réforme sociale.

La justice est supplantée par la grâce;

La raison exclut la foi;

La tolérance chassée par l'anathème;

L'universalisme chrétien détruit par des coalitions de l'épiscopat.

Et depuis dix-huit siècles, l'histoire, complice de cette conspiration contre le Messie de Galilée, applaudit à l'œuvre d'oppression et d'hypocrisie de ces prétendues Églises, devenues des fermes à cheptel, dont l'évêque est l'exploiteur et le peuple des croyants le bétail.

Au surplus, rien ne démontre mieux l'absence de philosophie, la nullité originaire de doctrine chez les chrétiens, que les efforts des esprits les plus honnêtes, les plus dévoués, les plus intelligents, pour constituteur une théologie à leur religion nouvelle.

A qui fera-t-on croire que les Tatien, les Valentin, les Tertullien, les Origène devinrent hérétiques de gaîté de cœur, malgré la tradition connue et évidente?

Les malheureux, il ne sont devenus hérétiques que parce que l'épiscopat n'avait véritablement rien à leur offrir, et que dans son infime décision, il était incapable de s'entendre!....

— Philosophie de Potamon, alexandrin.—(Cf. Buret, Tennemann, J. Simon.)

Sextus Pomponius, disciple de Papinien, jurisconsulte.

231. Origène, persécuté, condamné par un concile qu'a réuni Démétrius, se retire à Césarée en Palestine. Là, il continue ses travaux pour l'Église ingrate; il poursuit ses commentaires de la Bible, et se fait de nombreux et illustres disciples, entre autres Grégoire *le faiseur de miracles!* Ce n'est pas celui-là qui recommandera le mieux la philosophie d'Origène.

Ainsi, nul ne sera prêtre que sauf le bon plaisir de son évêque, et nul prètre n'aura le droit d'enseigner que ce qu'il plaira à l'évêque; l'ordination localisée et la doctrine confisquée, l'épiscopat reste maître de la foi et de la doctrine, comme du pouvoir!

231-247. Héracles, disciple d'Origène, succède à Démétrius dans l'Église d'Alexandrie. Il porte le nombre des évêques d'Égypte à vingt; dans un siècle, on les comptera par centaines (322).

232. Alexandre Sévère marche contre le roi des Perses, Artaxerce le Sassanide. Entre temps, il s'occupe d'études philosophiques et de réformes, et compose un livre sous ce titre : *Règles pour bien vivre*. Recueil de ses thèmes sans doute. Brave garçon! Après une campagne mal dirigée et sans gloire, il ramène ses troupes mutinées à Antioche.

233. Alexandre n'est pas l'homme qu'il faut aux prétoriens. Le vent de la révolte souffle de tous côtés : quatre empereurs sont nommés à la fois par les soldats impatients. Le jeune et faible empereur parle aux troupes, casse une légion; mais cet acte d'autorité produit peu d'effet sur le soldat, qui conserve sa rancune et n'attend que l'occasion.

Enlèvement d'un convoi de sept cents éléphants et mille huit cents chariots à Artaxerce.

234. Les Germains passent le Rhin et le Danube, ravagent la Gaule et l'Illyrie. Alexandre quitte l'Orient et marche contre eux.

Composition du code hermogénien.

235. Alexandre bat les Germains, ou les paie pour qu'ils se retirent!... C'est alors qu'il est tué avec sa mère Mamée, à l'âge d'environ trente ans. Quoiqu'il fût grand, fort, adroit aux exercices du corps, on peut dire qu'il ne prit jamais la toge virile. Son règne fut aussi funeste à l'empire que celui d'Héliogabale, son cousin, par l'hétéroclisme des idées, l'anomalie du système et l'étrangeté des sujets.

La vie d'Alexandre Sévère, dans l'*Histoire augustine*, semble une imitation de la *Cyropédie* de Xénophon.

Alexandre est remplacé par Maximin.

De même qu'entre Sévère et Héliogabale, il y avait un contraste de mœurs et de vie, de même entre ces deux princes et Maximin, il y a contraste de tempérament. — Il semble que l'élection de ce César soit une représaille des prétoriens, qui, depuis dix-sept ans, trompés par des noms, n'étaient plus conduits par des hommes. Enfin ils se donnaient un *mâle;* jamais il n'y en eut de pareil à Maximin. Son élection fut électrique : un jour qu'il passait une revue, il fut salué empereur par les soldats, qui rendirent bientôt l'élection irrévocable en assassinant Alexandre et sa mère.

Maximin, né en Thrace, de sang goth, surnommé le Cyclope et le Phalaris de l'empire, est l'idéal du César, tel que le prétorien dut le rêver après Héliogabale et Alexandre Sévère. Sa taille de huit pieds, sa force qui égalait celle d'un cheval, son courage, sa brutalité en faisaient un type d'empereur prétorien. De même qu'Antonin le Pieux marque l'apogée du Césarisme, de même Maximin est l'apogée du prétorianisme. Il associe à l'empire son fils Maxime et reprend la politique de Sévère ; avec lui commence la sixième persécution contre les chrétiens.

Les proscriptions recommencent : depuis longtemps, le soldat n'avait rien à dévorer, de la caste patricienne. Maximin est la colère soldatesque, qui s'exhale après dix-sept ans d'abstinence et d'ennui. Tous les consulaires, les gens lettrés, les gens de loi et d'administration se voient en butte à la haine, aux méfiances d'un prince que tourmente la conscience de sa grossièreté et de sa basse origine. N'est-ce pas aussi la réaction militaire qui se fait jour contre ce monde de philosophes, de parleurs, d'avocats, de prêtres, qui semblaient s'abattre sur l'empire, depuis le patronage de Julia Domna, continué par Soœmias et Mamée ? Maximin dédaigne de visiter Rome et l'Italie, mais il sait battre l'ennemi, et il le refoule dans ses forêts. Les supplices qu'il infligeait étaient ceux d'un sauvage, faisant assommer les condamnés à coups de massue, comme des chiens, ou les livrant aux bêtes féroces revêtus de peaux sanglantes d'animaux. Dans ce mépris de l'humanité, ne reconnaît-on pas le dégoût de l'immonde société qui avait vu Héliogabale et des habitudes molles et casanières du règne d'Alexandre? Maximin pouvait terrasser à la lutte seize athlètes de suite; il broyait les pierres dans ses mains; il consommait en un jour vingt-cinq pintes de vin et quarante livres de viande. Mais on ne dit pas qu'il eût un sérail, ni qu'il prostituât son corps à la pédérastie des goujats de son armée : au contraire, sa femme Pauline, pleine de douceur, de sagesse et de bienfaisance, une vraie Pallas mariée à un Titan; preuve que cette nature barbare connaissait, plus que les Romains dégénérés, les vrais sentiments de la nature. Il devait sa fortune à Septime-Sévère, qui se connaissait en hommes, et avait vu en lui autre chose que sa masse, et à son fils Caracalla : celui-ci assassiné, il n'avait pas voulu, par reconnaissance, servir Macrin, et il se serait cru souillé de reconnaître pour son empereur un Héliogabale. Combien de Romains en firent autant!...

Après l'élévation de Sévère, il reparut à l'armée, passa par tous les grades militaires, avec l'applaudissement des soldats, qui l'appelaient leur Ajax et leur Hercule, obtint le commandement de la 4e légion, qui devint sous lui la plus vaillante et la mieux disciplinée. De tels états de services valaient bien ceux d'Héliogabale et d'Alexandre Sévère lui-même. Ce jeune prince n'était pas même éloigné de donner au paysan goth sa sœur en mariage; qui donc ici aurait eu à se plaindre de la mésalliance?... (Cf. les historiens originaux pour le portrait à faire de Maximin.)

— Maximin renouvelle les édits de Sévère contre les chrétiens. En cela, il répond aux désirs de la société païenne et des hommes d'État et philosophes les plus éclairés. Dion Cassius, historien de cette époque, partageait entièrement les sentiments des jurisconsultes de Sévère et d'Alexandre

(198,222); il place dans la bouche de Mécène un discours à Auguste relatif à cette question. (Cf. cet auteur.)

— Alves, roi de Suède, contraint les Russes à lui payer tribut.

— Émile de Pontieu, pape : élection miraculeuse de Fabien.

236. Les Goths descendent en Mésie et en Thrace.

Pendant la persécution de Maximin, Origène, spécialement désigné à la répression, cesse son enseignement et se cache à Césarée de Cappadoce. Là, il écrit son exhortation au martyre et commence sa grande compilation des textes originaux et des versions de la Bible, travail qui l'occupe vingt-huit ans ; condamné par l'Église, il ne cesse de servir l'Église. Mais que servent le dévouement, la charité, le martyre même à un excommunié. J'entendais un jour un prêtre dire, de cet air béat qui soulève la colère et le dégoût : « On désespère du salut de Tertullien ; on craint pour Origène ! » Qu'attendre d'une Église qui damne de tels hommes ? Vraiment, quand on voit les pauvres monuments qu'a laissés de son génie un Origène abêti par la chrétienté ; quand on voit cette chrétienté même, livrée à ses intrigues, à ses jalousies, à son machiavélisme, on se prend à regretter qu'un Maximin n'ait pas régné trente ans, pour purifier ce monde dépravé. (Cf. Fleury, t. II, 129.)

237. Autant les princes syriens, par leurs qualités et leurs vices contraires, choquaient le caractère prétorien, autant Maximin par son individualité féroce, rendue plus effrayante encore par la renommée, faisait violence aux habitudes sociales. Il épouvantait, et quoi qu'il fît, il lui était impossible de guérir les esprits de cette épouvante.

Un des plus grands actes de la tyrannie de Maximin, aux yeux de la multitude, fut d'avoir appliqué au service impérial les revenus particuliers des villes, destinés aux amusements du peuple. Certes, les raisons ne manqueraient pas pour justifier cet acte : après tout, il fallait faire vivre le soldat, qui défendait les citoyens. Mais on voit ici la scission qui se creuse de plus en plus profonde entre l'armée et l plèbe, entre le soldat et le *quirite* (pékin). C'est un caractère essentiel de l'ère prétorienne et une conséquence inévitable du Césarisme. — Maximin ayant fait enlever des temples les statues d'or et d'argent des dieux pour les convertir en monnaie; le peuple, en quelques endroits, aima mieux se faire massacrer pour ses autels et ses dieux que de souffrir un tel acte d'impiété. Un sénateur, Magnus, se révolte dans la Gaule; il est tué, avec 4000 complices, supposés ou convaincus, sans forme de procès.

Quartinus, dans l'Osroène, se fait proclamer empereur; sa tête est bientôt portée à Maximin. Enfin, une coalition de riches particuliers, que menaçaient les taxes forcées de Maximin se soulèvent, arment leurs esclaves, leurs clients, leurs paysans, et proclament pour empereur le proconsul d'Afrique, Gordien, juin 237, et lui associent son fils, son lieutenant.

Gordien descendait de Trajan par sa mère et par son père des Gracques : il pouvait se vanter de la plus haute origine, premier contraste avec Maximin. Le père, vieillard de quatre-vingts ans, était un protecteur des lettres et des arts; agréable au peuple pour les spectacles qu'il lui donnait, et dans lesquels il faisait paraître régulièrement cinq cents couples de gladiateurs, jamais moins de cent cinquante. Qu'étaient en général ces gladiateurs? des conationaux de Maximin. Son fils surpassait son père par l'aménité de ses mœurs, sa magnificence, son luxe et ses plaisirs. Il entretenait à la fois vingt-deux concubines, non pour la montre, car il avait de chacune deux ou trois enfants, et une bibliothèque, qui s'élevait à soixante-deux mille rouleaux. Ses produits littéraires n'étaient pas plus à mépriser, dit un historien, que ceux de son sérail : quelle satire pour Maximin !

Le sénat, informé des événements d'Afrique, applaudit à l'élection; le préfet du prétoire, connu pour sa fidélité à Maximin, est massacré. Le peuple et les cohortes sont entraînés par des promesses de libéralités; le reste de l'Italie obéit au mouvement. Mais pendant que la révolte se propageait au nord de la Méditerranée, les Gordiens disparaissaient, après un règne de 36 jours. Capellianus, gouverneur de Mauritanie, marcha contre eux avec une troupe de vétérans et une multitude de barbares; Gordien fils est tué, le père se tue.

A cette nouvelle funeste, le sénat compromis, perdu, ne voit d'autre salut que dans la persévérance : à la place de Gordien, il nomme pour empereurs deux anciens consulaires, Balbin et Maxime, le premier cher au peuple pour son administration, le deuxième connu de l'armée pour ses campagnes sur les Sarmates et les Germains, s'efforçant ainsi de concilier le double intérêt civil et militaire. Le sénat et les deux élus montent au Capitole pour rendre grâces aux dieux : mais le peuple, qu'on a oublié de consulter, se soulève, il réclame le droit de ratifier l'élection du sénat; une lutte commence funeste aux deux partis; enfin, pour donner satisfaction à la plèbe, on adjoint à Balbin et Maxime un troisième candidat, Gordien le jeune, âgé de 13 ans : — 9 *juillet.*

L'antagonisme du patriciat et de la plèbe, doublé de l'opposition entre le parti civil et le parti prétorien, subsistait donc et, annulant l'autorité du sénat, empêchait donc tout retour à la république : ce fait nous donne la clé des événements de cette période.

Maximin apprit en Pannonie ces événements. Comme on pouvait s'y attendre, sa fureur éclate et menace jusqu'à sa famille : il maudissait cette lâche civilisation qui, après un Héliogabale, un Alexandre, lui préférait encore des raffinés, des épicuriens, des enfants!... Il sévit sur tout ce qui l'entoure, et notamment sur les chrétiens, maudissant toutes les superstitions, tous les dieux anciens et modernes.

238. A la tête de son armée, composée des meilleures légions, victorieuses dans trois campagnes, Maximin se dirige, à la fin de l'hiver, sur l'Italie, par les Alpes Rhétiques. Il est arrêté un instant par le débordement du Timave (l'Isonzo), qu'il parvient à passer sur un pont de futailles, et met le siège devant Aquilée, dont il fait arracher les vignes et brûler les faubourgs. Les habitants se défendent en désespérés, comme on fait contre une bête féroce; les femmes rivalisent de courage avec les hommes; la peur, la religion, le mépris surexcitent toutes les âmes contre le barbare. Cependant l'armée assiégeante commence à être travaillée par les émissaires de Rome; le silence et la désolation du pays, la faim, le froid, portent le découragement au cœur des soldats. Le monde proteste contre leur chef, et malgré leur dévouement pour lui, ils tiennent au monde. Enfin un parti de prétoriens, qui tremblaient pour leurs femmes et leurs enfants laissés à Rome, met fin à la crise en massacrant Maximin et le jeune César son fils : leurs têtes, portées sur deux piques, sont le signal de la paix (mars). Mais c'est en vain que les nouveaux empereurs, Balbin et Maxime, s'efforcent de cajoler l'armée de Maximin; ils étaient les élus du *sénat et du peuple*, et par cela seul odieux aux soldats. Les temps étaient changés : le *S. P. Q. R.* écrit sur les enseignes de l'armée n'était plus qu'un vain hiéroglyphe : le vrai souverain était l'armée. Par leur élection, Maxime et Balbin, bourgeois couronnés, étaient la négation du prétorianisme. Une sourde antipathie régnait entre le civil et le militaire : enfin deux vétérans ayant été tués par les sénateurs dans le temple de la Victoire, les soldats se révoltent; *les empereurs du sénat*, comme ils les nommaient par dérision, sont tués (*mai*), et l'empire reste au jeune Gordien, instrument innocent de réconciliation entre le sénat, l'armée et le peuple. Il n'y avait pas d'autre candidat! .. Cette révolution arriva pendant les jeux capitolins : aucun intérêt ne pouvant distraire la plèbe de ses amusements! En six mois, six princes dévorés : c'était presque aussi beau qu'un combat de gladiateurs!

Alliance des Goths et des Perses contre les Romains : Sapor Ier, deuxième Sassanide, succède à Artaxerce.

— En mémoire du dévouement de leurs femmes qui avaient livré leurs cheveux pour en faire des cordes d'arc, lors du siège de Maximin, les habitants élèvent un temple à *Vénus la chauve*. Il fallait un monument de la défaite du monstre, une patronne, un anniversaire. Quelques siècles plus tard, on aurait bâti une chapelle à la Vierge : le Christianisme étant en retard, ce fut Vénus que l'on choisit.

— Censorinus, grammairien.

239. Avec le jeune Gordien, le prétorianisme est retombé en enfance. On dirait une vengeance accordée aux mânes de Maximin. Alors recommence le règne des eunuques, des confidents, des précepteurs, des avocats : alors, sous raison de discipline, la puissance prétorienne, incapable d'ailleurs de se soutenir par elle-même, est de nouveau menacée. Le favoritisme recommence de plus belle ; les charges vendues, les commissions, la corruption signalèrent de nouveau l'administration impériale. Qu'importe? le peuple avait ses distributions, ses jeux, ses temples ; l'aristocratie jouissait de son luxe et de ses raffinements ; et les chrétiens pouvaient, sans se trahir, se quereller entre eux. Qui pouvait supporter une vertu comme celle de Maximin, qui n'allait à rien moins qu'à anéantir toutes ces belles choses?...

— Origène sort de sa cachette et paraît à Athènes. Grégoire le Thaumaturge est fait premier évêque de Néocésarée, dans le Pont, ville qui ne comptait que 37 chrétiens. D'un signe de croix, il fait tomber les idoles, mouvoir les presses ; il commande au démon, guérit les malades, ressuscite les morts, dessèche les étangs, arrête les débordements ; et ce qui est plus grave, qui importe bien davantage à l'épiscopat, attire à lui toutes les affaires, qu'il décide arbitralement. L'épiscopat enseigne aux citoyens et sujets de l'empire à se séparer de lui, et à se reconstituer sur un plan nouveau de société civile et religieuse. Dans une vision, il apprend, par une révélation surnaturelle, la vraie profession de foi du chrétien : elle est à peu près, quant à la Trinité, la même que celle de Nicée ; mais elle se tait entièrement sur la messianité de Jésus, sur ses rapports avec le Verbe, c'est-à-dire qu'elle est purement gnostique et origéniste, et vraiment pas chrétienne. Aussi, malgré la source respectable d'où elle était émanée, et malgré la haute réputation de Grégoire, n'a-t-elle pas été adoptée.

Un des tours les plus singuliers de cet évêque fut la consécration d'un évêque de Comane, nommé Alexandre, qui avait été charbonnier, et que Grégoire distingua, sous la suie qui le couvrait, comme le plus digne de représenter l'Église de Comane. Il faut aujourd'hui quatre ans de séminaire pour faire un prêtre : en un clin d'œil, par la seule imposition des mains, Grégoire fit d'un charbonnier un évêque. Il est vrai que ce charbonnier avoua qu'il avait *étudié !* ce qui surprit encore plus les bonnes gens de Comane.

240. Sabinianus se révolte en Afrique : la révolte est comprimée. — Philosophie d'Ammonius Saccas. — (Consulter Tennemann, ou autres.) Béryle, évêque de Bosra, en Arabie, soutient que le Christ n'existait pas avant l'incarnation, et anéantit ainsi le Verbe éternel. Cet évêque retenait ainsi la tradition vulgaire et judaïque. Origène lui fit voir que depuis deux siècles l'idée avait marché, et le bon évêque se convertit.

241. Le jeune Gordien part pour la Perse, et laisse le gouvernement à Misithée, professeur d'éloquence, dont il avait épousé la fille. Les historiens, généralement défavorables au parti militaire, font l'éloge de ce Misithée, de son excellente administration, et, ce qui dit tout, de son zèle pour le rétablissement de la discipline. La *discipline* était pour le soldat ce qu'eût été pour le peuple la *république*, la subalternisation, l'exploitation, la servitude. En dehors de cette question, qui, à cette époque, est la question d'État, il est difficile d'admettre que Misithée ait pu, sans ambition, souffrir ou favoriser les amours de son élève, un jeune homme de seize ans, avec sa fille, et de la lui faire ensuite épouser. Cette bucolique accuse à la fois Misithée, le régime civil et l'empire.

Ligue des Francs contre l'empire : Aurélien en défait un parti considérable près de Mayence ; c'est la première fois que ce nom, qui désigne, non un peuple, mais une confédération, paraît dans l'histoire.

242. Gordien se rend à Antioche, reprend Nisibe, Carrhes, et poursuit les Perses, réunis aux Goths, aux Alains et aux Sarmates.

243. Misithée, beau-père de Gordien, et nommé par lui préfet du prétoire, meurt de dysenterie ou, selon d'autres, du poison de Philippe, Arabe, qui, devenu chef des prétoriens, est bientôt proclamé par eux empereur, et règne conjointement avec Gordien. — L'élévation de Philippe eut pour base le mécontentemont des soldats, que Misithée, infatué de ses idées philosophiques et classiques, voulait soumettre à sa politique de réforme et de discipline. Depuis Septime-Sévère, qui a inauguré le despotisme militaire, le conflit est là. Les jurisconsultes ont cru faire un coup habile, en proclamant (198) l'omnipotence de l'empereur, pensant que cet empereur ne serait que l'exécuteur des volontés du sénat : ils n'ont réussi qu'à subordonner le civil au militaire et à renverser l'ordre naturel des choses, qui, passé en force d'institution, ne peut plus se rétablir.

244. Gordien se plaint aux troupes de l'insolence de son collègue, espérant le faire casser : il ne réussit point, et bientôt l'infortuné, convaincu de n'être point l'ami du soldat, est mis à mort. On ne lui permet pas même de rentrer dans cette vie privée, qui fit l'honneur de ses aïeux. Il fut tué sur l'Euphrate, au confluent de l'Aboras. Ainsi Philippe-Gordien, de même que Maximin-Sévère, et peut-être aussi Caracalla-Géta, c'est toujours le même antagonisme qui durera jusqu'à ce que Dioclétien trouve le secret de dénouer le nœud. Comme Maximin, Philippe est le représentant du prétorianisme, maladroitement attaqué par les hommes d'État, qui lui avaient tout livré (198-201).

Philippe se hâte de faire ensuite la paix avec Sapor, confie la Syrie à son frère et part pour Rome, où il doit se faire reconnaître.

Philippe passait pour chrétien : à ce sujet, on raconte de lui et de Babylas, évêque d'Antioche, une aventure toute semblable à celle de Théodose et Ambroise, évêque de Milan. Quoi qu'il en soit, cet empereur protégea les chrétiens, avec lesquels son origine orientale lui donnait plus d'une sympathie; Origène lui dédia plusieurs ouvrages.

Ainsi va, parallèlement à l'empire, le Christianisme, odieux à l'un, accueilli de l'autre, suivant les incidents du pouvoir, et prévoyant déjà le jour où un coup de fortune revêtira l'un des siens de la pourpre impériale.

— Le temple de Diane, à Éphèse, est pillé par les Goths.

245. Plotin, philosophe, disciple d'Ammonias, qui avait suivi le jeune Gordien dans son expédition d'Orient, espérant y étudier la philosophie orientale, vient à Rome, âgé de quarante ans, et y enseigne la philosophie pendant vingt-six ans. Plotin menait une vie tout ascétique, et qui se rapprochait de l'idéal chrétien d'alors. Plein de modestie, fidèle à la règle pythagorique, possédant toutes les connaissances de son siècle en géométrie, mécanique, arithmétique, musique, etc., il faisait un amalgame des idées de Pythagore, de Platon, d'Aristote et des stoïciens. Il avait, comme Socrate, un démon familier, évoquait les esprits et rivalisait avec les thaumaturges chrétiens. Il obtint à Rome, parmi les sénateurs et les riches, un succès immense, mais resta inconnu au peuple. (Cf. J. Simon, Vacherot, Tennemann, etc.)

246. Les arabiens enseignent que l'âme et le corps naissent, croissent, meurent et doivent ressusciter ensemble. Ils s'étaient fait remarquer dès l'an 207 : vers le milieu du IIe siècle, il fut tenu contre eux un concile auquel assista Origène, qui les convainquit, dit Eusèbe, de leur erreur. Cette hérésie arabique, qui rappelle la conversion de l'évêque de Borra (240) par le même Origène, montre la persistance des idées contemporaines de Jésus dans les parties reculées de la chrétienté et prouve, entre autres, que la distinction de l'âme immortelle d'avec le corps mortel était toute nouvelle dans la race sémitique, et si peu intelligible, qu'ils ne la pouvaient entendre qu'à l'aide d'expressions métaphoriques, telles que, par exemple, *la résurrection des cadavres*.

Concile en Afrique de quatre-vingt-dix évêques, où Privat, évêque, convaincu de plusieurs crimes, et notamment de complicité avec les idolâtres, est condamné et déposé. — (Voir les lettres du pape Fabien et de Donat, évêque de Carthage, à ce sujet.)

Les causes de division à cette époque sont, d'une part, la tyrannie et la corruption épiscopales; de l'autre la résistance des évêques à la juridiction des conciles, seul recours contre ces chefs de sociétés religieuses. — (A étudier.)

247. Cyprien, nouveau converti, au grand scandale des honnêtes gens d'Afrique, est fait évêque de Carthage. Suivant la coutume, il fait don de ses biens à son Église : le zèle de ses amis, ou des fidèles, les lui rendit.

Cyprien apparaît à la fois comme un réformateur et un conciliateur. Les mœurs des chrétiens à cette époque étaient pires encore que celles des idolâtres; car, aux vices innés et quasi reçus du paganisme, ils ajoutaient l'hypocrisie, qui, à elle seule, vaut tous les autres. Jusque dans le martyre, les chrétiens portaient l'adultère, la dissolution, l'intempérance et tous les abus. Il faut voir, dans les lettres de Cyprien, cet étrange alliage de zélotisme chrétien avec la plus complète dépravation. Après deux siècles, le sens de la mission du Christ est tellement oublié, qu'on ne comprend même plus sa morale : on n'a retenu des apôtres que le millénarisme et les rêveries messiaques. En prêchant de nouveau la morale évangélique, Cyprien fut aussi neuf pour son siècle, aussi odieux aux évêques ses collègues, que Jésus avait paru original sous Pilate, et s'était attiré de haine des prêtres et des pharisiens.

[Cf. Leclerc, *Bibliothèque universelle*, t. XII, vie de saint Cyprien.

Le juste milieu de Cyprien y est très bien apprécié. — Il consiste en ce que Cyprien niait la suprématie de l'évêque de Rome, reconnaissait l'autorité législative et suprême du concile, mais affirmait l'indépendance absolue du *pasteur sur son troupeau*, et le droit vis-à-vis de ses ouailles à une entière obéissance.]

En même temps que Cyprien, Denys, ami d'Origène, est fait évêque d'Alexandrie. Ces deux hommes sont les vrais représentants de l'Église à cette époque, et même de l'épiscopat, pouvoir déjà excessif, et aussi redoutable aux chrétiens qu'aux empereurs. La politique de Cyprien et de Denys, comme celle de Clément d'Alexandrie, est un tempérament sage dans la doctrine, la discipline et les mœurs.

— Homélies d'Origène. Il les prononçait d'abondance, les vendredis et les dimanches, et elles étaient recueillies par des sténographes.

Comme Cyprien, il attaque vivement les mauvaises mœurs des chrétiens, les intrigues et les scandales des prêtres et des évêques; il se plaint surtout de l'indifférence des chrétiens pour les saints offices, auxquels ils assistent sans attention, parlant de leurs affaires, à la porte de l'église, tandis que les prêtres célèbrent les sacrés mystères. Cela rappelle les paysans de nos jours, qui, le dimanche, vont tuer le temps à la messe et s'y comportent absolument de même.

Le Christianisme, on peut le dire, n'est plus qu'une affaire de sacerdoce, qui passionnera de temps à autre les masses, mais qu'on peut déclarer hardiment une entreprise manquée.

248. Célébration des jeux séculaires (21 avril), l'an 1000 de Rome. Ils durèrent trois jours et trois nuits. Ce furent les neuvièmes et derniers. Les jeux séculaires sont le jubilé des Romains, et peut-être cette tradition, plus que celle des juifs, a-t-elle contribué à l'institution du jubilé chrétien, sous Boniface VIII. Ils avaient été restaurés par Auguste, puis célébrés sous Claude, Domitien et Sévère, ce qui prouve que l'on n'observait point à leur égard les intervalles.

Sacrifices de nuit sur le Tibre, danses et fanfares aux flambeaux; vingt-sept jeunes gens (trois fois neuf ou le cube de trois) et autant de jeunes filles, chantant des hymnes en chœur : les étrangers et les esclaves écartés de la fête nationale. L'effet de cette cérémonie, à laquelle les chrétiens reprochaient à l'empereur Philippe d'avoir assisté, fut immense. Mais les dieux n'entendirent point les supplications de Rome prosternée : *Aures habent et non audient!*... On peut dire que les jeux séculaires de Philippe furent le signal des calamités qui, pendant vingt ans, désolèrent l'empire et réduisirent la population de moitié. Qu'était devenu le peuple romain? En voulant dévorer l'univers, il s'était lui-même éparpillé; son aristocratie détruite par les proscriptions, la société romaine, corps et âme, avait disparu. Plus de patriciat, plus de peuple; les tribus mêlées; l'empire sortit bientôt de la famille de César, donné tour à tour à des Syriens, des Goths, des Arabes.

— Origène compose son dernier ouvrage, la réfutation de Celse, qui, depuis près de quatre-vingts ans, restait sans réponse. C'était prendre ses avantages : Origène n'avait point à craindre de réplique : ajoutons que le plus fort argument qui ait été porté à Celse a été de détruire son livre. A cette époque, Origène avouait, le premier, qu'il était rare de trouver un Égyptien qui eût abandonné le culte antique des animaux sacrés.

Au reste le livre de Celse, pas plus que la réfutation d'Origène, ne saurait être aujourd'hui d'un bien grand intérêt; il est évident que l'un pas plus que l'autre n'a compris le mouvement dont il était acteur et témoin. Si la divinité de Jésus paraît aujourd'hui à la philosophie une aberration de la raison humaine, comment s'intéresser à deux auteurs dont l'un réfute sérieusement cette divinité, et dont l'autre, non moins sérieusement, dans une certaine mesure, l'affirme. Celse avoue les miracles de Jésus, sur quel témoignage? celui des Évangiles : quelle critique! — mais il les attribue aux démons : c'est précisément ce que lui réplique Origène, à propos des miracles d'Apollonius. Celse attaque les mœurs des chrétiens, et il ne manquait pas de bonnes raisons pour cela; Origène les défend, la belle merveille! et tombe à son tour sur les païens qui ne valaient guère! Celse se moque des juifs, ancêtres du Christianisme, ce qui est peu philosophique; Origène, abandonnant la cause du peuple, s'attache à celle de ses livres, de ses prophètes, de son Dieu, qu'il en sépare : ce qui l'est encore moins.

La critique de Celse n'avait eu d'effet que sur quelques amateurs érudits, assez riches pour se procurer des livres et assez instruits pour les lire; — la réfutation d'Origène, lue peut-être davantage, à cause des réunions chrétiennes, où se faisaient ces lectures, n'ajouta pas un atome à la foi et ne fit pas plus de conversions que l'autre n'en empêcha. Le cours des choses venait de plus haut et de plus loin : le torrent emportait où, et ni Origène, ni personne n'eût su dire où, comment, ni pourquoi.

— Une sédition éclate à Alexandrie contre les chrétiens. Le peuple fait périr un vieillard, nommé Métras, et une vieille fille, nommée Apolline, et d'autres; on se jette dans les maisons des chrétiens, on les pille, on les dévaste : la persécution ne s'arrête que lorsque la guerre civile ravage l'empire et désole la ville d'Alexandrie.

249. Le règne de Philippe fut troublé par plusieurs révoltes des soldats: Jotapien, en Asie; Marin, en Mésie, en furent les principaux chefs. Cette désaffection des armées fut causée par la politique équivoque de Philippe, qui, organe du parti militaire, mais étranger à la société romaine, semblait les trahir tous deux par son indifférentisme et sa tolérance envers les chrétiens. Décius, de l'ancienne famille des Décius si chère au peuple, envoyé par lui en Pannonie, pour apaiser une de ces révoltes, à peine arrivé au camp, fut salué empereur par les légions. En la personne de Décius, le prétorianisme se pose avec un redoublement d'énergie : Dèce est le continuateur de Septime-Sévère, de Caracalla, de Maximin, de Philippe lui-même, aujourd'hui défectionnaire; il sera contiuué par Valérien, Gallien et Aurélien, dernier représentant du prétorianisme.

Dèce, obéissant à la fortune qu'il n'avait point sollicitée, marche aussitôt sur l'Italie, défait Philippe, qui est tué avec son fils près de Vérone. Le vainqueur fait aussitôt proclamer César deux de ses fils, Etruscus et Hostilien. Tout se rallie autour de Dèce, qui s'occupe aussitôt de réformer l'État et de remédier aux maux de l'empire.

Dèce fut ce que nous appellerions un homme de la vieille roche, également étranger aux corruptions du siècle et aux spéculations philosophiques et religieuses; un homme tel qu'il le fallait aux hommes d'État de Septime-Sévère, au peuple et aux soldats. Il rétablit la censure abolie par Auguste (22 av.) et nomme à cette magistrature un vieux guerrier, son frère d'armes, et, comme lui, considéré pour ses mœurs antiques, Valérien :

« Va, lui dit-il, et réforme les mœurs du genre humain. Épure le sénat; rétablis l'ordre équestre; partage, en classes régulières, la multitude confuse des citoyens... » L'exemple de Dèce, celui d'Aurélien, est une preuve de plus que la persécution faite aux chrétiens était une des mesures du plan général de réforme conçu par Septime-Sévère, pour la régénération de l'État et de la société. Dans les idées du temps, qui sont encore les nôtres, la décadence ne pouvait être arrêtée que par le retour aux anciennes institutions, et le moyen d'opérer ce retour était la dictature prétorienne. Chose étonnante! le Christianisme qui, dans son origine, n'est autre chose que la réforme même de la société, est devenu une de ses plaies, au point que Décius, un caractère antique, un des plus grands et des plus nobles caractères qui revêtirent la pourpre, ne trouve de remède contre lui que la répression la plus sévère. Vers ce temps, après la paix de trente-huit ans qui précède l'empire de Décius, l'Église de Rome compte 46 prêtres, 7 diacres, 7 sous-diacres, 42 acolytes, 50 lecteurs et portiers, 3,500 veuves malades et pauvres soutenues par aumônes. Or si celle d'Antioche en 386, temps de prospérité, comptait, pour 100,000 fidèles, 3,000 pauvres, on peut évaluer à 25 à 30,000 le nombre des fidèles de Rome. Dans toute société de bienfaisance, le nombre des personnes à secourir est en raison de l'état plus ou moins prospère de la communauté. Sur un million d'habitants, 3 p. 100.

— Guerre de Décius contre Cniva, roi des Goths. Le barbare passe le Danube avec 50,000 Goths et Sarmates et se met à ravager la Mésie. Dèce les rencontre au siège de Nicopolis, sur le Latrus; à son approche, ils se retirent, se rabattent sur la Thrace, et vont mettre le siège devant Philippopolis, au pied du mont Hémus! Décius essaie de leur couper le passage; mais il est battu, son camp pillé, et la ville, privée de secours, succombe : 100,000 personnes périssent dans le massacre. Priscus, père de l'empereur Philippe, croit l'occasion favorable pour prendre la pourpre : chaque bataille perdue par l'une des tendances qui divisent l'empire devient pour l'autre un prétexte de s'emparer de la pourpre. Décius ne se décourage point : il songe à enfermer les barbares; il leur coupe toutes communications, et s'apprête à frapper un grand coup, si les dieux le permettent !

[Il est remarquable que plus la persécution contre les chrétiens devient sérieuse, plus le zèle du martyre diminue (f. 103-150); ce sera pis encore en 303, sous Galérius.]

« Comme le demandaient les platoniciens, devenus les théologiens du polythéisme. Décius ordonna que tous les citoyens remplissent les cérémonies de la religion publique. On assigna des termes aux suspects, on y joignit des promesses et des menaces, bientôt la torture et les supplices. Les chrétiens, amollis dans quelques provinces par un repos de quatre-vingt-dix ans, n'eurent plus ce courage, cette foi qui avaient animé leurs pères. Ceux des classes élevées donnèrent de fortes sommes aux magistrats pour être portés sur la liste de ceux qui avaient satisfait à l'édit; d'autres achetèrent de faux certificats de paganisme; d'autres coururent aux temples offrir de l'encens ou des victimes; un grand nombre prirent la fuite. Cyprien, Grégoire le Thaumaturge, Denys d'Alexandrie, panégyristes du martyre, furent de ce nombre. Les évêques de Rome, d'Antioche et de Jérusalem moururent à leur poste : mais ces héroïques exemples n'arrêtèrent point les abjurations. » (Matter.)

Que répond Cyprien à ses détracteurs, évêques et laïcs ?

« Le relâchement des mœurs est universel (toujours le présent est accusé au profit du passé). Les évêques ne sont point dévoués à la religion; au lieu d'exhorter les autres à la vertu et de donner l'exemple, ils se chargent d'affaires temporelles, quittent leurs chaires, parcourent les provinces pour assister aux foires et s'enrichir par le trafic. Ils ne secourent pas leurs frères, mourants de faim; ils veulent de l'argent en abondance, accaparent les terres, tirent profit de l'usure. Nous sommes pleins d'orgueil, de jalousies, de divisions, etc. Quant aux fidèles, ils sont dignes en tout de leurs évêques. »

Évidemment le plus pressé n'était pas de mourir; c'était de se réformer et de vivre.

[Ceux de Rome reprochent à Cyprien de n'être pas mort à son poste, comme le pape Fabien. Toujours les sectaires se sont fait un titre de la répression dont ils sont l'objet, et ont traité de faux frères ceux qui ne sont pas morts. — Rien de pire que l'orgueil du martyre; après le rôle de persécuteur, rien de plus insupportable.]

[Du 20 janvier 250 au 4 juin 251, intérim dans l'évêché de Rome, à cause de la persécution. Les chrétiens se moquent de l'empereur et disent qu'il souffrirait plus aisément un compétiteur qu'un évêque.]

Correspondance entre les Églises de Rome, de Carthage, d'Alexandrie. (Fleury, 187-207.) Celle de Rome s'arroge un droit de surveillance générale.

Billets de pardon des martyrs : commerce de *grâces* et *indulgences*.

Grande mission dans la Gaule (223); fondation des évêchés de Toulouse, Narbonne, Arles, Tours, Paris, Clermont et Limoges; — martyre de Denys, à Montmartre.

Un jeune chrétien, nommé Paul, fort instruit dans les lettres grecques et égyptiennes, est dénoncé par son beau-frère, qui voulait s'approprier sa fortune; il se retire dans le désert de la Thébaïde, où il vit solitaire jusqu'à quatre-vingt-dix ans. C'est le plus ancien exemple parmi les chrétiens de la vie érémitique.

— Justin, abréviateur de Trogue-Pompée.

250-265. Pendant seize ans, la peste parcourt l'empire; visite chaque province, chaque cité, chaque famille, et sévit de compte à tiers avec la famine et la guerre.

251. 27 *octobre*. Bataille livrée par Dèce aux Goths, sur les bords du Danube, dans la Mésie. Après un immense carnage de barbares, l'armée romaine, enfoncée dans un marais, et ne pouvant plus se mouvoir, est massacrée presque sans résistance. Son désastre rapppelle celui de Varus, accompli (10 av.) dans les mêmes circonstances, et par l'effet des mêmes causes. L'empereur, avec trois de ses fils, y est tué :

on ne put même retrouver son cadavre. On soupçonna le gendre de Décius, Gallus, qui fut son successeur, de l'avoir conduit perfidement dans cette fondrière : ce qui est certain, c'est que, nommé empereur par le sénat (décembre), conjointement avec le jeune Hostilien, dernier fils de Décius, il s'empressa d'acheter la paix par un tribut annuel payé aux barbares, qu'il se donna un deuxième César, en la personne de Volusien, son fils, et qu'on l'accusa encore de la mort d'Hostilien, enlevé, selon d'autres, par la peste.

Sous un régime exclusivement militaire, la défaite amène infailliblement la révolte : Licinionus Perpenna veut se faire empereur ; il est tué. Autant en arrive à Julius Valens, tué peu après.

Le traité de Gallus ne lui sert de rien, et la honte lui reste. Les barbares, après avoir pris l'argent, s'emparent de la Mésie, de la Thrace et de la Macédoine. Les chrétiens, à la vue de ces maux, prennent leur revanche; on les accusait d'être, par leur impiété, la cause de l'abaissement de l'empire ; ils accusent à leur tour les païens d'être cause, par leur persécution, du désastre de Décius. Lactance appelle cet empereur, dans son style cicéronien, *exécrabile animal.*

Vers le mois de juin de cette année, Corneille avait été élu pape à Rome, à la place de Fabien, martyr. *Uno avulso non deficit alter.* Le prêtre Novatien proteste contre cette élection. Pourquoi ? Il accusait Corneille d'avoir pris un billet du magistrat pour échapper à la persécution, et en conséquence il l'accusait de tiédeur. Qu'était-il lui-même ? Un tiède, qui s'efforçait de faire oublier sa lâcheté par un excès de rigorisme. On lui reprochait, en outre, d'avoir été philosophe, rhéteur, possédé du démon, baptisé dans son lit par infusion, et enfin ordonné prêtre avant d'avoir reçu la confirmation !... Ayant fait venir d'Afrique trois évêques, il commença par les griser, puis se fit ordonner par eux, moyennant argent, évêque de Rome, à la place de Fabien, et en concurrence de Corneille. On peut juger, par cet échantillon, des intrigues ecclésiastiques et des mœurs du clergé, sous cet exécrable animal de Décius !

Tel est du moins le récit des orthodoxes au sujet de l'antipape Novatien, chef des nouveaux puritains, ou *cathares*, et qui soutenaient entre autres qu'il ne devait jamais y avoir de pardon pour ceux qui étaient une fois tombés. Comme ils avaient dans leur parti un grand nombre de confesseurs, dont l'autorité à cette époque était immense, ils troublèrent toutes les Églises, surtout celles d'Afrique.

Contre ces rigoristes qui n'accordaient pas le pardon à ceux qui se dérobaient par la fuite à la persécution, Cyprien prêcha de parole et d'exemple. Il ne faisait que suivre l'exemple de l'Évangile qui dit : *Si l'on vous poursuit dans une ville, fuyez dans l'autre.* Mais il serait possible que ce conseil de salut eût été attribué, comme tant d'autres, à Jésus par les fabricateurs des Évangiles. Les novatiens semblaient le croire du moins. Aussi la calomnie ne cessa de poursuivre l'évêque de Carthage et d'empoisonner son existence jusqu'au jour où il fut arrêté et mis à mort, *invitus invitum*.

[Sous le règne de Dèce, l'Église de Carthage fournit d'un seul coup 100.000 sesterces (environ 25.000 fr.) pour le rachat des esclaves enlevés par les Arabes du désert.]

A Carthage, un prêtre du nom de Novat faisait précisément à Cyprien, son évêque, le reproche tout contraire à celui que Novatien adressait à Corneille. (Cf. Mosheim, *Hist. de l'Église*, IIe siècle, p. 497-52.)

Ce Novat, s'il faut en croire Cyprien et Corneille, c'est-à-dire le parti des orthodoxes, était un esprit inquiet, amateur de nouveautés, présomptueux, avare, flatteur, séditieux. Il avait dépouillé des pupilles et des veuves et détourné les deniers de l'Église. Il avait laissé son père mourir de faim, fait avorter sa femme d'un coup de pied, et s'était joint à Félicissime, l'antagoniste de Cyprien, et accusé d'adultère et de plusieurs autres crimes. De leur côté, Novat, Félicissime et Novatien n'étaient pas en reste d'accusation vis-à-vis de leurs évêques : en sorte que l'historien impartial, mettant dos à dos les parties, attendu qu'une moitié des pièces a été supprimée, est forcé de conclure, contre les uns et les autres, ou bien à une corruption commune, ou bien à une calomnie réciproque, et dans tous les cas à une hypocrisie générale.

Ce qu'il importe le plus de noter est que Novat, Novatien, Félicissime protestaient contre le juste milieu de Cyprien, protestaient en faveur de l'ancienne constitution démocratique, altérée par les empiétements de l'épiscopat, etc... Hélas! ils avaient raison, mais il n'est pas moins vrai que la démocratie était alors comme toujours, inhabile à se diriger, conséquemment à la merci des aristocrates. Novat, Novatien, Félicissime forment un parti parmi les montagnards; ils entraînent à leur suite bon nombre de ces évêques rustiques, gens simples, qui prenaient le Christianisme par son côté le plus sérieux, celui de la réforme sociale, et n'entendaient rien à la politique des évêques gens raffinés et pleins de transaction avec le monde; on ne peut s'empêcher de reconnaître en eux l'esprit de Tertullien et Montan, qui, répandu sur l'Afrique, crée une Église régionale, qui disparaîtra avec le Christianisme après la conquête des Vandales et des mahométans.

252. Les désordres de l'épiscopat ne sont que l'image des déchirements de l'empire. Les prétendants à l'empire ne cessent de se déchaîner: le désespoir, plus que l'ambition, les pousse.

Conciles de Carthage, 15 *mai*, tenus par Cyprien, où les schismatiques Privat, Fortunat, etc., sont condamnés.

Autant les deux évêques de Rome et de Carthage s'entendent pour le maintien de leur autorité, autant les schismatiques, qui ne sont autres que les représentants de la démocratie chrétienne, sont fermes dans leur résolution; les premiers ont pour eux la ville, les autres la campagne.

— Progrès de l'aristocratie et tendances monarchiques dans l'Église.

Dans toute assemblée, l'éloquence et le savoir gouvernent la multitude des muets; mais ce n'est pas tout, à cette influence naturelle, mais flottante, vint s'adjoindre une distinction, comme de plein droit, en faveur de l'évêque du chef-lieu, qui, bientôt décoré du titre pompeux de *primat* et de *métropolitain*, usurpa sur le concile provincial la même autorité que chaque évêque avait usurpée sur ses ex-collègues du presbytérat. Cyprien préside par sa qualité d'évêque de Carthage le concile d'Afrique et le gouverne par son éloquence. A ce compte, on peut prévoir que les évêques d'Alexandrie, Rome, et plus tard Constantinople, seront les chefs de la chrétienté!... Un jour même nous aurons un évêque empereur.

Après la retraite de Gallus et sa paix honteuse, le gouverneur de Mésie, Émilien, remporte une victoire sur les Goths et les rejette au delà du Danube, réparant ainsi, autant qu'il était en lui, la défaite de Décius. Ses soldats le proclament aussitôt empereur : il marche avec eux sur l'Italie. — Mais les peuples du Weser se liguent contre les Romains, les Perses désolent la Syrie, la Cilicie et la Cappadoce. Gallus, menacé du ciel et de la terre, renouvelle les édits de Décius, ordonne des propitiations par tout l'empire et la punition des réfractaires. Le peuple de Carthage crie : *Cyprien aux lions;* mais le prudent évêque échappe pour la seconde fois aux bourreaux, et de sa retraite prêche la résistance. Les papes Corneille et Lucius sont successivement exilés, l'évêque Hippolyte mis à mort.

— Traités de Cyprien *de l'unité de l'Église* et *De Lapsis.* L'occasion du premier traité est la résistance de Novat et de Novatien à l'autorité solidaire de Cyprien et de Corneille. L'Africain ne dit pas que le gouvernement de l'Église soit monarchique : il en est bien loin. Il reconnaît seulement à l'Église de Rome, à Pierre, une certaine préséance d'ordre et d'association, marque de l'unité. Tout vient de l'unité, dit-il; par conséquent, l'Église chrétienne est établie sur l'unité, et quoique tous les apôtres soient ce qu'est Pierre, cependant il ne sont qu'autant qu'ils s'accordent avec lui... C'est fort embrouillé; mais la tendance est claire; et la pensée de Cyprien, très logique d'ailleurs, est qu'il n'y a pas de sûreté pour l'épiscopat en dehors de l'unité.

En effet, que chaque évêque soit indépendant, et du pape,

et du concile, comment réfutera-t-il le schisme et l'hérésie?...

Que fait donc ici l'Église, sous ces grands mots d'unité, de troupeau, de prééminence de Pierre, etc.? — Elle fait son apprentissage du pouvoir, son apprentissage du Césarisme, de la chose même qu'elle détruit.

En revanche, Cyprien insiste sur l'autorité épiscopale, qu'il complique d'une façon qui n'a plus rien de démocratique... L'unité et le pouvoir de l'Église sont représentés dans l'*office épiscopal*, dont chaque membre possède une portion égale et indivisible! — « Que les princes et les magistrats vantent leurs droits à un domaine terrestre et passager, l'autorité épiscopale seule est dérivée de Dieu; elle s'étend sur ce monde et sur l'autre. Les évêques sont les vice-gérants de Jésus-Christ, les successeurs des apôtres et les substituts du grand prêtre de la loi mosaïque (92-100, 196).

Dans le traité *De lapsis*, Cyprien exagère tant qu'il peut le crime d'apostasie; il raconte des miracles à ce sujet et tonne contre les tombés. Mais tout cela n'est qu'une précaution oratoire pour arriver à condamner les novatiens et montanistes, qui refusaient d'admettre les tombés à la pénitence et traitaient leur crime d'irrémissible. Cette querelle eut un grand retentissement et divisa la chrétienté. De quoi s'agissait-il? Au fond d'une chose fort simple, de savoir si un homme admis dans une communauté peut, après l'avoir trahie et désavouée, y être admis de nouveau. En pratique, c'est imprudent, c'est même impossible. L'homme que la justice criminelle a flétri ne se réhabillite jamais, quand même tout le monde le voudrait. — Dans la forme, il s'agit presque d'autre chose : est-on mauvais chrétien, est-on judas, parjure, traître, délateur et apostat pour avoir laissé tomber un grain d'encens dans un réchaud placé devant la statue de Jupiter? Ici, la faute est au concile de Jérusalem (56), et c'est ce que sentait Cyprien. La révolution, en effet, n'était pas là.

[On appelait *libellitiques* ceux qui se procuraient des *libelles* ou *certificats de sacrification*. Pourquoi aurait-il été défendu à de simples particuliers d'acheter de ces libelles, lorsque du temps de Septime-Sévère (199) la chose avait été pratiquée par les Églises elles-mêmes? A la décharge des *lapsis*, des *libellilici*, etc., on peut dire encore que le martyre était très suspect d'ostentation, d'ambition et d'hypocrisie. Parmi ceux qui bravaient la vindicte des empereurs, il y avait force pauvres et gens perdus de dettes qui spéculaient sur les aumônes que l'admiration des fidèles leur vaudrait. Nous connaissons aussi depuis soixante ans cette espèce de spéculation sur le martyre, autant que la calomnie qui s'acharne contre ceux qui la repoussent.

Échelle parmi les *tombés!*

Si on a cédé à la première sommation, ou après la prison, ou après la torture, etc.

Tout une casuistique.

253. Gallus et Émilien s'avancent l'un contre l'autre : les légions du premier passent du côté du vainqueur des Goths. Gallus et son fils Volusien sont mis à mort (*mai*) par leurs soldats. L'élection d'Émilien est ratifiée par le sénat; mais dans le même temps Valérien accourt de la Gaule au secours de Gallus ; son caractère de censeur, sa vieille renommée imposent aux soldats : comme ils s'étaient défaits de Gallus, ils se défont d'Émilien. Le bon plaisir des légions fait tous les frais de ces changements : il n'y eut de sang répandu que celui des empereurs. Émilien tué par ses soldats à Spolète, Valérien est proclamé empereur et s'associe aussitôt son fils Gallien (*août*).

— Au commencement de son empire, Valérien se montre très indulgent pour les chrétiens : l'Église jouit d'un repos de trois années. Tout dévoué, comme Décius, à l'ancienne société, le vénérable empereur, comme le nomme Bossuet, hésite devant le déluge des calamités qui fondent sur l'empire. Le prétorianisme n'a plus confiance en lui-même, il est perdu.

Gallien s'établit à Trèves, avec son fils, pour protéger la Gaule contre les barbares.

— Concile de Carthage, de soixante évêques, tenu par

Cyprien ; on y décide que les enfants peuvent être baptisés dès la naissance, attendu que ce ne sont pas leurs péchés, mais ceux des autres qui leur sont remis. Dans le principe, le baptême effaçait les péchés commis par le baptisé dès sa naissance ; peu à peu le dogme de la chute originelle s'établissant, il fut réservé spécialement pour l'expiation de cette chute. Les paroles de Cyprien montrent que de son temps, les idées n'étaient pas encore fixées sur le dogme.

Un évêque ayant été battu par un de ses prêtres porta sa plainte au concile, qui le félicita de ne s'être pas fait justice lui-même, bien qu'il en eût le droit. Le concile dit à cette occasion : J.-C. a institué les apôtres, c'est-à-dire les évêques ; et les apôtres ont institué les diacres : proposition qui, dans le sens du concile, est un flagrant mensonge.

253-254. Campagnes de Gallien contre les Germains et les Francs. Succès de Posthumius. Les médailles et panégyriques parlent de victoires remportées vers cette époque, mais en termes obscurs et sans précision.

254. L'évêque de Carthage, Cyprien, se signale entre tous par son zèle pour la discipline, son énergie contre le schisme, ses correspondances avec Rome et les évêques de tous les pays. Il tient concile sur concile contre les novatiens; il décide que les comédiens ne peuvent être admis dans l'Église, que les religieuses ne doivent pas coucher dans le même lit que les diacres : contrairement à la doctrine admise depuis dans l'Église, il soutient, avec l'évêque d'Alexandrie, Denys, que le baptême donné par les hérétiques est nul, et que les chrétiens qui ont reçu cette initiation doivent être rebaptisés : le pape Étienne rejette la théorie de Cyprien, la querelle s'aigrit, et embrase toute l'Afrique et Rome.

Exprimerons-nous une opinion sur cette misérable dispute? Cyprien part du principe de l'unité de l'Église, et puisque le baptême est une cérémonie d'initiation, il déclare ne pas comprendre comment un chrétien initié par un hérétique peut se croire orthodoxe : ce qui est parfaitement logique et irréfutable. Mais à Rome, la superstition allait plus vite que cela : le baptême, donné au nom du Père, du Fils et de l'Esprit, possédait de soi, par la vertu de la formule et indépendamment de la volonté du baptiseur, une telle efficacité, que le baptisé était fait enfant du Christ et obtenait d'emblée la rémission de ses péchés. Ainsi, à travers tout ce tapage de conciles, d'excommunications réciproques, le Christianisme n'est déjà plus, de son aveu, une société de réformés, unis de cœur et d'esprit dans la voie de la liberté et de la justice : c'est tout simplement un rite, où, par la vertu de paroles sacramentelles, l'homme est délivré du démon, garanti enfant de Dieu, se nourrit du corps du Christ, obtient la remise de ses crimes, etc., etc.

255-257. Succès d'Aurélien dans les Gaules et la Thrace. Il marche contre les Goths, en même temps que Probus est envoyé contre les Sarmates et les Quades.

256. Sapor, roi de Perse, chasse Tiridate de l'Arménie et le remplace par Artabarde.

Cyprien réunit un concile à Carthage, de quatre-vingt-cinq évêques, avec les prêtres, les diacres, et une grande partie du peuple; parmi ces évêques, quinze avaient confessé la foi, et étaient par conséquent réputés savants et presque infaillibles. Il s'agissait du pape Étienne, qui admettait le baptême donné par les hérétiques comme valide, et qui, pour ce fait, excommuniait Cyprien. N'est-il pas étrange que dans une société, celui qui prêche l'union soit exclu comme scissionnaire par celui qui prêche la discorde?... Cyprien pose en principe que tout évêque a, dans son évêché, une pleine liberté et une pleine puissance ; qu'il ne peut être jugé par un autre, comme aussi, il ne peut le juger ; qu'aucun n'a le droit de se dire *évêque des évêques*, comme affectaient de le faire ceux de Rome, et de réduire les autres sous leur tyrannie. Puis venant à la question de la rebaptisation, il prend les avis du concile, qui, à l'unanimité, prononce que nul ne peut entrer dans l'Eglise par l'initiation de l'hérésie. Cette décision est confirmée par un évêque de Césarée, Firmilien, qui se prononce avec indignation contre l'évêque de Rome, accuse cette Église d'avoir varié sur un grand nombre de points et de ne pas retenir les traditions, et rappelle que la question a été vidée depuis longtemps à Iconium, dans un concile d'évêques rassemblés de Phrygie, Galatie et Cilicie.

[Voir la lettre de Firmilien, *Apud Cyprian*, épit. 75. — Ainsi Cyprien, après avoir prêché l'unité de l'Église, après avoir reconnu en termes vagues, il est vrai, la préséance de Pierre, *primus inter pares*, s'aperçoit qu'il est peut-être allé trop loin; il forme une croisade contre l'évêque de Rome et travaille à lui opposer, comme on fera à Bâle, le concile et la tradition.]

La réponse d'Étienne consiste à dire, comme nous l'avons relevé plus haut (254), que le baptême n'est point un acte de la volonté de l'homme, mais une opération de la grâce, dont l'homme n'est que l'instrument, etc.... Le système de Cyprien est tout humain, tout social, par conséquent seul conforme au vrai Christianisme fraternitaire et révolutionnaire; le système d'Étienne est, au contraire, purement théurgique et transcendantal : le premier procède de la raison, le second du miracle : c'était celui-ci qui devait l'emporter!

Quand les empereurs, le sénat, les généraux et toutes les forces de l'empire étaient occupés à repousser l'invasion des barbares, voilà de quoi disputaient les chrétiens! n'est-ce pas à soulever l'indignation?...

257. Sur les instances de Macrien, préfet du prétoire, qui était fort adonné aux superstitions égyptiennes et à la théurgie orientale, et qu'on surnommait le Mage, Valérien remet en vigueur les édits de Décius et ordonne de nouvelles poursuites contre les chrétiens. Cette persécution est comptée comme la huitième. Rien de plus aisé que d'expliquer au point de vue de la police générale cet acte d'intolérance superstitieuse, indépendamment des causes de rivalité entre les cultes. — Les Perses, conduits par un traître nommé Cyriadès, qui depuis régna comme *tyran*, venaient de prendre Antioche : l'empire, attaqué de toutes parts, épuisé d'hommes et d'argent, tombait en lambeaux. C'était alors que les chrétiens donnaient le spectacle de leurs fureurs et de leurs querelles; qu'une multitude d'évêques, dépositaires des dons des fidèles, étalaient un luxe insolent; que ceux de Rome, Carthage, Césarée, au lieu de prêcher le dévouement à la patrie et de placer au premier rang des devoirs le service de l'État, se disputaient entre eux, jusqu'à l'excommunication mutuelle, sur la meilleure manière d'embaucher les sujets de l'empire, et de les détourner du service impérial.

Toutefois, si rien n'était plus logique que la rigueur de Valérien, rien aussi, au point de vue des causes, n'était plus reprochable. D'où venait le Christianisme? où prenait sa source le courant d'idées funestes qui semblaient s'entendre avec les barbares, pour assassiner l'État au dedans, pendant qu'ils le harcelaient au dehors? C'était dans le Césarisme même, dans cette tyrannie épouvantable qui comptait alors trois siècles de durée, et qu'avaient illustrée tant de fois des monstres à figure humaine, d'autant plus chers au soldat et à la plèbe, qu'ils étaient plus dépourvus de sens humain.

Le mal était désormais sans remède, l'empire ne pouvait ni rétrograder ni se réformer, ni prendre la direction des esprits; et le Christianisme perverti par la superstition, par la tyrannie épiscopale, par les disputes théologiques ne pouvait non plus ni recommencer sa carrière, ni se réconcilier avec le prince.

A la publication de l'édit, Cyprien annonce l'approche de l'antéchrist; par ce seul mot, il souffle la rébellion au cœur des chrétiens; l'Église sonne la charge contre l'empire, et crie : hurrah les barbares!

— Le premier que frappa la persécution fut le pape Étienne : il fut mis à mort et remplacé par Sixte. Un autre confesseur non moins illustre fut Denys d'Alexandrie, que le préfet d'Égypte exila en Libye. La persécution fit prendre une nouvelle tournure à la question du baptême donné par les hérétiques : sous les coups de l'ennemi, on ne songea plus de toutes parts qu'à s'unir; Denys fut le premier à se ranger à l'avis d'Étienne et à blâmer ceux d'Afrique et de Galatie : quand tous étaient confondus dans la même répression, pouvaient-ils se diviser dans l'initiation ? Cyprien perdit sa cause; et il ne lui resta plus qu'à mourir à son tour, comme Étienne.

257-259. Les Scythes ravagent les provinces d'Asie, le Pont et la Cappadoce. Ce ne sont plus seulement les Germains, les Goths, les Slaves et les Parthes qui se jettent sur l'empire; voici les Cosaques du Don, de la mer Noire et de l'Aral ; les Tatars de la Sibérie et de l'Altaï, Gog et Magog. Les Goths se mettent à traverser le Bosphore et viennent attaquer la côte d'Asie qui s'étend de la Propontide au Caucase : ils sont la première fois repoussés.

La civilisation gréco-romaine est menacée de la même destruction que celle d'Assyrie, d'Égypte, de la Bactriane et de la Chine (t. 1er).

La centralisation impériale, qui semblait devoir en concentrer les forces, repousser les barbares et les discipliner eux-mêmes après les avoir soumis, cette centralisation est devenue, par la ruine de l'esprit public, du patriotisme et des nationalités et par l'insurrection chrétienne, la cause même de leurs succès.

— Les chrétiens, en ce moment, ne songent qu'à s'unir la nature des choses est plus puissante que leur volonté. Ils n'ont pas de théologie, pas de doctrine arrêtée, pas de profession de foi; il est impossible d'empêcher *l'esprit de souffler où il veut*, quand il n'y a rien qui le dirige. Un prêtre de la Pentapole, Sabellius, croit faire une chose utile de réduire le dogme du *Père*, du *Fils* et de l'*Esprit*, qui tenait beaucoup de chrétiens en suspens, à sa plus simple expression, en disant que ces mots désignent non des personnes réelles, mais les différentes facultés de Dieu. Lorsque l'Être infini, disait-il, décide en lui-même de créer le monde pour sa gloire et l'humanité pour son culte, il est Père; lorsqu'il se révèle aux hommes par la parole et l'incarnation, il est Fils; lorsqu'enfin il purifie l'âme du pécheur par sa grâce, il est Saint-Esprit.

— C'était clair comme eau de roche, facile à retenir; on était accoutumé à cela, par tout ce que l'on avait eu l'habitude de dire des dieux et de leurs attributions. Ce n'était autre chose, au fond, que l'unitéisme, dans sa forme la plus énergique, unitéisme que Praxéas et Noétus avaient enseigné au siècle précédent, que Mahomet simplifiera encore et qui reparaîtra au XIXe siècle dans l'unitarisme protestant.

La Trinité, ainsi expliquée, n'est qu'une série d'abstractions. A peine eut-il fait connaître son sentiment, Sabellius se vit désavoué par Denys d'Alexandrie, dénoncé, combattu, finalement mis au rang des hérétiques! Qu'en pouvait-il? Dans les langues sémitiques, la trinité, telle qu'elle sortit d'Alexandrie et fut saluée à Nicée, était impossible, attendu qu'elle est inexprimable : aussi ce dogme n'a jamais pu passer dans la race de Sem; il est resté indo-germanique! (319).

258. Valérien part pour l'Asie, où l'appellent les ravages des Perses. Il passe par Byzance, et de là se dirige sur Antioche.

La persécution continue : l'année d'auparavant, on s'était contenté en général d'envoyer les évêques, les prêtres, etc., en exil ou au mines; de nouveaux ordres prescrivent de les faire périr. Martyre du pape Sixte, du diacre Laurent, des évêques Cyprien, Fructueux, de Tarragone, Denys (de Paris), Félicien de Noles, Saturnin de Toulouse, etc.

— Cette persécution, qui atteignit surtout les évêques et les prêtres, eut un résultat diamétralement contraire à celui qu'on en attendait. L'épiscopat, affaibli par ses divisions et qui déjà se rendait suspect au peuple par ses prétentions ambitieuses, acquit une autorité immense par ses martyrs. Chaque exécution fut pour lui une victoire; on avait cru le perdre, on le retrempa.

[Martyre de Cyprien :

« Que Thassius Cyprianus soit immédiatement décapité, comme ennemi des dieux de Rome et chef d'une association criminelle, qu'il a entraînée dans une résistance sacrilège aux lois des très sacrés empereurs Valérien et Gallien. »

C'était vrai — *Ab uno disce omnes :* telle était la position des chrétiens, que leurs évêques et apologistes eurent constamment la mauvaise grâce de dissimuler. Ceux qui, comme Polyeucte, défiaient et provoquaient les païens, péchaient peut-être contre la prudence, mais ils étaient plus dans la sincérité de leur foi.]

259. Valérien, cerné et affamé dans son camp près d'Édesse, accepte une entrevue avec Sapor, qui le retient prisonnier. Cyriadès est nommé empereur par le Persan, qu'il conduit au cœur de l'empire. Sac d'Antioche, Césarée, Émèse, etc. Le plan de Sapor n'était nullement de s'emparer de la Syrie, et d'étendre son empire par la conquête sur les provinces qu'avait autrefois possédées le grand roi : il ne voulait que piller, détruire ce qu'il ne pouvait enlever, et faire par la dévastation le vide entre l'empire et ses propres États.

Valérien, comme Décius, Claude, Tacite et Probus, fit paraître sous la pourpre, en des temps déplorables, les antiques vertus de Rome. On peut lui reprocher, comme à Marc-Aurèle, quelque faiblesse pour son fils Gallien, qu'il associe à l'empire, dès 253; mais outre que cet usage était commun à tous les empereurs, on peut dire encore que si Gallien déshonora l'empire par ses mœurs voluptueuses, il n'en était pas moins brave capitaine et expérimenté, et doué des plus heureux talents. Le culte de la volupté chez lui vint du scepticisme presque autant que des sens, et fut tout autre chose que ce qu'on avait vu dans un Tibère, un Domitien, un Commode, un Héliogabale. C'est un insouciant, formé à l'école d'Horace, qui dit, comme Louis XV : Cela durera bien autant que moi! et use de l'empire pour la plus grande gloire de la philosophie épicurienne. Il ne fit rien pour délivrer son père; qu'eût-il pu au milieu du déchaînement universel? « *Je savais*, dit-il en apprenant la captivité de Valérien que mon père était homme, et puisqu'il s'est conduit avec courage, je suis satisfait. » Poète, orateur et bel esprit, il ne crut à rien et au destin de Rome moins qu'à toute autre chose. Il laisse tomber la persécution contre les chrétiens, — elle avait duré le nombre apocalyptique de quarante-deux mois, — non par amour de la secte, mais parce qu'il n'a pas plus la foi des mœurs antiques, que représentait son père, que celle des réformateurs modernes, dont il connaît la bigoterie et les misères. Quand il ne peut battre les barbares, il traite avec eux; et malgré le préjugé romain, il épouse la fille d'un roi marcoman, nommée Pipa, dont la beauté sauvage ravive ses sens émoussés. Jardinier habile, cuisinier raffiné, curieux de philosophie, de magie et de mystère, il songeait, quand il mourut, à donner une ville ruinée de la Campanie au philosophe Plotin, pour y fonder une république à la mode de Platon. Comme tous les débauchés de la vieille Rome, la cruauté lui est un assaisonnement du plaisir : les vers suivants, tirés d'un de ses épithalames, forment un étrange contraste avec les ordres de sang qu'il donnait contre les citoyens qu'il soupçonnait, à cette époque d'anarchie universelle, de ne lui avoir pas été favorables :

Ite, ait, ô Juvenes, pariter sudate medullis
Omnibus, inter vos : non murmura vostra columbæ,
Brachia non ederæ, non vincant oscula conchæ.

Il écrivait, après la défaite d'Ingennus :

« Il ne suffit pas d'exterminer ceux qui ont porté les armes : le hasard de la guerre aurait pu m'être aussi utile. Que tous les mâles, sans respect pour l'âge, périssent, pourvu que dans l'exécution des enfants et des vieillards vous sauviez notre réputation.

« Plongez le fer vengeur dans le sein de celui qui a laissé échapper une expression, qui s'est permis une pensée contre moi, le fils de Valérien, le frère et le père de tant de princes.

« Songez qu'Ingennus fut empereur, déchirez, tuez, mettez

en pièces. Je vous écris de ma propre main; je voudrais vous inspirer mes propres sentiments. »

N'est-il pas vrai que l'empire est une grande orgie, où le sang répandu est un accompagnement obligé de la luxure? (Cf. Cyprien, *Ad martyres.*)

Des fêtes sanglantes de Gallien, reportons nos yeux dans les prisons qui renferment les martyrs aux membres disloqués, brûlés, meurtris : que trouvons-nous encore? De dévotes visiteuses, qui viennent jouir des caresses ineffables des confesseurs, et la volupté assise sur les échafauds et les chevalets...

[Modifier cette appréciation de Gallien, très vraie quant à l'homme, mais qui prend un caractère plus grave, de la situation de l'empire, et de l'œuvre de transformation commencée.

Gallien est infidèle à la tradition ouverte depuis plus de soixante ans par *Pertinax*, Septime-Sévère, et ses successeurs Alexandre, Philippe, Dèce et Valérien : il n'a pas le sentiment révolutionnaire; il est sceptique, il empoisonne tout, la dissolution en est la suite.

L'anarchie des trente prétendants est la démonstration de la nullité, comme *idée*, de Gallien ; de la nécessité impérieuse de marcher, à peine de mort.

Le Césarisme est devenu une institution : eh bien! il faut qu'il se développe comme institution!...

— Gallien marque son scepticisme par ses édits de tolérance en faveur des chrétiens : il est remarquable que depuis l'an 70, ce sont les plus mauvais empereurs qui les soutiennent le plus : Commode, Caracalla, Héliogabale et Alexandre, Philippe et Gallien.

Gallien écrit aux évêques : « J'ai ordonné que l'effet de ma grâce s'étendît par tout le monde; en sorte que l'on se retire des lieux consacrés à la religion, et que personne ne se trouble plus. » Par un autre, il leur fait rendre leurs cimetières.]

Cependant les barbares, attirés par le butin, pénètrent de tous côtés dans l'empire. Les Sarmates fondent sur l'Illyrie;

les Scythes envahissent la Pannonie et font des courses jusqu'en Grèce; les Allemands et les Francs, poussés par les Vandales, tombent sur la Gaule et s'établissent entre le Rhin et l'Elbe. Chaque province est forcée de s'armer pour sa défense : le sauve-qui-peut devient général.

Chose étrange, avec Gallien commence pour le Christianisme une période de paix de quarante-quatre ans, presque complète. Pendant les dévastations des barbares et les guerres civiles des prétendants, quand la peste, la famine et la guerre dévorent les populations, les chrétiens se multiplient en silence; de 259 à 303, leur histoire n'offre pas d'événements. Les évêques travaillent à la constitution de leur pouvoir et achèvent la transformation de l'Évangile : ils font si bien, qu'en 303-313 la persécution de Dioclétien n'aura plus de sens ; ce sera, comme Constantin le verra vite, un anachronisme. L'épiscopat, en un mot, pendant les quarante-quatre années qui commencent à la captivité de Valérien, en adoucissant et polissant le vieux Christianisme, se rend lui-même possible : il sent que le Césarisme ne peut échapper à sa direction, à son influence. Après le soldat, le prêtre ; le jurisconsulte et l'homme d'État, le philosophe et l'économiste seront escamotés !

260-268. Époque anarchique des 30 tyrans. On n'en trouve réellement que 19 : le nombre de 30 semble avoir été pris comme une réminiscence des 30 tyrans d'Athènes, malgré le défaut d'analogie des circonstances et des causes.

Dans le péril universel et le manque absolu de secours de la part de l'empereur, la loi de conservation soulève les villes et les provinces; d'accord avec les légions qu'elles possèdent, elles se donnent chacune pour empereur le général qui les commande, Auréolus en Rhétie, Ingennus en Pannonie, Émilien en Égypte. Macrien, le conseiller de Valérien, ayant recueilli les débris de l'armée, se fait proclamer avec ses deux enfants ; Valens en fait autant en Achaïe, et Pison, envoyé pour le combattre, finit par en faire autant en Thessalie, où il se retire. Le gouvernement étant tout militaire, et les communications coupées ou insuffisantes, partout où il y a une armée, il existe de fait et de droit un empereur, d'autant plus que hors de l'empire, on ne comprend, on n'imagine plus rien!

Pendant ces promotions, une bande de Francs ose traverser les Gaules, l'Espagne et va s'établir en Afrique, frayant la route aux Vandales (428). Les Goths et les Scythes reviennent à la charge (257) à travers la mer Noire, s'emparent de Trébizonde par surprise, massacrent les habitants, et menacent Chalcédoine et Nicée. Le temple de Diane, à Éphèse, célèbre comme une des sept merveilles du monde, tout plein des ouvrages des grands statuaires de la Grèce, est pillé et livré aux flammes.

L'Italie, comme la Syrie, est ravagée par les barbares : le sénat et le peuple romain se joignent à une poignée de soldats du prétoire, marchent contre eux jusqu'auprès d'Aquilée et les obligent à battre en retraite. Cette expédition faite sans ordre supérieur effraye Gallien : il croit voir l'ombre de la république se relever de son tombeau ; et plus inquiet des dispositions du sénat que de la furie germanique, il interdit aux sénateurs l'usage de l'épée et les fonctions militaires. Jamais despote n'aima les gardes nationales. Un des principaux de Palmyre, nommé Odénat, écrit à Sapor et lui envoie de riches présents pour l'engager à retirer ses troupes : il n'en reçoit qu'insulte. Forcé de combattre, Odénat, avec quelques partisans, se met à harceler les Perses et les force à repasser l'Euphrate.

261. La révolte et la guerre amènent le pillage ; le pillage produit la famine, et la famine engendre la peste. Elle sévit surtout à Alexandrie et à Rome, où on la vit enlever en un seul jour depuis 5 jusqu'à 7.000 personnes. Plusieurs villes furent entièrement dépeuplées.

La multiplicité des prétendants, au lieu d'amener la généralité de la défense, ne produisit qu'une extermination mutuelle. Posthumius, dans la Gaule, fait périr un fils de Gallien, déclaré César, et se maintient pendant sept ans (267).— Gallien, de son côté, défait Ingennus et le tue ; son général,

Théodote, envoyé en Égypte contre Émilien, en fait autant de celui-ci. Macrien est défait par Auréolus et mis à mort; à cette nouvelle, Odénat en fait autant de Quietus, fils de Macrien, laissé en Asie avec le titre de César, et de Baliste son général. Un autre, Régillien, est proclamé en Mésie et bientôt occis. Saturnin, dans le Pont, est proclamé malgré lui par ses soldats : « Vous avez perdu, leur dit-il dans sa harangue, un commandant utile, et vous avez fait un malheureux empereur! »

Les voleurs désolent la Sicile, si nombreux qu'il faut envoyer contre eux une armée. C'étaient des paysans et des esclaves, las de la servitude, et qui, à l'approche des barbares, prenant le devant, se révoltaient contre leurs propriétaires. Ils n'étaient pas plus à craindre que les prétoriens.

Arrivés par le Pont-Euxin, les barbares pillent et saccagent Chalcédoine, Nicomédie, Nicée, Prase, Apamée, Cios, et s'arrêtent devant Cyzique. Un vaste incendie éclaire toute la côte asiatique du Pont-Euxin. — Prise de Carrhes et Nisibe, sur les Perses, par Odénat, qui met le siège devant Ctésiphon. Par compensation, prise de Césarée en Cappadoce par Sapor. Tous les habitants massacrés.

Dans cette tourmente, Alexandrie, qui formait comme une province à part dans l'Égypte, riche par l'industrie et le commerce, comptant une population de 600.000 âmes, fameuse par ses manufactures de papier, de verre et de lin, est dévastée par la sédition, autant que par la famine et la peste.

Les rues sont coupées; les édifices publics changés en forteresses; d'après les lettres de Denys, évêque de cette ville, la population de cette malheureuse cité, après douze ans que durèrent les troubles, avait diminué de moitié.

Durant ces calamités, les chrétiens ne semblent avoir pris parti pour aucun prétendant : leur charité envers les malades de la peste excite plus d'une fois l'admiration des païens, mais les disputes n'en allaient pas moins leur train ordinaire.

Denys d'Alexandrie essaye de réfuter Sabellius (257-259)

et de redresser son opinion sur la Trinité, et tombe lui-même dans l'hérésie. Dénoncé au pape Denys qui le rejette, il s'explique et emploie le premier, en parlant du Verbe, le mot *consubstantiel*. Il réfute ensuite l'opinion des millénaires et déclare qu'il ne comprend rien à l'*Apocalypse*, et que cet écrit n'est pas de l'apôtre Jean, mais d'un anonyme, qui, par admiration pour lui, avait pris son nom.

On cite aussi une lettre de Grégoire le Thaumaturge, évêque de Néocésarée, qui nous apprend que les chrétiens de la province, à l'arrivée des Goths, s'étaient mis à piller et tuer avec les barbares, arrêtant les fuyards, et les mettant en captivité ou les assommant à coups de bâton!.... *Chassez le naturel, il revient au galop!*

262. De même que la force engendre l'anarchie, de même elle ramène à l'unité. Destruction successive de Saturnin, Émilien, Celse, prétendants à l'empire.

Les Perses sont vaincus par Odénat : les Scythes Borans n'en continuent pas moins leurs ravages dans l'Achaïe et l'Asie mineure.

— Vers ce temps, Zénobie, femme d'Odénat, curieuse de religion, veut se faire instruire dans le Christianisme. Elle s'adresse à Paul, évêque de Samosate, sorte d'épicurien mitré, homme à large conscience et à foi commode. Paul arrange le Christianisme sur les idées de Zénobie. C'est du moins ce que lui reprochent ses collègues en épiscopat : comme si, après tout, le dogme chétien, à cette époque, n'avait pas été *ad libitum*.

Longin, rhéteur, maître de Zénobie, qu'elle récompensa de la plus noire ingratitude.

Porphire vient à Rome étudier sous Plotin. — (Cf. Buret, an 278.)

263. Posthumius est défait par Gallien, qui échoue néanmoins au siège d'Autun : parties égales. — Posthumius alors se donne un César, Victorin, et défait Lélien, autre prétendant, à Mayence.

Odénat, devenu le bouclier de l'empire en Orient, n'hésite plus à se faire proclamer empereur.

— Célébration, des *décennales* à Rome par Gallien. Quoi qu'il advienne, le peuple de Rome ne perd pas un seul spectacle, pas une fête, pas une jouissance. Il ressemble à ses maîtres : du sang et des voluptés, la peste et l'orgie, les barbares à la frontière et dans le cirque!.... Oh! cette époque est restée incomprise; il y a tout à faire encore pour les historiens.

264. Gallien se décide à reconnaître pour son collègue à l'empire Odénat : le sénat et le peuple applaudissent à cette reconnaissance, l'acte le plus populaire de tout le règne de Gallien. Odénat justifie son titre en faisant perdre aux Perses tous leurs avantages.

Les idées de Paul de Samosate, ses mœurs et peut-être aussi ses succès de cour, excitent contre lui l'animadversion de ses collègues, qui se réunissent en concile à Antioche, pour le juger, et le somment de comparaître. On l'accusait : d'enseigner que J.-C. était un pur homme, qui s'étant sanctifié par la vertu, était devenu Dieu, ce qui est le propre sens de Jean (80); — de se laisser appeler lui-même, en vertu du même principe, *ange de Dieu*, expression dont l'auteur des *Actes des apôtres*, VI, 15, se sert à l'égard d'Étienne; — d'être arrivé pauvre à l'épiscopat, et d'y avoir acquis de grandes richesses; — qui le faisaient comparer à un receveur général, à *deux cents sesterces* d'appointements (40.000 francs); — de souffrir que ses prêtres et ses diacres s'enrichissent comme lui; — de jouir de sa fortune avec magnificence; — d'admettre dans sa société des jolies femmes; — de siéger sur un fauteuil élevé, à l'église; — d'avoir un cabinet particulier de consultation; — de lire ses lettres en marchant, etc.

Cette curieuse accusation, où éclatent à chaque ligne la superstition, la fausse piété et l'envie, nous révèle deux choses que nous avons déjà eu l'occasion de toucher : la première est la dissolution désespérée de mœurs qui possédait la société sans distinction de chrétiens ni de païens; — la vérité est que la prêtrise et l'épiscopat, attirant à eux les affaires des chrétiens, étaient une source de richesse pour les titulaires.

Paul de Samosate, en prenant au pied de la lettre les accusations du concile, représenterait le Christianisme épicurien, élégant et sceptique, alliant la dévotion à la volupté, et mettant la simplicité dans la foi et le raffinement dans la vie, au rebours des pieux ascètes qui subtilisaient à perte de vue sur la théologie et laissaient tomber leur existence dans la crasse et la nudité. Il avait su, à ce qu'il paraît, faire ses affaires, en soignant celles de ses administrés; le cabinet particulier qu'on lui reprochait et la correspondance qu'il entretenait prouvent que l'épiscopat était, à cette époque, un emploi plus ou moins lucratif, selon l'habileté de *l'épiscopus* et l'importance de la clientèle.

[Il y a beaucoup d'envie dans les reproches qu'on lui adresse. Les évêques, naturellement suspects, font ici, aux dépens d'un confrère, acte de rigorisme. Cela devait plaire à la multitude.]

Le concile, pour la première fois, avertit Paul, qui promit de changer de vie et de doctrine, et comme de juste n'en fit rien et se moqua de l'avertissement. En attendant, il fut reçu à la communion provisoire.

Ainsi l'épiscopat se glisse insensiblement à la cour des princes : nous l'avons vu chez Alexandre Sévère, Philippe, Valérien : le voilà auprès de Zénobie; encore un peu, il siégera dans les conseils de l'empereur.

Quand les tribuns approchent du pouvoir, la plèbe est bien près d'être sacrifiée. (V. Théodore, *passim.*)

265. Odénat entre en Perse, et continue la guerre avec succès.

Révolte des Isaures, en Asie mineure, excitée par Trébellianus, qui se fait proclamer empereur.

Ce prétendant ne fit que paraître : après sa mort, ses partisans se retirent dans les gorges inaccessibles du Taurus, s'y rendent indépendants, et s'emparent même de la Cilicie occidentale. C'était dans ces mêmes lieux que se retirèrent autrefois (67 av.) les pirates qui furent détruits par Pompée.

266. Les Goths et les Hérules, divisés en plusieurs bandes, pillent l'Asie et la Grèce, et s'emparent d'Athènes. On dit qu'ils respectèrent les bibliothèques, dans la pensée perfide que les Grecs, s'adonnant aux livres, ne seraient jamais capables de faire la guerre.

— Auréolus se révolte dans la Rhétie; Gallien, forcé de le ménager, fait la paix avec lui et marche ensuite contre Posthumius.

267. Posthumius périt assassiné. Victorin, qu'il avait fait César, le remplace, et bientôt, malgré les plus brillantes qualités, se fait tuer pour son incontinence. Sa mère Victoria, que les soldats avaient surnommée la mère des camps, est nommée auguste, et fait donner la pourpre à Marius ou Marion, simple soldat et armurier, qui périt au bout de trois jours assassiné. A Marion succède Tétric, sénateur et intrigant, qui parvient à se maintenir jusqu'en 272, où il livra la Gaule à Aurélien. Avec un peu de patriotisme et de génie, Posthumius, Victorin, ou Tétric pouvaient rendre la liberté aux Gaulois; de 261 à 272, le pays resta séparé de Rome : mais, après trois siècles de tyrannie, la nation, à l'exception des paysans ou *bagaudes*, semblait avoir oublié sa nationalité. On ne comprenait que l'empire : Posthumius, Victorin, Tétric, voulaient être césars; dès lors ils n'avaient plus de raison d'être. Quant aux évêques, déjà nombreux et puissants, on a vu par l'exemple de Cyprien, de Paul de Samosate, etc., quelle était leur politique; il craignaient déjà moins les Césars que les bagaudes.

Ainsi, ce qui devait hâter la chute du Césarisme, le Christianisme et l'épiscopat, sous un autre point de vue, le protège. Enfin la Gaule, excitée par le vieux druidisme, s'agite : les bagaudes ne sont pas appuyés : on se méfie du peuple, de ce côté de la Méditerranée comme au pied de l'Atlas; on ne se risquera pas à un entraînement populaire...

— Les Hérules ravagent Cyzique et la Mésie.

— Auréolus se prononce de nouveau contre Gallien, descend en Italie et s'empare de Milan. Gallien marche à sa rencontre, le défait à Pontirole et l'assiège dans Milan.

— Odénat périt assassiné... Sa femme, Zénobie, ose prendre sa succession, et se fait proclamer reine d'Orient. Descendante des Ptolémées, célèbre par sa beauté, sa chasteté, son esprit, ses études ; parlant grec, latin, égyptien, syriaque ; une vraie amazone, supérieure à la prospérité, mais qui ne sut pas aussi bien porter l'infortune. Repoussée par les Césars, elle s'allie aux Perses et défait Héraclien, envoyé contre eux. La Gaule indépendante, l'Orient séparé, l'Égypte enlevée, l'empire pouvait être attaqué avec avantage. Maîtresse des greniers de l'Egypte, Zénobie tenait Rome à sa merci.

— La suite prouve que le gouvernement de Zénobie fut dû principalement aux conseils virils de Longin, et d'autres auxquels il est juste de dire que cette reine, amoureuse de gloire, ne demandait qu'à obéir. Quels furent donc ces conseils ? Les faits et la vengeance qu'en tira Aurélien le révèlent. Ce n'était pas une simple association à l'empire que pousuivait la politique du gouvernement de Palmyre, c'était un retour à l'indépendance, c'était la résurrection des nationalités, par conséquent la ruine de l'empire même. Le moment était aussi bien choisi que celui de la révolte de Judée sous Néron (65-69), les Palmyriens n'étaient pas moins ardents pour la cause de l'indépendance que les juifs, et leur royauté bien supérieure pour la direction aux factions de Jérusalem. Mal secondés par les autres provinces, leur courage eut le même sort : tant était puissant le grand corps façonné par la vieille politique du sénat romain ; tant les généraux de la république et les Césars avaient su anéantir toute force de pensée et d'action chez les nations vaincues...

Victoire de Cléodamus et Athénéus, généraux de Gallien, sur les Scythes ou Goths, qui étaient entrés jusque dans le Péloponèse : les barbares, en se retirant, brûlent, saccagent les villes grecques, Thèbes, Argos, Sparte, Corinthe.

Continuation de la guerre avec les Quades, les Sarmates et les Hérules.

268. 20 *mars*. Gallien, détesté pour sa vie nonchalante et épicurienne, est assassiné au siège de Milan, avec son fils, par ses propres officiers, qu'a gagnés Auréolus. Il désigne avant de mourir, pour son successeur, Claudius, qui défait Auréolus et remporte une grande victoire sur les Allemands, près du lac de Garda. Il envoie aussitôt Aurélien contre les Goths.

L'avènement de Claude, quoique tenant son pouvoir de la désignation de Gallien, est une antithèse au règne du dernier empereur. Après la victoire remportée sur Auréolus, Claude harangue ses soldats et leur fait comprendre que le pillage des provinces, en mettant les populations à la misère, arrête la production des soldats, en sorte que les armées se détruisent elles-mêmes par l'exercice du droit de conquête que depuis Jules César elles se sont arrogé. C'est un suppliant qui adresse au nom des peuples opprimés une humble remontrance au souverain. Pour appuyer les bonnes intentions de Claude, le Sénat voue à l'infamie la mémoire de Gallien et condamne ses amis à être précipités du Capitole. Le peuple, exalté par ces démonstrations, le voue aux dieux infernaux. L'empereur seconde de son exemple ces bonnes dispositions : une vieille femme vient lui réclamer publiquement son héritage, que lui, Claude, a reçu comme part de butin des confiscations du dernier règne. Il restitue sans mot dire l'héritage demandé !...

269. Mort de Valérien, prisonnier de Sapor. Claude défait 320.000 Goths, près de Nissa, en Mésie, et leur coule plus de 2.000 barques, d'autres disent 6.000. Il est surnommé le *Gothique*. La lettre qu'il adresse au sénat avant de livrer bataille est d'une mélancolie héroïque et qui rappelle celle du général Bonaparte au Directoire, la veille de la bataille d'Arcole : « Pères conscrits, sachez que 320.000 Goths ont envahi les domaines de Rome. Si je les défais, votre gratitude sera la récompense de mes services; si je succombe, n'oubliez pas que je suis le successeur de Gallien. Nous avons à combattre après Valérien, après Ingennus, Régillianus, Lollianus, Celsus, Posthumius et mille autres, qu'un juste mépris pour Gallien avait forcés à se révolter. Nous manquons de dards, de piques et de boucliers. Les provinces les plus belliqueuses de l'empire, la Gaule et l'Espagne, sont entre les mains de Tétricus; et nous rougissons d'avouer que les archers d'Orient appartiennent à Zénobie. Quoi que nous fassions, pères conscrits, ce sera assez grand! »

La mémoire de Décius fut vengée par Claude : mais ce succès se trouve compensé d'autre part : Zénobie soumet la Syrie, l'Égypte, l'Arménie, et mérite de plus en plus le titre de reine d'Orient. Cette femme, ou plutôt son conseiller Longin, est le seul homme qui voie clair à cette heure dans les affaires; seul, au lieu de combattre pour l'empire, comme les prétendants vulgaires, il comprend qu'il faut combattre contre l'empire, ou retomber sous une tyrannie sans fin. Le changement des Césars ne change rien au Césarisme, et Claude, Aurélien, de même que Valérien et Décius, accusent Rome tout autant que Commode, Caracalla, Héliogabale et Gallien. Au lieu d'un vain titre, il sent qu'il faut chercher la LIBERTÉ ! Si Claude succombe à Nissa, comme Décius sur le Danube (en 250), si la Gaule et l'Espagne agissent, Rome est perdue et l'univers délivré. Que faisait à cette heure le lâche Tétric, l'empereur de Bordeaux? il refoule l'insurrection des paysans qui, sous le nom de *Bagaudes*, commandés par Arnand et Elian, essayaient de secouer le joug et chassaient les receveurs impériaux, et garde la Gaule pour la remettre à Aurélien, quand les autres ennemis de Rome auront été vaincus.

— Un nouveau concile s'assemble contre Paul de Samosate, qui cette fois est déposé.

[A ce concile, qui eut à se prononcer sur le dogme de l'incarnation du Verbe, le mot de *consubstantiel*, ομοουσιος, fut rejeté par le concile, ou comme exprimant un non-sens, ou comme impliquant hérésie.]

Un prêtre d'Antioche, nommé Melchion, directeur des écoles, se porta accusateur de Paul de Samosate et parla seul contre lui. Paul, sommé de s'expliquer sur ses opinions, fut convaincu, thèse facile en un temps où il n'existait pas de profession de foi, où tout esprit supérieur était taxé d'hérésie, d'idées contraires à celles généralement reçues dans l'épiscopat, et dénoncé à toute l'Église comme un épicurien et un impie. Par malheur, il est trop certain que son crime fut la faveur dont il jouissait auprès de Zénobie; on craignait que par la protection de cette reine, il ne devint primat d'Orient; de plus, en le frappant, l'épiscopat chrétien faisait acte de fidélité à l'empire et de courtisanerie à César. *Nolumus hanc regnare supernos*, semblaient-ils dire comme les pharisiens à Pilate.

Anatolius, directeur de l'école chrétienne d'Alexandrie. Partisan dévoué de l'empire, il avait contribué singulièrement à conserver la ville aux Romains, et avait profité de son crédit auprès des habitants et du général romain pour sauver la vie à une foule de chrétiens et d'idolâtres. Il assista au concile qui prononça la déposition de Paul.

Ainsi l'épiscopat appuie dans la Gaule, en Égypte et en Syrie, la cause impériale et trahit celle de Jésus-Christ.

270. *Octobre.* Claude meurt de la peste à Sirmium, à quarante-sept ans, après deux ans et demi de règne. En mourant, il recommande Aurélien pour son successeur. — Depuis Antonin le Pieux (161), on n'avait pas vu d'empereur mourir de maladie; et pendant toute la période césarienne en Occident, sur environ cent Augustes et Césars, y compris les dix-neuf prétendants sous Gallien, il n'y en a que quatorze qui finissent d'une manière naturelle.

Celui qui tient l'épée périt par l'épée, dit l'Évangile. Toute la destinée du Césarisme est là.

Aurélien était fils d'un simple paysan de Sirmium, fermier d'Aurélius, sénateur. Par une rencontre heureuse, il fut proclamé au lieu de sa naissance. Il avait pris du service dans les légions comme simple soldat, et avait été tour à tour centurion, préfet de légion, inspecteur des camps, géral de frontière, commandant en chef de la cavalerie, consul sous Valérien ; il était entré, par mariage, dans la famille de Trajan. Dans les batailles où il s'était trouvé, il avait tué mille hommes de sa propre main; aussi les soldats le célébraient dans leurs chansons :

Mille, mille, mille, occidit.

Sa mère avait été sacristaine dans une chapelle dédiée au

Soleil; Aurélien garda cette influence toute sa vie et eut toujours une grande dévotion au Soleil.

Régulièrement élu par l'armée, sur la désignation de Claude, il se débarrasse d'abord de Quintilius, frère de son prédécesseur, qu'avait mal à propos reconnu le sénat. Puis, à l'exemple d'Adrien (117), il divise sa tâche, accorde la paix aux Scythes et aux Goths, renonce à la Dacie et se tourne contre les Allemands. Un grand nombre sont massacrés sur le haut Danube, le long de la forêt Hercynienne; le reste, cerné, est contraint de demander la paix. Mais bientôt les vaincus forcent le passage, rebroussent chemin et se montrent aux environs de Milan.

271. Le péril devient extrême; le sénat ordonne de consulter les oracles sibyllins : l'empereur lui-même propose d'immoler tous les prisonniers de guerre. Des processions sont célébrées et faites partout pour apaiser les dieux; on commence à entourer Rome de murailles. Aurélien excite sans cesse le sénat et provoque des résolutions énergiques : « On vous prendrait, lui dit-il, pour une assemblée de chrétiens! » L'effet de ces conjurations retentit dans l'armée des barbares; dans ces processions de prêtres, de jeunes garçons et de jeunes filles, ils croient voir des légions de spectres combattant avec Aurélien.

Battu d'abord à Plaisance, l'empereur extermine l'ennemi dans deux combats, à Fano et à Pavie; et l'empire est encore une fois sauvé!

Tant de périls et tant d'efforts exigeaient partout des réformes sévères : Aurélien en fut le héros. Désormais la discipline est à l'ordre du jour dans l'armée, et la tempérance commandée au peuple. Aux soldats, Aurélien défend le jeu, l'ivrognerie, la maraude et le libertinage. « Ce que l'État leur donne, dit-il, doit leur suffire pour subsister. Qu'ils enlèvent les dépouilles de l'ennemi; leurs richesses ne doivent pas être trempées des larmes des citoyens. » Il fit écarteler un soldat qui avait séduit la femme de son hôte : il y a loin des règlements d'Aurélien à la licence d'Antoine et de Jules César! Au peuple, il fait entendre qu'il faut songer à travailler et ne plus compter sur les distributions : « Aimable peuple, dit-il de la multitude romaine, le plus aimable du monde quand il est bien nourri ! » Ce mot peint la situation. Le Césarisme s'avoue vaincu, dans son système d'extorsion à la fois soldatesque et populaire. La plèbe commence à être prise en mépris par les chefs militaires ; le pouvoir impérial se concentre dans l'armée, et délaisse tout à fait le Forum, devenu un foyer de parasitisme aussi odieux aux soldats qu'aux provinces. Les Césars sont loin encore de se faire chrétiens, et déjà ils ne sont plus que des agents révolutionnaires !

L'empire pourrait donc être sauvé. Si la conversion commencée par Décius et Valérien, reprise par Claude et son digne successeur, continuée bientôt par Tacite, Probus, Carus, peut se soutenir, si elle est efficacement secondée par les magistratures civiles et le dévouement des peuples, la réforme, vaguement pressentie par les Césars, entrevue par les Antonins, peut s'accomplir sur des données nouvelles, supérieures aux vains palliatifs des Gracques. Mais la plaie est horrible ; la maladie est devenue constitutionnelle et chaque jour éclate en des symptômes plus alarmants. Deux monstres nouveaux, nés des profondeurs du Christianisme, pires que les prostitutions des agapes et l'anarchie épiscopale, se préparent à fondre sur l'empire : c'est Manès, le théoricien du péché originel ; c'est Antoine, le fondateur de la vie cénobitique, et qui, en haine de la nature corrompue que lui dénonce Manès, se fait l'assassin systématique du corps, de l'âme et de l'esprit dans l'humanité. (Cf. cher. MANÈS, et ANTOINE, *Varios* Fleury, t. II. — (Peindre le personnage.)

Le communisme primitif s'est réfuté lui-même et réduit à l'absurde : on l'abandonne, non pas qu'on le condamne, mais parce que c'est une vie trop parfaite, qui ne convient qu'aux saints et aux anges !... Les moineries seront les musées et conservatoires chrétiens, où l'on montrera en spectacle l'idéal de la vie fraternelle et comme un échantillon de la béatitude de l'autre vie !...

Ainsi, le Christianisme dévie de plus en plus de sa ligne : la courbe qu'il parcourt l'a déjà presque tourné contre sa première direction. A force de chercher la spiritualité, il aboutit au suicide!...

— Mort de Sapor, assassiné : Hormisdas, son fils, lui succède.

272. Aurélien commence par se débarrasser de Tétric, qui, fatigué de la pourpre ou sentant son impuissance, appelle lui-même son rival et trahit ses propres soldats. Bataille de Châlons, en Champagne, où l'armée rebelle, abandonnée par son chef, est taillée en pièces par Aurélien. — Reprise de Lyon et Autun : la Gaule, vendue et pacifiée, se rattache de nouveau à l'empire. — Les druides n'étaient plus, et qu'importait aux évêques?...

Aurélien part ensuite pour l'Asie et soumet, chemin faisant, les Goths et autres barbares.

273. Campagne d'Aurélien contre Zénobie : elle fut un chef-d'œuvre de prudence et de rapidité. Battue d'abord dans deux batailles consécutives, à Antioche et à Émèse, Zénobie n'était pas vaincue; il fallait la forcer dans sa capitale, située comme une oasis au milieu d'un désert de sable, à quinze journées de marche de la côte de Syrie. Il commence par faire reprendre l'Égypte par Probus, et concentrant toutes les forces de l'ennemi dans Palmyre, il assure la marche de ses convois. Une armée entière remplissait ce travail, pendant que l'autre, sans cesse harcelée par les Arabes, vaquait aux travaux du siège. Le génie de Rome l'emporte sur celui de l'Orient; Zénobie, forcée de fuir, est arrêtée par un détachement d'Aurélien et amenée au vainqueur, qui pardonne à la ville, y met garnison, et retourne en Europe. A Byzance, Aurélien apprend tout à coup que les Palmyréniens ont massacré la garnison et ont proclamé leur indépendance : c'est la seconde fois que, maître de l'ennemi par la supériorité de la stratégie et des armes (269), il le laisse échapper. L'empereur irrité revient aussitôt sur ses pas; Palmyre, bientôt forcée, est détruite de fond en comble et mise en l'état où les voyageurs la voient encore aujourd'hui. Tout est massacré : ni le sexe ni l'âge ne purent servir d'excuse au vainqueur. Le souvenir des révoltes des juifs et des Arabes, sous Trajan et Adrien, pesa encore sur ceux de Palmyre. La royauté de l'Orient passa comme une ombre; mais la victoire d'Aurélien, provoquée par les plus détestables conseils, coûta cher à la civilisation. Palmyre, ville d'entrepôt entre l'Inde et l'Europe, une fois anéantie, les communications avec le haut Orient, par terre et par le golfe Persique, furent supprimées. Elles n'ont pas encore été rouvertes.

Zénobie, par une flatterie adroite, sut fléchir Aurélien, qui lui rendit une existence honorable et en fit, ainsi que de Tétricus, un des personnages les plus considérables de Rome. Les filles de Zénobie devinrent de grandes dames romaines : on cite même un évêque de Florence, au IVe siècle, Zénobius, descendu, à ce que l'on croit, de cette reine. Le sceptre d'Orient tombé de quenouille en crosse! Quelle destinée! — Mais Aurélien sévit contre Longin et les autres amis de Zénobie, qu'elle livra, préférant à la mort l'ingratitude et la honte.

Probus achève la pacification de l'Égypte. Un Firmus avait essayé de se faire reconnaître, dit-on, empereur pendant l'expédition de Palmyre; il s'était emparé d'Alexandrie, avait rassemblé une armée, battu monnaie, etc. C'était un effet des combinaisons de Zénobie. Pris par Aurélien, il est mis à mort.

— Ici nous retrouvons un nouvel exemple du méchant esprit qui anime les Églises chrétiennes. Paul de Samosate, qui, malgré la condamnation du concile, s'était maintenu dans son Église, maintenant privé de sa protectrice, est dénoncé à Aurélien par ses accusateurs. Plus heureux ou plus prudent que le philosophe Longinus, il ne fut point mis à mort comme complice de la révolte de Palmyre. Aurélien se contenta d'ordonner que la ville d'Antioche reconnaîtrait pour évêque celui à qui l'évêque de Rome adresserait ses lettres. C'était dire assez clairement que les chrétiens seraient tolérés s'ils étaient amis de l'empereur! Fleury n'a pas l'air de le comprendre. Il ne voit là qu'une preuve de la prééminence du pape. « Tant il est vrai, s'écrie-t-il, que la marque du vrai chrétien, aux yeux des païens eux-mêmes, était la communion avec l'évêque de Rome. »

C'est pendant cette guerre qu'Aurélien, passant à Tyane et résolu de saccager la ville, eut une vision dans laquelle le sage Apollonius lui apparut, ensuite de quoi l'empereur épargna la ville et bâtit un temple au philosophe. La vision de Constantin allant contre Maxence a donc ici un précédent tout trouvé. Les *saints* vont prendre insensiblement la place des dieux : c'est là le véritable caractère du Christianisme. L'historien Vopiscus, en rapportant ce trait de la vie d'Aurélien, dit : « Qu'y a-t-il parmi les hommes de plus grand, de plus saint, de plus divin que ce personnage? Il a ressuscité des morts; il a fait et dit une multitude de choses qui surpassent l'humanité. Ceux qui voudront connaître sa vie peuvent lire les livres grecs qui ont été composés à ce sujet. » Vopiscus se promet ensuite de raconter à son tour cette édifiante histoire : et quelle face prendrait celle des empereurs et de l'Église, si nous savions ce qui s'est passé du Ier au VIe siècle, en dehors du mouvement chrétien, pour la réforme de la société et le progrès de la civilisation générale!...

274. Triomphe d'Aurélien : le premier il paraît en public le front ceint du diadème. Derrière son char figurait Tétric, le Judas gaulois, et la fameuse reine d'Orient, si chargée de pierreries, qu'elle ne pouvait marcher qu'appuyée sur deux de ses femmes; mais Jules César faisait, après son triomphe, égorger Vercingétorix; Aurélien rendait biens et honneurs à Tétric et Zénobie. Les Césars savent séparer l'homme de l'idée : ce n'est ni la femme d'Odénat, ni le successeur de Victorin que l'on poursuit, c'est la pensée d'indépendance, de nationalité.

Défaite des Allemands par Constance et des Francs par Probus.

Aurélien bâtit un temple au Soleil; le culte mithriaque est admis comme religion de l'empire; jeux et cérémonies à cette occasion. (Cf. sur le même fait un savant mémoire cité quelque part par Matter, *Hist. de l'Égl.*, t. Ier.)

Une sédition furieuse éclate à Rome, à l'occasion d'une réforme des monnaies. Le peuple et les prétoriens en viennent aux mains : il y périt 7.000 des meilleurs soldats d'Aurélien, qui étouffe la révolte dans des torrents de sang. Les causes de cette insurrection sont peu connues; les historiens l'attribuent à la réforme monétaire, ce que Gibbon démontre être absurde. Il y a plutôt lieu de croire qu'elle eut sa source profonde dans l'opposition entre la plèbe et l'armée, autrefois confondues dans leurs intérêts et maintenant divisées, par suite de la prépondérance des soldats et du mépris des empereurs.

Des hommes influents l'excitèrent en secret et mirent par cette guerre intestine sérieusement en question le pouvoir militaire. Aurélien, dégoûté, s'empresse de quitter Rome : il sentait que son camp était sa vraie capitale. (Cf. ??)

— La soie est apportée de l'Inde en Europe par des religieux, qui établissent pour cette fabrication des manufactures. (Cf....)

275. Aurélien se dispose à marcher contre les Perses. Pour se rendre les dieux, c'est-à-dire la conscience publique, favorables, il rend un édit contre les chrétiens : c'est la neuvième persécution, qui n'eut que peu de résultats : l'édit de l'empereur, d'après le témoignage de Lactance lui-même, n'étant pas même parvenu aux provinces lorsqu'il fut tué (avril) à Cœnophrurium, en Thrace, par ses propres officiers, auprès desquels il avait été calomnié.

A la mort d'Aurélien, le prétorianisme est au désespoir. Il se sent frappé à mort. Sous cet empereur et sous Claude, l'empire avait triomphé de tous ses ennemis les plus redoutables; les légions étaient victorieuses, leur règne semblait assuré, autant que leur gloire. Aurélien mort, l'élément militaire sent qu'il ne retrouvera pas un représentant aussi énergique, et que le peuple se retirant, c'est fait des prétoriens. La douleur du soldat est si grande que pendant six mois il refuse de nommer un empereur; pendant six mois, par un phénomène qui a bien aussi sa valeur, l'empire reste sans maître, sans usurpateur, sans révolte ! c'était ainsi qu'après la mort de Romulus, assassiné comme Aurélien par une influence civile ou patricienne, il y avait eu une vacance de douze mois : le peuple ne voulant pas d'autre que son cher Romulus. Choisissez vous-mêmes, disent les soldats au sénat : et le sénat, par une politique égoïste et maladroite, leur donne Tacite, un vieillard de soixante-quinze ans, de la famille de l'illustre historien, mais étranger à l'armée, et dont l'âge ne pouvait supporter le poids des destinées, de plus en plus difficiles, de l'empire.

Devant l'histoire, Tacite, nommé malgré lui, mérite tous éloges : mais son élection n'en fut pas moins une faute, qui révélant l'opposition faite au prétorianisme, devait amener par le mécontentement du soldat de nouvelles catastrophes.

Il fallait, dans cette circonstance délicate, aller au but par une voie plus détournée, ne rien imposer à l'armée et attendre tout de ses chefs, des empereurs eux-mêmes. Dèce, Valérien et Claude avaient manifesté les meilleures dispositions, tout en demeurant chers aux soldats. La joie des sénateurs éclata avec scandale; d'après Vopiscus, l'avènement de Tacite fut célébré par des hécatombes. « Sors de ton indolence, écrivait un sénateur à un de ses amis, arrache-toi à la retraite de Baïes et de Pouzzoles. Livre-toi à la ville, au sénat. Rome renaît : la république fleurit. Rendons mille actions de grâce à l'armée romaine, à une armée vraiment romaine. Notre juste autorité est enfin rétablie. Nous recevons les appels, nous nommons les proconsuls, nous créons les empereurs! »

Paroles indiscrètes, que devait démentir trop tôt une tyrannie plus rude encore que celle d'Aurélien et de Sévère !

Les Francs, les Bourguignons, les Vandales saluent l'avènement de Tacite par une invasion dans la Gaule ; les Scythes débouchent par le Caucase et se répandent jusqu'en Cilicie ; Tacite se hâte d'envoyer Probus pour rétablir les affaires d'Orient.

276. Tacite se rend au camp de Thrace, fait aux soldats

des distributions considérables, soumet les Alains et les Scythes d'Asie et meurt, 12 *avril*, de fatigue, de vieillesse et du chagrin que lui cause la licence des soldats. L'armée avait supporté, en grondant, Tacite, par respect pour ses cheveux blancs et par égard pour le sénat, à qui elle avait re[illegible]is le soin périlleux de l'élection ; elle n'entendait pas pour cela se mettre sous la main du pouvoir civil.

Florien, frère de Tacite, essaie de prendre la pourpre et tient bon trois mois : il est tué à Rome par ses soldats ; la foudre frappe ses statues et celles de Tacite son frère. A cette occasion, une prophétie court parmi le peuple : qu'après mille ans révolus, un autre empereur du sang de Tacite viendrait soumettre les Parthes, imposer les lois de Rome aux Francs, aux Allemands et aux Sarmates, conquérir la Bretagne et Ceylan ; puis qu'il rétablirait le sénat suivant les anciennes lois, vivrait cent vingt ans et mourrait sans héritier. Cette prédiction ressemble trop aux rêveries messianiques pour n'en être pas une contrefaçon ou une caricature. Quand les peuples sont à l'agonie, ils font des châteaux en Espagne !...

Probus est élu à la place de Florien par les soldats et confirmé par le sénat, malgré sa répugnance très sincère. Comme Tacite et Claude, il voyait les misères sans gloire de l'empire et repoussait ce calice d'amertume. Ainsi les honnêtes gens n'ont plus foi à l'empire : il n'y a plus réellement que des scélérats ou des imbéciles qui l'ambitionnent (280).

Probus, originaire d'Illyrie, compatriote d'Aurélien, de Claude et de Dèce, âgé de quarante-quatre ans, est le symbole de la réconciliation des deux pouvoirs civil et militaire : son élection annonce la fin prochaine du prétorianisme. Représentant d'une idée, qu'il servit avec trop de zèle, il en sera le martyr. Peut-être devait-il plus à un régime qui, tout affreux qu'il fût pour les peuples, avait aussi sa justice : voici l'état de services de Probus.

Tribun à vingt-six ans, décoré par Valérien d'une multitude de bracelets, de colliers, de drapeaux, d'épées d'honneur et de couronnes civiques; colonel de la 3e légion, puis de la 10e; il avait fait campagne en Afrique, dans le Pont, sur le Rhin, le Danube, le Nil et l'Euphrate; conquérant et pacificateur de l'Égypte. Proclamé par les soldats, il soumet son élection à la ratification du sénat — qui se montre vivement touché de cette déférence. Le nouvel empereur lui permet de diriger l'administration civile et semble se regarder comme son général. Mais le temps n'est pas venu encore de tenter cette division périlleuse des pouvoirs, et quand Probus mérite tous les éloges des gens de bien, il déplaît à l'armée, de moins en moins civique, et qui ne sait ce que c'est que la liberté.

Sous Probe, servent une foule de généraux qui presque tous arriveront à l'empire; Carus, Dioclétien, Maximin, Constance, Asclépiodote, Galérius, Licinius, etc.

Probus punit les meurtriers d'Aurélien, fait un traité de paix avec les Francs et leur permet de s'établir dans la Gaule. Il emploie, dans les temps de paix, le soldat à des travaux d'utilité publique, circonstance qui prouve combien vaines étaient les prétendues colonies; il fait planter la vigne sur les coteaux du Rhin et de la Moselle, et rend partout libre cette culture prohibée par Domitien.

277. Probus purge la Gaule des barbares qui l'infestaient, ramassis de Francs, Lygiens, Bourguignons, Ariens, Vandales. La race entière des Lygiens est anéantie. Puis il passe le Rhin, triomphe des Germains révoltés, exige la reddition de tous les prisonniers qu'ils avaient enlevés, et songe même à désarmer entièrement la nation.

Un corps de Francs, que Probus avait transporté sur le Pont-Euxin, donne un exemple étonnant d'audace : il s'empare de quelques vaisseaux dans les ports, part de la mer Noire, descend l'Archipel et s'en revient en Franconie par le détroit de Gibraltar, pillant toute la côte sur son passage.

Déjà on les avait vus (260) partis de leur pays, traverser la Gaule et l'Espagne et tomber sur l'Afrique.

Apicius, gastronome, écrit sur la cuisine. — Cet homme est un sarcasme.

278. Pacification de la Rhétie, de l'Illyric et de la Thrace ; expulsion des Goths par Probus. Il élève un mur de pierre, flanqué de tours, de 200 milles de longueur, depuis Régensbourg, sur le Danube, jusqu'au Rhin. Ce mur fut détruit peu d'années après.

Les paysans de Souabe, qui en contemplent encore les ruines, attribuent cet ouvrage au démon.

279. Nouvelle expédition de Probus en Illyrie, Thrace, Asie et Ethiopie. Partout il est heureux. Il avait conçu le projet de rendre la vie aux frontières en les peuplant de colonies de barbares : quelquefois il réussit, plus souvent ses espérances sont trompées.

280. Proculus, d'Albenga, côte de Gènes, commandant en Gaule, veut se faire empereur et profite de son éloignement : il est bientôt défait, livré par les siens et tué. C'est ce Proculus qui, d'après l'*Histoire augustine*, ayant capturé cent jeunes filles sarmates, se vantait de les avoir dépucelées toutes en quinze jours : *Ex his una nocte decem inivi; omnes tamen, quod in me erat, mulieres intra dies quindecim reddidi.* Quel titre à la dignité impériale ! — Bonose, Espagnol, se révolte sur un autre point de la Gaule et est bientôt forcé de s'étrangler. Celui-ci avait un talent d'une autre espèce, qui était de boire sans s'enivrer. L'indignation saisit à la vue de pareils prétendants. Les sommités sociales commencent à s'affranchir de l'orgie césarienne : le siècle des prétoriens rivalise avec les plus beaux temps de la république pour la vertu des empereurs ; mais la dissolution descend encore : elle atteint aux régions inférieures, tout est perdu. Déjà, auparavant, Saturnin, Maure ou Gaulois, avait pris la pourpre en Égypte, comme il était arrivé déjà à son homonyme sous Gallien (261). C'était un rhéteur de quelque mérite, quand il obéissait à autrui, mais sans jugement. Il est bientôt défait et tué.

Guerre de Probus contre les Perses : la Perse est le passe-temps des empereurs, quand les autres parties de l'empire les laissent en repos. Probus les contraint à la paix.

281. Probus, vainqueur de tous les ennemis de l'empire

au dedans et au dehors, jouit du triomphe. Aux magnificences de cette solennité, on vit au milieu du cirque une forêt transportée à bras d'hommes, peuplée de 1.000 daims, 1.000 cerfs, 1.000 autruches, 1.000 sangliers, qui furent abandonnés à la multitude. Le lendemain parurent, pour les combats, 100 lions, 100 lionnes, 200 léopards, 300 ours et 600 gladiateurs. 80 de ceux-ci se jettent à l'improviste sur leurs gardiens, les tuent, se répandent dans la ville, qu'ils remplissent de meurtres et d'épouvante, comme si toutes les bêtes s'étaient échappées de l'arène : ils ne succombent que devant des troupes régulières, en vendant chèrement leur vie.

Ainsi, depuis quatre siècles, tandis que les classes supérieures, travaillées par les idées, subissaient une transformation incessante, passant du sensualisme désespéré de Lucullus et de Sylla à la frugalité d'un Probus, d'un Carus, d'un Dioclétien, la plèbe ne changeait pas : comme les animaux dont elle repaissait sa curiosité stupide, elle gardait sa sauvagerie, obligeant ses empereurs à la flatter et lu faire leur cour.

282. Probus s'empare de Ctésiphon, de l'autre côté de l'Euphrate.

De retour en Illyrie (août), il est assassiné à Sirmium, sa patrie, autant pour sa politique de réforme, que pour la rigidité de la discipline et les travaux qu'il imposait aux soldats.

Dans son zèle de réformateur et d'économiste, Probus avait laissé trop voir aux soldats l'esprit nouveau qui l'animait, esprit qui dépassait le Christianisme lui-même de douze siècles. Il lui était échappé de dire *qu'un temps viendrait où l'empire n'aurait plus besoin ni de soldats ni de tributs!..*,

Aurélien, jetant le sarcasme à l'aménité du peuple romain, aimable quand il était soûl, n'avait exprimé qu'une moitié de la vérité : Probus la disait tout entière ; il ne pouvait être pardonné. — La destinée, longtemps outragée, s'acharne sur les empereurs. Le crime des Césars est inexpiable : les Antonins n'ont pu obtenir grâce ; après eux, Pertinax, Décius, Valérien, Claude, Aurélien, Tacite, Probus apparaissaient successivement comme de nobles victimes. Ni le courage, ni la vertu ne les peuvent soutenir; la pourpre prétorienne les brûle comme la robe de Déjanire.

A peine le crime est commis que les soldats pleurent leur empereur et lui élèvent un tombeau avec cette inscription : *Hic Probus, et vere Probus, situs est victor gentium barbarum, victor etiam tyrannorum.*

Probus est remplacé par Carus, qui nomme aussitôt Césars ses deux fils, Carin et Numérien, et marche ensuite contre les Perses.

[— De l'empire de Carus au sixième consulat d'Honorius (404), 120 ans, les consuls furent constamment absents de Rome au 1er janvier.]

Carus, homme de valeur, du caractère de Probus : élu par le soldat, il n'eut pas, dit-on, pour le sénat les mêmes égards que son prédécesseur. C'était impossible. L'événement qui lui donnait la pourpre était une contradiction aux tendances de Probe, déjà si funestes à Maxime, à Balbin, aux trois Gordiens, etc. Tout principe faux ou vrai passé à l'état d'institution ne peut se détruire qu'en s'épuisant.

283. Carus reçoit une ambassade des Perses dans la simplicité antique d'Agésilas. Il était assis sur le gazon, vêtu d'une vieille casaque rouge qui lui servait de manteau impérial et soupant d'un plat de pois au lard. Il dit aux Perses, en ôtant son bonnet et montrant sa tête chauve, que s'ils ne satisfont au peuple romain, il rendra leur pays aussi dégarni d'arbres que sa tête l'est de cheveux. Et il était en train de tenir parole; déjà il avait pris Solemie et Ctésiphon et passé le Tigre, quand il fut tué, le 25 décembre, d'un coup de foudre suivant les uns, assassiné dans sa tente suivant les autres, ambiguïté qui lui est commune avec Romulus. Carus donnait aussi de belles espérances : la superstition du soldat, qui croit à une menace des dieux, force Numérien à rétrograder et fait la ruine des enfants de Carus.

284. Numérien est assassiné à Chalcédoine huit mois après la mort de son père, par Apes, son beau-père, commandant des prétoriens, qui aspirait à la pourpre. Le traître ne jouit pas du fruit de son crime : accusé par les soldats et traduit en conseil de guerre, il est poignardé en plein tribunal par Dioclétien, général de l'armée d'Illyrie, qui est aussitôt proclamé.

Célébration des jeux à Rome, par Carin, fils de Carus. Ils surpassent par leur magnificence ceux de Philippe, d'Aurélien et de Probe. Le poète Calpurnius, flatteur de Carin, les célèbre dans ses églogues, où il compare son héros à Mars et Apollon, *Et Martis vultus et Apollinis esse putavi.* Cet Apollon avait, en quelques mois, épousé et répudié neuf femmes, sans compter une multitude de concubines ; et par son impudence, ses prodigalités, il rappelait les jours d'Héliogabale et de Commode. Autres temps, autres mœurs. Le Césarisme n'est plus à ce diapason ; aussi, malgré les applaudissements de la plèbe de Rome, Carin, indigne de l'héritage paternel qu'il déshonore, Carin est condamné.

Dioclétien nomme Tiridate, fils de Khosroès, roi d'Arménie, reçoit des ambassadeurs venus de la Chine et s'avance contre Carin.

— Publication du Thalmoud. — (Cf. Buret et Munk.)

Stobée, auteur grec ; — Némérien et Calpurnius, poètes bucoliques : ils comprennent bien leur siècle !...

Silence profond dans l'Église : à Nicomédie, les chrétiens bâtissent un temple dont la magnificence éclipse celle des palais impériaux.

285. Julianus Sabinus, proclamé empereur en Italie, est d'abord tué par Carin, qui défait ensuite Dioclétien à Margus, en Illyrie, et tombe assassiné par un tribun dont il avait violé la femme. Ce meurtre, plus que la perte de la bataille, prouve que les empereurs de l'espèce de Carin étaient devenus impossibles.

Ici commence l'époque des partages : il importe d'en marquer la transition. Ce que les fils de Sévère n'osèrent entreprendre et qui coûta la vie à Géta ; ce qui servit longtemps de raison à l'apparent népotisme des empereurs, qu'on voit si fréquemment, et avec si peu de fruit, associer leurs fils à l'empire, afin d'éviter un partage odieux en se donnant un collègue fidèle : le partage du commandement, et, par suite, de l'État même, Dioclétien va le tenter, et avec un remarquable succès.

Il choisit pour César un compagnon d'armes, aimé du soldat, Maximien.

Celui-ci rappelait par son caractère autant que par son nom l'ancien empereur Maximin, qui, regardé comme un tyran par le sénat et le peuple, n'en fut pas moins aimé du soldat. Que l'un de nous tienne les légions, se dit Dioclétien, pendant que l'autre tiendra le sénat : que l'un soit la tête et l'autre le bras : celui-ci homme d'État et celui-là troupier, et l'empire est sauvé !...

Telle fut d'abord la séparation imaginée par Dioclétien. Elle n'excluait cependant, chez l'un ni chez l'autre, pas plus l'action militaire que l'influence civile : c'était une vraie société, en nom collectif, dont les gérants, avec des facultés différentes, réunissaient cependant chacun tous les pouvoirs et servaient un intérêt unique.

C'était un premier pas : il est clair que les choses n'en resteraient pas là. Ce qui fait honneur à Dioclétien et à Maximien, c'est que leur amitié fut inaltérable et leur dévouement à la chose publique égal.

Dioclétien donne à son collègue le surnom d'Herculius, pendant que lui-même prend celui de Jovius. Il envoie Maximien contre les chefs des bagaudes, Amand et Elien, qui venaient eux-mêmes de se faire empereurs !... Misérables, qui ne comprenaient pas que pour combattre et vaincre l'empire, il faut, comme Zénobie, affirmer le principe contraire, la nationalité !...

Dioclétien va de son côté combattre les Perses.

285-305. *Système de Dioclétien.* C'est une réaction énergique contre les tendances des derniers empereurs, Dèce, Valérien, Claude, Tacite et Probe.

Les prétentions du sénat avaient été éveillées sous ces empereurs et surexcitées : les proscriptions de Maximien Hercule firent rentrer ce corps dans le néant.

Les prétoriens, de leur côté, semblaient s'unir au sénat pour défendre l'antique majesté de Rome. Insensiblement, Dioclétien diminua leur nombre, abolit leurs privilèges et finit par leur substituer deux légions sûres, les *Joviens* et les *Herculiens*, ainsi nommés des prénoms qu'il s'était donnés à lui et à son collègue.

Le peuple avait l'habitude de regarder les empereurs comme ses premiers magistrats et de converser familièrement avec eux; cette familiarité déplut. — Les empereurs cessant d'habiter Rome, les vieux titres de magistrature tombèrent en désuétude; en même temps, la dignité impériale prit le caractère des monarchies orientales. Dioclétien porta le diadème, prit le nom de *Dominus*, *Majesté*, etc., etc., et fut vraiment roi. Il eut ce qu'on appelle une cour, des eunuques, etc. — Du reste le pouvoir indivis; les édits signés en commun.

Ainsi Dioclétien marque la transition de l'impérialisme ou prétorianisme à la monarchie proprement dite : il ne faut pas se le dissimuler, c'était un PROGRÈS.

Son système fut donc suivi par ses successeurs, mais seulement en ce qui touchait la prérogative monarchique et l'orgueil du commandement ; pour le surplus, il fut altéré par Galérius et Constantin.

Tout cela entraîne augmentation de dépenses, de taxes, etc. Sans doute ; mais c'était forcé. C'est la loi et la condamnation de tout système vicieux qu'il coûte plus qu'il ne rapporte : suivant le proverbe vulgaire, on peut dire à cette heure de l'empire romain *que le jeu n'en vaut plus la chandelle.*

286. Les bagaudes étaient vaincus d'avance, aussi bien trahis par leurs simulacres d'empereurs, Amand et Elien, que par Tétric, le traître qui avait fait tuer ses soldats par Aurélien : Maximien paraît, et la révolte est écrasée.

Incursion des Saxons, des Juthes, des Varnes, des Angles, riverains de la Baltique. Carausius, envoyé pour les réprimer et accusé de péculat, se soustrait à l'infamie en prenant aussi la pourpre; il s'établit dans la Grande-Bretagne, se crée une marine et se soutient jusqu'en 294.

Il y a tendance générale dans l'empire, depuis Gallien, au démembrement. Les victoires d'Aurélien et de Probe n'ont fait que suspendre un moment la dissolution : elle est avouée par le dualisme même de Dioclétien et Maximien.

287. Carausius est reconnu par les Francs, il s'unit à eux contre l'empire; en même temps, il est appuyé par une irruption de Bourguignons, d'Allemands et d'Hérules en Illyrie.

Au nord, les Scandinaves se jettent sur l'Irlande.

— C'est à cette année qu'on place le prétendu martyre de la légion thébaine, massacrée, dit-on, tout entière par Maximien au passage des Alpes, pour avoir refusé de sévir contre les chrétiens. Fleury, qui rapporte au long cette légende, se dément lui-même en faisant observer que Dioclétien et Maximien furent longtemps *favorables* aux chrétiens et ne rendirent d'édits contre eux *qu'à la fin de leur règne*. L'histoire de l'empire étant vide à cette époque, les légendaires ont imaginé de massacrer *ad majorem Dei gloriam*. Or, si l'imposture a pu faire passer ce martyre de toute une légion (6,500 hommes), que dire des histoires de martyrs, dont on garde le souvenir en France à chaque clocher ?...

288. Maximien passe le Rhin, chasse les Bourguignons et les Allemands et contraint les Francs à la paix.

Oscar, fils d'Ossian, gagne une bataille sur Carausius.

289. Dioclétien entre à son tour en Germanie, revient en Illyrie, bat les Sarmates et les Daces et retourne en Orient. Il donne l'investiture du royaume d'Arménie à Tiridate contre les Perses.

Maximien, ne pouvant forcer Carausius, est réduit à traiter de la paix avec lui.

Oscar, petit-fils de Fingal, est tué par Caïzbar, chef des Belges d'Irlande, ou Furbolos.

290. Dioclétien parcourt, toujours en armes, l'Égypte, la Syrie, la Pannonie et la Gaule cisalpine... De Milan, il envoie Maximien Hercule dans la Gaule. L'empire, en présence de la révolte et de l'invasion universelles, est comme une immense et perpétuelle patrouille : quel métier et quels hommes !...

291. Achilléus se fait reconnaître empereur en Égypte et s'y maintient cinq ans. Traité de Maximien avec les Francs : il leur donne des terres *létiques*, à charge par eux du service militaire; il en use de même avec des Bataves, des Teutons, des Suèves et tous ceux qui demandent des établissements.

Les empereurs songent sérieusement à cette chose sans laquelle ils s'aperçoivent que l'empire ne sera bientôt rien : créer des cultivateurs, afin d'avoir des soldats !

Victoire de Dioclétien sur les Burgondes, les Alains, les Vandales, les Gépides.

292. Dioclétien reçoit les honneurs divins, conformément à l'étiquette impériale. Il prend le nom de *Jovius* et donne à son collègue Maximien celui d'*Herculius*, ce qui fait dire aux flatteurs que Jupiter ordonne et qu'Hercule exécute. Il y avait, en effet, une intention marquée dans le choix de ces épithètes, qui marquaient assez bien le rapport d'attributions des deux empereurs et la différence de leurs caractères. Pour le moment, cette distinction, qui était d'ailleurs plus dans les mots que dans les choses, suffisait.

Mais Jupiter, mais Hercule ne pouvaient déjà plus suffire à la besogne. Comme le Père éternel des gnostiques, qui crée par émanation de son être des dieux égaux et inférieurs à lui-même, Dioclétien et Maximien conviennent de se donner chacun un César, qu'ils adoptent comme fils et s'allient comme gendres ; ce furent Galérius et Constance. Galère, un soldat de la race et de la trempe de Maximien, fut pris par Dioclétien ; Constance, au contraire, caractère doux et de bon conseil, par Maximien. Chacun choisit ainsi le pair de son ami et son contraire; deux amis, assistés de leurs deux fils et de leurs deux gendres, telle fut l'association qu'imagina Dioclétien, pour multiplier sur tous les points l'autorité impériale, en conservant l'unité. Cette tétrarchie est motivée sur les révoltes perpétuelles qui éclatent de toutes parts, annonçant la fin de l'empire, et sur les attaques simultanées, sur un frontière de 1200 lieues, des barbares. L'empereur ne pouvant être partout en même temps, et tout général victorieux étant de droit comme de fait *Impérator*, le plus court, pour éviter l'anarchie funeste de Gallien (260-268), était de créer une quaternité tellement liée qu'elle n'entraînât jamais ni guerre civile ni partage ; et il est juste de dire que si cette combinaison de Dioclétien décelait le péril et la faiblesse de l'empire, du moins, tant qu'il en fut l'âme, elle produisit de bons résultats.

Ainsi la tétrarchie fractionne l'administration, mais laisse subsister l'unité de loi et l'intégrité du territoire; l'empereur, comme un dieu présent sous ses quatre hypostases, peut faire face partout et vaincre l'ennemi. Galère est envoyé en Orient, Constance contre les Bretons; Maximien tient l'Afrique; Dioclétien reste à Rome,

293. Carausius, assiégé par Constance dans Boulogne, est mis à mort par Allectus, son associé, qui se fait à son tour empereur et tient encore trois ans contre Constance. Dans l'intervalle, celui-ci vainc les Francs et les transporte de la Batavie sur la Somme et la Marne; fondateur sans le savoir de la plus grande monarchie de la chrétienté et véritable initiateur de la civilisation chez les barbares. Ainsi la défaite profite aux peuples agresseurs de Rome épuisée autant que le succès : victorieux ou vaincus, il faut également compter avec eux, leur donner des terres, trop heureux qu'ils se décident à les cultiver...

294. Les Carpiens, peuples sarmates, également soumis, obtiennent des terres dans la Pannonie. — Où donc est maintenant la conquête? où est la pensée de César ? qu'est-ce que l'empire ? qu'est devenu le peuple romain ? En violant la liberté des nations et en constituant le despotisme, César, Antoine, Auguste, Tibère ont organisé la mort de Rome, l'anéantissement de la société latine, de la race de Romulus et Numa. Encore si, au lieu de cette extermination permanente des peuples barbares, qui commence aussitôt après la bataille de Philippes, pour aboutir, après une série de triomphes, à la cession de la Mésie, de la Dacie, de l'Arménie, de la Babylonie, de la Belgique, etc., et à l'introduction systématique des barbares dans les provinces si longtemps disputées; — encore si l'empire avait été un instrument de civilisation; s'il n'avait voulu que convertir les peuples, extirper les superstitions, porter la lumière chez les sauvages!... Vaine supposition! L'empire, c'était le pillage, la servitude, l'affront, le vol : il est aujourd'hui confondu et n'a plus la moindre excuse. Tous les empereurs prétoriens déposeront au jour du jugement contre César, et sa politique, et sa tradition corruptrice, et sa hideuse dynastie.

295. Après de longues dissensions, Marsès est reconnu roi des Perses: il tourne aussitôt ses armes contre l'Arménie, qu'il rétablit sous son obéissance, chasse Tiridate et médite la conquête de l'Orient. Il déclare la guerre aux Romains.

— Autun, ruinée par les bagaudes, est rétablie par Constance et ses écoles, alors célèbres, rouvertes.

296. Siège et prise d'Alexandrie par Dioclétien (291). Il fait raser les villes de Busiris et Coptos et abandonne aux Nubiens une portion de l'empire, qu'il ne peut plus défendre. Chaque victoire consacre une reculade de l'empire. Gloire à César!... L'Égypte est livrée aux proscriptions.

Constance, de son côté, défait Allectus et, maître d'une flotte, se prépare à replacer la Grande-Bretagne sous la loi des empereurs : mais à quel prix? à la condition que désormais l'empereur ne quittera plus la Gaule et la Bretagne, ce qui mène droit au partage, au rétablissement des nationalités. L'unité n'est pas dans le principe césarien : il est convaincu de faux; il fléchit sans cesse.

Dioclétien rend un édit contre les manichéens et les mages. Fleury, d'après Eutrope, en rapporte le texte. « Il n'est pas permis, dit Dioclétien, de résister à ce que les dieux ont ordonné et qui a été établi par le conseil des sages Mais les superstitions vaines et honteuses, fruit de l'oisiveté et de la corruption, doivent être bannies et réprimées. Nous avons appris que les *manichéens* sont comme de nouveaux monstres, venus depuis peu de temps dans le monde, de chez les

Perses, nos ennemis, et qu'ils commettent quantité de crimes, introduisent chez les Romains les coutumes exécrables et les lois infâmes des Perses. Nous ordonnons, etc.» On voit que les accusations contre les sectateurs de Manès sont identiquement les mêmes que celles qu'on faisait cent cinquante ans auparavant contre les chrétiens et tout aussi peu fondées. L'édit de Dioclétien conduisait droit à la répression du Christianisme; mais ce qui est curieux, c'est qu'il ne fut pas abrogé, avec ceux de Galérius et Maxence; au contraire, il fut invoqué comme loi de l'État, contre les manichéens, par les empereurs convertis!...

296-298. A cette époque, la sécurité est si profonde dans l'Église que le relâchement, la discorde, les intrigues, etc., si effrayantes déjà il y a une cinquantaine d'années, éclatent de toutes parts. Tandis que la société païenne, sous ses généreux chefs, gagne sans cesse et s'améliore, la chrétienté dégénère. Faute d'annales honorables, on n'y trouve plus que quelques historiettes de martyrs impudemment controuvées et fort peu édifiantes. C'est à cette année que les chrétiens placent la mort d'un jeune homme de vingt et un ans, nommé Maximilien, pour refus du service militaire, sous prétexte qu'il était chrétien. — Un centurion, nommé Marcel, jette tout à coup son ceinturon et sa canne de sarment, marque de son grade, et dit qu'il est chrétien et ne veut plus servir. Traduit pour ce fait en conseil de guerre, il est condamné à mort; mais voilà que le greffier, nommé Cassien, brise sa plume et refuse à son tour d'enregistrer la sentence, la traitant d'injuste. Dans la Norique, quarante soldats sont également mis à mort pour refus de service et infraction à la discipline.

En supposant ces histoires vraies, l'Église n'avait rien de mieux à faire que de les ensevelir dans l'oubli : où donc est l'État qui tolère la rébellion des soldats, sous prétexte de délicatesse religieuse?... Le premier devoir est le service de la patrie; il n'y a pas de religion qui puisse prévaloir contre cela. Ici, le Christianisme trahit sa méchante nature : ce n'est plus l'affirmation de l'égalité des hommes et de la morale conservatrice des sociétés; c'est un mélange de misanthropie, de révolte et de sacrilège contre toutes les lois et les devoirs de l'homme et du citoyen.

— Hiérax, de Léonte, en Égypte, très savant dans les lettres grecques et égyptiennes, d'une pureté de mœurs et d'une chasteté de vie admirables, en vénération à toute l'Égypte, nie la résurrection de la chair et l'explique comme une figure de la régénération spirituelle. Pour cela et pour d'autres opinions sur le Saint-Esprit, il est déclaré hérétique. N'est-il pas malheureux que les hérétiques, les excommuniés, les damnés parmi les chrétiens soient constamment les plus savants, les plus éclairés, les plus vertueux, les plus dévoués, les plus modestes, les plus saints? Un Basilide, un Valentin, un Saturnin, un Marcion, un Montan, un Tertullien, un Origène?...

Sans le martyre qui termine leur vie, il faudrait ajouter, un Clément d'Alexandrie, un Cyprien de Carthage, etc., — que sont donc les orthodoxes? Cherchez bien et vous trouverez, néant! — L'orthodoxie, c'est la médiocrité ignorante, incapable et envieuse; c'est Robespierre.

297. La guerre contre les Maures est menée à bonne fin par Maximien Hercule : Galérius est d'abord moins heureux contre les Perses; il éprouve une grande défaite dans les mêmes plaines où avait été défait Crassus (53 av.) et perd toute son infanterie. Dioclétien vient à son secours, s'avance jusqu'à Nisibe et impose d'abord à l'ennemi. La même année, Constance se rend maître de toute la Bretagne, où Allectus est défait, près de Londres, par Asclépiodote.

— Hiéroclès, gouverneur d'Alexandrie et philosophe, écrit contre les chrétiens un livre intitulé *Philaléthès*, ou l'ami de la vérité. Lactance et Arnobe lui ont répliqué de leur mieux : leurs livres ont été conservés, celui d'Hiéroclès a péri. Mais on peut juger par la réfutation de la valeur de l'attaque, et nous n'avons pas à en dire autre chose que ce que nous avons dit de Celse, à l'occasion du livre d'Origène (248). Un point à noter seulement sur le livre d'Hiéroclès : il prétendait que Jésus, s'étant formé une bande de 900 hommes, avait battu le pays, pillant et dévastant. Ce témoignage, un peu tardif, est un des éléments qui ont fait dire à un écrivain moderne, Angellini, que Jésus avait été un des *zélateurs* et que le Christianisme, à l'origine, ne se distinguait point du zélotisme ; système qui nous paraît avoir été imaginé, comme celui de Strauss, en vue d'expliquer historiquement le rôle de Jésus et la formation chrétienne.

Dans son ouvrage, Hiéroclès met en parallèle Jésus et Apollonius et élève celui-ci au-dessus de l'autre. « Cet Apollonius, dit Hiéroclès, qui fit tant de choses étonnantes, nous ne l'honorons pas comme un dieu, mais comme un homme chéri des dieux, tandis que les chétiens croient Jésus dieu, lui qui ne se signale que par quelques misérables escamotages. » Ainsi les vices, les superstitions, le mauvais esprit des chrétiens, déteignant sur leur auteur, lui attiraient les imprécations des philosophes!...

Un autre philosophe, cité par Lactance, mais dont le nom est resté inconnu, écrit aussi trois livres contre les chrétiens : comme il n'en reste rien et qu'on n'en connaît que ce qu'il a plu aux apologistes chrétiens d'en dire, les historiens modernes ont carte blanche pour médire à leur aise du livre et de l'auteur.

298. Les quatre empereurs font élever des forteresses par tout l'empire, afin d'appuyer les légions, fâcheux symptôme!... Constance Chlore remporte une victoire sur les Allemands.

— Arnobe publie sept livres de *disputes* contre les gentils. Ce sont des déclamations contre le polythéisme, ou plutôt une série d'insultes *personnelles* contre les dieux.

Pauvre critique, philosophie nulle; apologie insignifiante : tel est l'ouvrage d'Arnobe. Il n'est pas écolier de notre temps qui, sur la mythologie, l'histoire des religions et la symbolique des cultes, montrât aussi peu de savoir et de sens. On consulte cependant le livre d'Arnobe pour certains détails de théogonie, etc., plus utiles à l'érudition qu'à la philosophie et à la foi. Quant à son orthodoxie, elle est comme sa critique extrêmement précaire, eu égard à ce que l'on appela 1,000 ans après lui de ce nom. Fleury et les autres l'encensent, en disant qu'il était *mal instruit*, quand il se mêla d'écrire : c'était pourtant un professeur de rhétorique, le maître de Lactance !...

299. Défaites des Marcomans par les Romains.

Silence dans l'Église. Aussi les légendes de martyrs abondent, SS. Donatien et Rogatien, Crépin et Crépinien, Quentin, Piat, Just, Ferréol et Julien, Victor, ces trois derniers condamnés pour refus du service militaire, et plusieurs autres : tous, soi-disant martyrisés dans la Gaule. S'il faut en croire les *actes sincères* de ces martyrs, il faut croire aussi qu'à cette époque un vaste complot existait parmi les chrétiens pour ruiner l'empire par le refus du service militaire, l'embauchage et la désertion des soldats. En tous pays, de tels faits seraient poursuivis comme crimes de haute trahison et punis de mort.

L'esprit général des Églises, le livre de Tertullien, *De corona militis* (198), l'approbation donnée au refus de serment des soldats, les honneurs rendus aux martyrs vrais ou supposés qui souffrirent pour cette détestable cause, semblent attester hautement la vérité de ces histoires. Cependant, la politique de circonspection des évêques, leur tolérance envers les *tombés*, les mille moyens qu'ils employaient pour échapper à la persécution et satisfaire aux exigences des magistrats, sans paraître apostasier, l'immoralité incontestable d'une doctrine qui, sous prétexte de religion, ne tendait à rien de moins qu'à priver l'empire de ses armées et à le livrer sans défense aux barbares, nous tiennent en défiance et nous interdisent d'admettre l'authenticité de cette partie du martyrologe.

300. Les Francs, comme les Germains et les Gaulois, prennent aussi du service dans les armées impériales. Attendez un peu, et les barbares feront des empereurs destinés à les vaincre ! Dérision.

— Cette année avait été fixée par quelques millénaristes pour la fin du monde. Le monde allant toujours, l'échéance est reportée à 500 ou 502, et de là ce sera en l'an 1000. Il semble qu'après tant de mécomptes, le millénarisme eût dû être, de toutes les fausses opinions qu'a produites le Christianisme et dont il a rejeté plusieurs, la mieux démentie : il n'en fut rien. Il y a tant de manières de calculer cette millième année qu'on n'y a jamais tout à fait renoncé et qu'on l'attend encore !...

SIÈCLE DIT DE CONSTANTIN

L'empire s'en va et la société se dissout : cela est incontestable. Il y a donc décadence, comme l'ont constaté tous les historiens, mais par quelle cause ? c'est ce que l'on n'a pas également bien déterminé. On a présenté cette décadence comme un phénomène normal, inhérent aux sociétés, inévitable. On a présenté les nations comme des êtres susceptibles de croissance et de décroissement ; on les a comparées à l'homme, dont la vie (animale) parcourt une courbe ascendante et descendante....

Or, il est visible déjà que les choses ne se passent point ainsi.

D'un côté, la décadence de la société romaine et des nations qu'elle absorbe est le fait exclusif de la tyrannie et des réactions redoutables qu'elle provoque ;

De l'autre, il appert qu'à mesure que cet empire anti-organique se désorganise, la moralité humaine s'élève insensiblement dans le bien et dans le mal.

Les Antonins valent mieux que les Césars ;

Les empereurs prétoriens sont meilleurs aussi que les Antonins.

Nous allons voir les empereurs chrétiens s'élever encore plus, comme hommes, dans cette moralité, en même temps que comme chefs d'État, expression d'un système flétri, ils tombent au-dessous de leurs prédécesseurs. Toutes proportions gardées, Constantin, Théodose, Valentinien et leurs fils valent mieux que Jules César, Marc-Aurèle, Septime-

Sévère, Valérien et leur postérité. Mais pour la politique, les chrétiens sont les derniers de tous : ce sont d'aveugles démolisseurs, qui, procédant au nom d'un principe soi-disant chrétien, se montrent d'autant plus destructeurs qu'ils sont plus fidèles, et sont pires, pour la civilisation, que les Alaric, les Genséric et les Attila.

Par un dernier trait de ressemblance, les uns finissent aussi mal que les autres; une mauvaise vie ne peut être couronnée d'une bonne mort, et toute institution mal fondée en vérité et en droit périt dans l'infamie. On dirait que c'est une loi, ou plutôt une condamnation de l'histoire. Le Césarisme finit par Domitien, lâche, sanguinaire et bête;

— L'antonianisme, par Commode; — le prétorianisme, honoré de tant de beaux caractères, va s'écrouler par l'incapacité de Galérius et les débauches de Maximin Daïa et Maxence.

C'est ainsi que les chrétiens empereurs finiront à leur tour dans l'idiotisme des fils de Théodose.

301. Constance Chlore détruit près de Langres 60,000 Allemands : Galère châtie les révoltés d'Afrique. *Nec mora, nec requies.*

— Schisme de Mélèce, évêque de Lycopolis, en Égypte. — Ce Mélèce, suivant Fleury, qui ne fait que rapporter les allégations des orthodoxes, avait été convaincu de plusieurs crimes, chose fréquente dans l'épiscopat, et notamment d'avoir sacrifié aux idoles, ce qui n'était en vérité pas une affaire.

Déposé dans un concile tenu à Alexandrie, il protesta contre la condamnation, se mit à récriminer contre Pierre et se sépara de lui. Ce schisme eut de grandes suites; et une preuve que ledit Mélèce n'était pas tout à fait un misérable, c'est que le concile de Nicée (325), qui s'occupa de cette affaire, n'osa pas sévir contre un chef qui comptait vingt-cinq évêques de son parti et entraînait une moitié de l'Egypte. Des évêques, sans doute, ne sont pas des raisons, pas plus que des moines : mais on ne saurait nier que la force d'une accusation ne diminue avec le nombre des adhérents de l'accusé: car il répugne à la conscience humaine que des hommes adhèrent en masse à l'infamie et au crime, comme aussi qu'ils soient en masse calomniateurs.

302. Galérius répare sa défaite de 297 : avec 25.000 hommes d'élite, il entre dans l'Arménie, commence une guerre de montagnes, surprend la nuit le camp de Narsès, et fait de son armée un horrible carnage.

— Défaite de Narsès par Galérius : il a pour successeur Hormisdas II. Tout le pays sur le Tigre rentre sous la domination romaine, dont la limite est fixée à l'Aboras. Tiridate est rétabli : l'Ibérie est inféodée de même à Rome, dont les empereurs doivent nommer ses rois. Paix de quarante ans avec les Perses. — (Cf. Gibbon.)

FIN DE LA PÉRIODE PRÉTORIENNE.

Ici commence une période révolutionnaire de la plus haute importance, et qui ne nous semble pas avoir été mieux expliquée par les historiens que celle de la formation chrétienne elle-même. Nous allons essayer d'en retracer la substance. Elle dure de l'an 303 à 325.

Dioclétien vient passer l'hiver à Nicomédie. Galère, victorieux et d'autant plus insolent, l'y joint. Enorgueilli de ses succès, de ses lauriers, il s'impatiente du titre de César : *Quousque Cæsar ?* s'écrie-t-il, d'après Lactance, à la lecture de lettres qui portent cette suscription. Il aspire à un titre plus élevé qui lui donne la direction des affaires. C'est à son influence que les chrétiens attribuent la résolution qui fut prise de proscrire alors leur religion. Dioclétien y répugnait : il craignait de troubler l'empire, à si grand'peine défendu contre les prétendants et les barbares; toute son intelligence d'homme politique résistait. La persécution n'avait servi de rien à Trajan et Marc-Aurèle, qui même avaient usé de tolérance; elle avait servi moins encore à Sévère, à Maximin, à Décius, à Valérien : il était par trop naïf de croire qu'on sauverait l'empire en restaurant, par la force, les religions décrépites et en exterminant les novateurs. Un conseil fut tenu dans le palais impérial, les oracles consultés : comme on devait s'y attendre, prêtres et conseillers furent de l'avis du César.

Quels pouvaient être leurs motifs?

[Les chrétiens, comme les juifs, se faufilaient partout, intriguant, faisant des néophytes : c'était une conspiration de jésuites à robe courte, comme en 1825-30. Ainsi, Prisa et Valéria, femme et fille de Dioclétien, étaient devenues chrétiennes; — Lucien, Dorothée, Gorgonius, André, principaux eunuques du palais, chrétiens; une foule d'employés de la cour, chrétiens.

Le Christianisme, depuis Commode, assiège le palais des Césars par les femmes, par les histrions, par les eunuques, par les médecins, par les gens de lettres : ainsi on avait vu les juifs bien en cour sous Néron, grâce à la protection de Poppée (62).

— Du reste, on voit par Arnobe (l. III), que païens et chrétiens haïssaient également les philosophes comme des maîtres d'impiété (360), et qu'ils eussent voulu faire proscrire jusqu'aux écrits de Cicéron.

Aussi, peut-on regarder la secte des platoniciens de cette époque, qui s'unirent au parti polythéiste, comme des déserteurs de la philosophie. Est-ce pour cela qu'ils ont obtenu une si grande faveur en France, au XIXe siècle, parmi nos universitaires?

Ainsi, païens et chrétiens se combattaient les uns les autres et s'unissaient contre les philosophes, qui combattaient contre tous.]

Les chrétiens, par leurs sociétés, *sodalitia*, leurs évêques, leurs conciles, leurs Églises, formaient une société à part dans la société romaine, pour parler notre langue, une vaste opposition. C'était une république dans la république, ayant son code, ses lois, son Dieu, sa religion, ses chefs, ses tribunaux, ses juges, son gouvernement; ils faisaient profession ouverte de mépriser les anciennes institutions, d'outrager les dieux; ils refusaient le service militaire, qu'ils considéraient comme une idolâtrie et une impiété ; et en feignant de prier pour les empereurs, ils ruinaient leur autorité et la bernaient. Il est certain que dans aucun pays, dans aucun temps, aucun *gouvernement* n'eût pu tolérer une pareille scission ; autant eût valu abdiquer. Que tous les citoyens de l'empire jouissent de la liberté d'opinions et de conscience, c'eût été la moindre chose, qu'aucun empereur ne songea jamais à défendre. Mais attaquer systématiquement la constitution sociale, jeter le mépris sur tout ce qui tenait, non seulement à l'empire (l'empire, comme commandement et autorité, ne répugnait point aux chrétiens), mais à l'État romain, à la civilisation, à l'ordre, à la justice, aux lois, choses bien supérieures à la puissance impériale ; insulter journellement aux choses les plus inviolables : voilà ce qui ne se pouvait tolérer, à peine de honte et de suicide. Le Christianisme avait dit anathème à la société et l'excommuniait ; il détachait d'elle, homme à homme, tous les citoyens, sans distinction d'âge, de condition ni de sexe ; était-ce oui ou non une conspiration ? Et la société, l'État, l'empire dévorés par cette conspiration forcenée, pouvaient-ils durer longtemps et vivre ? fallait-il donc céder ou se faire chrétiens ? Céder, encore une fois, c'était tendre le dos aux verges, la joue aux soufflets, la pourpre aux crachats. Se faire chrétien ! certes, on pouvait compter, avec la connivence des évêques, sur un gouvernement aussi absolu, aussi énergique, aussi spoliateur, aussi intolérant, aussi féroce que les plus mauvais jours de l'empire en eussent donné d'exemples. Le temps n'était plus où les chrétiens égalitaires et libéraux niaient la distinction des fortunes et voulaient abolir tous les pouvoirs. La discipline des évêques les avait singulièrement adoucis, et pourvu qu'on caressât leur superstition, on les trouverait aussi souples, aussi vils, aussi rampants que les vieux citoyens de Rome ! Se faire chrétien ? le pouvait-on ? Qu'était-ce que la secte chrétienne au milieu des populations de l'empire ? un vingtième peut-être !... Pouvait-on sacrifier à ce vingtième l'intérêt traditionnel et dès longtemps prescrit des dix-neuf autres. Encore, si le Christianisme eût été la vérité, s'il avait été le règne des saints!... Se faire chrétien, c'était se couvrir d'un ridicule ineffaçable, et d'ailleurs inutile. Qui ne prévoyait que le jour où les chrétiens seraient les maîtres, plus que jamais divisés, ils mettraient tout en combustion, perdraient tout, infectant de leur ignorance toutes les intelligences et tous les cœurs!...

Les empereurs, ici, n'avaient pas le choix. Il fallait anéantir la secte et la poursuivre à outrance.

On avait trop tardé; mais enfin le mal pouvait n'être pas sans remède, si les empereurs consentaient à agir sans relâche et sans faiblesse.

Ces raisons étaient sans réplique. L'histoire seule et la postérité, jugeant de plus haut que ne le pouvaient faire Galérius et ses conseillers, sont en mesure aujourd'hui d'y répondre, et sans justifier nullement le Christianisme, de prouver que la persécution demandée par les Césars, juste dans la forme, — l'existence de la société chrétienne était en effet incompatible avec celle de l'empire et intolérable, — au fond, était injuste.

De qui donc le Christianisme est-il le fruit, pouvons-nous dire maintenant à Galère, si ce n'est des Césars, si ce n'est de Rome et de sa longue tyrannie? Qui a provoqué les protestations d'Arminius, de Civilis, de Vindex, de Sabinus, de Tacfarinas, de la Judée sous Vespasien et Adrien? qui a suscité les trente tyrans?... qui a inspiré Apollonius, Simon le Mage, les druides, tous les philosophes?... Et vous demandez d'où viennent les chrétiens? Vous voulez sévir contre une secte qui est le résumé de toutes les douleurs, de toutes les espérances, de toutes les doctrines qu'a suscitées contre lui le Césarisme!... Ah! plutôt, songez vous-même à vous humilier devant l'humanité que vous avez écrasée, outragée; demandez pardon aux hommes et aux dieux : César, à genoux!...

QUATRIÈME PÉRIODE

RÉVOLUTION CHRÉTIENNE

PREMIÈRE PARTIE : DE 303 A 325

DEUXIÈME PARTIE : DE 325 A 381. — FIN DE L'ARIANISME

---

303. 23 *février*. — Ère des martyrs : — on devrait l'appeler plutôt *ère révolutionnaire ;* car elle est la date décisive de la révolution chrétienne.

L'édit de persécution contre les chrétiens est affiché à Nicomédie et presque aussitôt lacéré par un chrétien, qui est immédiatement brûlé vif.

[Lorsque les soldats enfoncèrent la porte de l'église de Nicomédie, ils n'y trouvèrent, comme les soldats de Titus dans le temple de Jérusalem, aucune image, rien que des livres !.....]

L'édit portait :

Que les églises des chrétiens seraient rasées et leurs écritures brûlées ;

Que tous ceux de cette religion seraient privés de tous honneurs et dignités et passibles des châtiments portés par la loi ;

Qu'aucune action criminelle ou civile ne leur était accordée ;

Que les affranchis rentreraient en esclavage.

Cet édit fut suivi d'un autre, particulier aux évêques, dont on exaltait ainsi l'autorité par le supplice, et qui exigeait d'eux la livraison des livres. De là, le nom de *traditeurs* donné à ceux qui obéissaient.

Le feu ayant pris au palais de Dioclétien, comme à Rome sous Néron, les chrétiens furent accusés de l'incendie, non sans raison peut-être, et les exécutions commencèrent.

L'évêque de Nicomédie, ses prêtres, ses diacres, des personnes de toute qualité, des officiers de l'empereur périrent.

Dans une petite ville de Phrygie, une église fut brûlée avec tous les chrétiens qui s'y étaient réfugiés.

(Voir au martyrologe.)

La persécution sévit dans toutes les provinces qui relevaient de Dioclétien et Galérius; en Occident, et surtout dans la Gaule, elle fut adoucie par Constance et Maximien, qui n'avaient point été consultés pour cet acte important par leurs collègues, dont le bon sens le réprouvait. — L'Église a chanté sur tous les tons ses douleurs et la gloire de ses martyrs. Le fait est cependant qu'elle dut à Galérius une revivification salutaire, sans laquelle elle se fût peut-être affaissée dans la corruption, le schisme et les scandales. Qu'était donc cette chrétienté, cette puissance inconnue, contre laquelle portait ainsi tout l'effort de l'empire? Le Christianisme à lui seul était donc plus fort que les barbares et tous les prétendants réunis, qui depuis trois siècles harcelaient Rome et ses empereurs; et ce Dieu, qui mettait en péril tous les dieux, était bien terrible; il était donc bien vrai, puisque les oracles se taisaient, et les temples tremblaient à son nom sur leurs fondements!...

Maintenant, grâce à la persécution, le Christianisme va devenir l'âme de la société. Convertis ou non convertis, peu importe, tous, par l'amour ou la haine, seront désormais pleins de cette idée; tous la porteront en eux, soit pour l'affirmer, soit pour la nier, ce qui est encore la reconnaître.

Que César avise! *Caveant consules*! En croyant détruire un ennemi caché, il l'a mis au grand jour; il lui a donné l'authenticité et pour ainsi dire l'existence officielle... Lui-même, quand il maudit le Christ, il lui rend hommage, il est chrétien!

Triomphe de Dioclétien et Maximien! C'est la dernière fois que le peuple romain jouira de ce spectacle..... « Adieu de la majesté impériale, » dit Durozoir.]

Dioclétien part pour Rome, afin d'y célébrer son triomphe; à peine a-t-il quitté l'Asie, qu'Eugène (?) se fait proclamer empereur à Séleucie, marche sur Antioche, où il est saisi et mis à mort par les habitants.

Eugène attendait sans doute, dans cette capitale du Christianisme, quelque appui des chrétiens persécutés. Le calcul eût été encore plus mauvais de leur part que de la sienne. La persécution faisait leur salut, la révolte eût été leur arrêt de mort. Ils n'en furent pas moins poursuivis à cette occasion; surcroît de prospérité pour leur cause. *Édits sur édits de Dioclétien*, qui ne se propose rien de moins que d'abolir le nom chrétien.

Dioclétien part de Rome, 20 *décembre*, choqué de la licence du peuple (274), et tombe malade à Ravenne de froid, de fatigue et de chagrin. Une sombre mélancolie s'empare de lui et le conduit aux portes du tombeau. Cette âme affaiblie, sur qui pèse la responsabilité de la folie de Galérius, semblait traduire aux yeux l'état de l'empire, dont il voyait, seul alors peut-être, la ruine et la misère.

304. L'Irlande est réduite en province romaine par Constance Chlore : conquête de plus pour les chrétiens.

Dioclétien malade se traîne jusqu'à Nicomédie, où il passe quelque temps pour mort. Maximien Hercule est à Milan, Constance à Trèves, Galérius à Antioche : triste symptôme; à partir de ce jour, Rome cesse d'être la résidence des empereurs.

Dioclétien, par son triomphe, est venu faire à Rome les adieux des Césars!...

— Lactance écrit ses *Institutions*, ouvrage d'une prétention excessive, mais aussi creux que les disputes de son maître Arnobe.

(Cf. l'original et donner une notice, surtout au point de vue *moral*, qui seul fait la force du Christianisme.)

[Le livre principal de Lactance, qui a pour titre *Institutions divines*, paraît avoir été écrit vers ce temps (304) et dédié plus tard, vers 313 ou 314, à l'empereur Constantin, à la *conversion* duquel il est possible qu'il ait contribué.

Cet ouvrage est distribué en *sept livres.*

Lactance suppose, comme établie suffisamment par le consentement universel, l'existence d'une religion et d'une providence. Puis il pose immédiatement la question : s'il y a UN ou *plusieurs dieux!* — Il se prononce pour l'unité et la prouve par les prophètes, et le paganisme même, qu'il réfute.

2e livre. — D'où vient donc l'idolâtrie? quelle est l'origine de l'*erreur?* — Le diable, répond-il.

3e livre. — Les philosophes ne possèdent pas non plus la sagesse ; donc, en quittant l'idolâtrie, ce n'est pas de ce côté qu'il faut aller.

4e, 5e, 6e, 7e livres. — La vraie sagesse, c'est le Christianisme. Exposition.

A entendre Lactance, le Christianisme aurait manqué jusqu'à lui d'écrivains dignes de cette grande cause. — Il ne connait que Minutius *Félix* (211), *Tertullien* et *Cyprien.* (Il ne parle pas des Grecs.)

Mais, dit-il, Minutius Félix est trop court; Tertullien trop fougueux, obscur, incorrect et d'ailleurs suspect d'hérésie; Cyprien, à cause de son nom, semble ridicule, et n'a pas eu pour objet la conversion des païens. Il passe sous silence Arnobe, son maître, dont il connaissait cependant l'ouvrage, puisqu'il en imite le plan, la distribution, qu'il en prend les pensées et quelquefois le combat. — Lactance est un *vil plagiaire.* Quelle graine que ces chrétiens.]

305. *Mars.* Dioclétien, fatigué, après avoir gouverné l'empire avec gloire pendant vingt ans, abdique volontairement. Son vieil ami et collègue Maximien Hercule le suit, forcé et contraint par la promesse qu'il en avait faite, sous serment.

Aux deux Césars, Galère et Constance, devenus tous deux Augustes par cette double abdication, Dioclétien, toujours forcé par Galère, donne (1er mai) pour coadjuteurs Sévère et Maximin Daïa, deux hommes à la dévotion de Galérius, mais inconnus du soldat. Alors, redevenu simplement Dioclès, l'empereur démissionnaire se retire à Salone (Spalatro), en Dalmatie, où il passe le reste de ses jours à cultiver ses jardins, vivant en sage, nouvel Abdolonyme, jusqu'en 313. C'est de là qu'il pourra pleurer sur les malheurs de l'empire, divisé, troublé par la présomption féroce de son gendre Galérius et sa politique absurde. Ce qui prouve la supériorité de génie de Dioclétien, c'est qu'il sut mépriser le pouvoir et être heureux après l'avoir quitté. Voir son panégyrique par Eumène.

[Il paraît que l'abdication de Dioclétien, loin d'être forcée, aurait fait partie de son plan politique, qui était d'assurer la succession impériale du vivant des empereurs, par une longue association, et de quitter ensuite la pourpre volontairement. Cétait ce que se promettait Galérius lui-même, d'après Lactance. *De mort persecut.*, 20. — On ne peut qu'applaudir à une telle combinaison !... — Dioclétien bâtit un palais à Salone, avec deux temples, l'un à Esculape, l'autre à Jupiter, honorant l'un pour sa santé, le deuxième pour la forme. Vrai sage !...]

Le système de Dioclétien, qui n'était ni unité, ni partage, sorte d'éclectisme et de moyen terme, avait réussi pendant vingt ans. Son abdication perdit tout. La force brutale et prétorienne, représentée par Galérius, réagit avec impatience et colère contre une politique absurde de circonspection et de progrès. Galérius, pâtre de Dacie, n'était propre qu'au rôle subalterne que Dioclétien avait assigné à Maximien Hercule. Mais l'ignorance se croit du génie ; Galérius veut recommencer le système de Sévère et de Maximin, qu'il semble surtout avoir pris pour modèle : en voulant contrarier les destins, il les précipite.

A l'abdication de Dioclétien, le jeune Constantin, fils de Constance, déjà célèbre dans l'armée par sa bravoure, ses talents, sa figure, s'échappa de la surveillance de Galérius et s'enfuit à Trèves, auprès de son père. Galérius, qui le retenait comme un gage de sa future domination et de la prépondérance de sa politique, voit son calcul déjoué : il rugit, et dans sa grossière intelligenee, il sent que l'empire échappe de ses mains et le Christianisme à ses vengeances.

— *Concile de Cyrtha, en Afrique.*

Il se tint le 4 mars 305, *la persécution ayant cessé en Afrique,* mais les églises, qui avaient été ruinées, n'étant pas encore rebâties. Ainsi, la persécution ne fut ni aussi longue ni aussi générale qu'on le croit. — Rien de plus édifiant que ce concile. Douze évêques s'assemblent : le premier dit au suivant : « On dit que tu as livré les Écritures? — Pardonne-moi, répond l'inculpé, et Dieu me pardonnera. Mais toi, tu les as livrées aussi! — Pardonnons-nous les uns les autres, réplique l'accusateur, accusé. — Et toi, Purpurius, on prétend que tu as tué les deux fils de ta sœur, de peur qu'ils ne déposassent contre toi? — Eh bien! penses-tu m'effrayer avec tes accusations? dit Purpurius. J'ai tué, et je tue ceux qui agissent contre moi, et je m'en f... — Allons, s'écrie le concile, la paix, la paix! et Dieu soit loué. Amen! — Là-dessus, les douze Judas et assassins procèdent à l'élection d'un évêque pour la ville de Cyrtha, qui en manquait.

— Concile d'Elvire, en Espagne : dix-neuf évêques, vingt-six prêtres, les diacres et le peuple assistant au concile, et debout. Ce concile est encore plus instructif, mais moins atroce. C'est le plus ancien dont il reste des canons de discipline. — La persécution terminée, on règle d'abord ce qui concerne l'apostasie, qui, en présence des bourreaux, se produisait sous toutes sortes de formes. Il est donc défendu aux chrétiens :

1° D'assister aux sacrifices par curiosité ;

2° De remplir les fonctions (très lucratives) de sacrificateurs;

3° De donner des spectacles;

4° De porter des couronnes de fleurs, comme il se pratiquait aux sacrifices;

5° De contribuer, de quelque manière que ce soit, aux pompes païennes;

6° De ne point souffrir d'idoles en leurs maisons, à moins que ce ne soit pour leurs esclaves.

Tous ces actes, qu'on pouvait réputer innocents, étaient autant de moyens d'esquiver la persécution, et partant réputés crimes par les évêques. De longues pénitences étaient infligées à ceux qui se les permettaient; mais l'absolution pouvant relever de la pénitence, témoin le concile de Cyrtha, il résultait simplement de ces prohibitions un tarif d'indulgences.

La délation est punie de 5, 10, 15, 20 ans de pénitence ou de la perpétuité, selon que la personne dénoncée est ecclésiastique ou laïque, diacre, prêtre ou évêque. — Les lois des barbares ne sont pas plus grossières!...

Pour avoir tué son esclave, sept ans de pénitence;

Pour avoir procuré l'avortement, le baptême à la mort;

Pour avoir prostitué sa fille, privation de la communion, même à la mort;

Pour la pédérastie, *idem*.

Ces peines, illusoires aux yeux de la raison, ne sont-elles pas la dissolution de la société même. Mépris de l'égalité, mépris de la fraternité, mépris de la dignité humaine!... Voilà l'esprit du concile si fameux d'Elvire. La calomnie contre un prêtre ou un évêque est considérée comme irrémissible; contre toute autre personne, sept ans de pénitence.

Défendu d'allumer des lanternes dans les cimetières, pour ne pas inquiéter les esprits.

Défendu d'avoir des peintures dans les églises.

Défendu aux femmes d'aller prier la nuit sur les tombes, parce que ces prières n'étaient que des prétextes à rendez-vous.

Défendu aux possédés de remplir les fonctions de marguilliers.

Défendu aux évêques de faire le commerce et l'usure, de fréquenter les foires, de recevoir de l'argent dans la fontaine baptismale et d'user maritalement de leurs femmes!

[Les évêques d'alors se rendaient coupables du même

délit que les notaires qui font valoir à leur profit les sommes qu'ils ont reçues en dépôt.]

Voilà la chrétienté au commencement du IVe siècle; voilà l'épiscopat! voilà où en était la réforme! Et ces gens-là maudissaient les philosophes!...

[Le concile d'Elvire est sévère à l'égard des *tombés :* il ne leur accorde pas la réconciliation, même à l'article de la mort. Celui d'Ancyre, en Galatie, tenu en l'an 314, se montre beaucoup plus doux, surtout en ce qui regarde l'idolâtrie des prêtres et évêques; cette différence se comprend. En Espagne, la persécution se fit à peine sentir; le courage fut ardent; en Galatie, à la porte du palais impérial, la répression fut impitoyable et les faiblesses nombreuses ; on se devait miséricorde.]

Après vingt ans de retraite dans un castel abandonné, Antoine (271) se décide à entrer dans le monde et à paraître au grand jour. « On fut étonné, dit naïvement Fleury, de voir le corps de ce saint ascète dans le même état, ni grossi manque d'exercice, ni atténué par tant de jeûnes et de combats contre les démons. Il était tel qu'on l'avait vu avant sa retraite. Son âme était tranquille, ni abattue par la tristesse, ni dissipée par la joie. » — Nous tenons le fait pour vrai; seulement, au lieu de l'attribuer à une grâce surnaturelle, nous y verrons la preuve d'une excellente hygiène suivie secrètement par le fin solitaire. Il avait alors cinquante-cinq ans, il en avait passé quinze dans un tombeau, époque de sa première ferveur et de ses grands combats avec les diables du désert; il en avait passé vingt dans son castel, et, cédant aux prières de ceux qui voulaient imiter sa manière de vivre, il reparaissait au grand jour, pour y jouir enfin de sa gloire et de sa renommée. Il délivre des possédés, guérit des malades, apprivoise des crocodiles : son austérité est si grande qu'il gémit d'être obligé de manger, de dormir et vaquer aux fonctions de la vie animale. Aussi, remarquent ses candidats historiens, mangeait-il le plus souvent seul!... Les bénéfices de cette vie suscitèrent une foule d'imitateurs : *mais beaucoup d'appelés, peu d'élus!* Très peu arrivèrent à la célébrité d'Antoine. Mais n'était-ce rien pour des êtres paresseux, crasseux, luxurieux que cette vie de sauvages, qui leur attirait, avec l'admiration du vulgaire, les jouissances du parasitisme?...

306. La politique avait présidé, en 285 et 292, à la division de l'unité impériale par Dioclétien. L'ambition seule força l'abdication de Dioclétien et de Maximien et dicta les choix de Maximin Daïa et de Sévère. Le succès ne pouvait donc être le même : le soldat mécontent, l'antagonisme sous la pourpre ne pouvait fonder rien de durable. Constance Chlore mourut à York ; son fils Constantin est aussitôt salué Auguste par ses soldats (25 juillet) et seulement reconnu César par Galère. Première faute, premier échec.

Dans le même temps, et à l'imitation de Constantin, Maxence, fils de Maximien Hercule, poussé par le peuple, qui supportait impatiemment le cens établi par Galérius, est proclamé à Rome (28 octobre) par les troupes prétoriennes, en concurrence de Sévère. En tout cinq empereurs! Pour se faire bien venir de tous, dit Fleury, Maxence, entre autres ordonnances, fait cesser la persécution contre les chrétiens : il est le premier que les événements conduisent par la loi de l'antagonisme à se faire un parti dans l'Église! De plus, il s'était déclaré protecteur de la dignité et de l'immunité du peuple romain. Quel amalgame!...

Le cens établi par Galérius; nouveau sujet de mécontentement: depuis la conquête de la Macédoine sur Persée (168 ap.), les Romains ne payaient plus d'impôts; c'était le droit de conquête que Rome exerçait depuis plus de cinq cents ans. Pour subvenir aux nécessités de l'empire, Galérius se résigna à établir un impôt sur les propriétés des Romains : tôt ou tard, il fallait en venir là. Rien de plus juste en vérité que la cessation de ce privilège odieux, qui eût dû réjouir davantage les chrétiens. — Or, c'est l'un des crimes dont Lactance charge cette *bête maligne*, comme il l'appelle. *Cum statuisset censibus institutis orbem terræ devorare, ad hanc usqueprociluit insaniam, et ab hac ex privitate ne populum quidam romanum fieri vellet immunem. (De mort. persecut.*, 25.)

C'est le cas d'appliquer le mot de Tacite sur Galba : *Just o semel principe, seu bene seu male facta premunt.* Le mécontentement du peuple, la fermeté de Galérius furent cause de l'avènement de Maxence.]

— Epître canonique de Pierre, évêque d'Alexandrie, au sujet de la persécution. — C'est un règlement pénitentiaire pour les chrétiens qui, par différents moyens, par faiblesse ou autrement, ont éludé la défense de sacrifier aux dieux, ou qui ont succombé, soit avant, soit après la flagellation et la prison. Il faut croire que le nombre en était immense : la seule énumération des formes de la chute et de l'apostasie le démontre.

L'humanité est toujours semblable à elle-même. Pour un qui tient ferme, trente succombent; les prêtres, les évêques et les vierges comme les autres.

— Composition du *Code grégorien.* — Recueil des ordonnances et constitutions des empereurs romains, depuis et y compris Adrien jusqu'à Dioclétien et Maximien. Elle fut faite par Grégorius, qu'on croit avoir été préfet d'Espagne et proconsul d'Afrique, sous Constantin.

307. L'opposition des Romains aux mesures fiscales de Galérius ajoute à la force de Maxence et détermine la chute de son rival.

— Galérius envoie Sévère contre Maxence : le vieux Maximien saisit l'occasion, se présente aux soldats et débauche l'armée de Sévère (février), qui est bientôt pris par trahison dans Ravenne, conduit à Rome et tué. Alors, Maximien fait alliance avec Constantin, trop habile pour le repousser, lui fait épouser sa fille Fausta, mais n'en obtient aucun secours, et se met en mesure de recevoir Galérius, qui s'avance vers l'Italie à marches forcées. Mais Galérius, menacé lui-même d'une désertion générale, est forcé de reconnaître le fait accompli, c'est-à-dire de subir à la fois Constantin, Maximien et Maxence. Les Romains, qui s'étaient refusés à sa taxe, prodiguaient l'argent à Maximien pour être délivrés de Galérius! Il avait voulu être le premier, peut-être l'unique : il est le cinquième. Pour ne pas rester en minorité, il imagine alors de créer (15 novembre) un nouvel Auguste, Licinius : total, six empereurs, quatre Augustes, Constantin, Maximin, Galère et Licinius; deux Césars, Maximien Daïa et Maxence.

L'idée de Dioclétien, reprise par une brute, tourne à la caricature. Nous retombons dans l'orgie prétorienne des trente tyrans. Ce dernier scandale achève le système : le monde, qu'épouvante le souvenir de l'ancienne monarchie (260-269), fatigué des abus de la force et du rabâchage des vieux conservateurs, plein de mépris pour la canaille romaine, plein d'horreur pour le despotisme prétorien, le monde aspire à la paix, il demande le repos à tout prix. Le Christianisme le promet et s'offre : qu'il soit le bienvenu !...

308. [Troubles et meurtres à Rome contre les chrétiens, causés par le zèle intempestif du pape Marcel ; il voulait sévir contre les *tombés* avec une rigueur qui pouvait passer pour plus terrible encore que les persécutions de Galérius et qui contrastait étrangement avec la tolérance du païen Maxence. Les chrétiens se révoltent contre leur chef spirituel. On s'assassine, on se traite d'hypocrite et de traître, jusqu'à ce que Maxence rétablisse la paix en exilant Marcel...]

— La double triade ne pouvait tenir. Le premier qui rompt la paix est le vieux Maximien; il conspire contre son propre fils Maxence et cherche à le perdre dans l'esprit du soldat. La conspiration échoue, Maximien est forcé de se retirer en Gaule auprès de son gendre Constantin. Reste cinq : mais l'empire n'y gagne guère : un Phrygien, Alexandre, se fait reconnaître à Carthage et règne trois ans. Peut-on dire que l'empire romain existe encore ?...

Quand les affaires s'embrouillent au dedans, elles empirent au dehors. Les Perses rompent la paix que leur avait imposée Galérius.

309. Rien de nouveau cette année dans l'empire, divisé entre ses six possesseurs et faisant alors retour aux délimitations naturelles de nations et de territoires.

La persécution continue en Orient contre les chrétiens : mais déjà elle faiblit et tourne à la légende. Parmi les martyrs, on voit figurer grand nombre de jeunes filles, qui donnent aux hommes l'exemple de la constance : Théodosie, Valentine, Ennathas, Pélagie et ses sœurs, Catherine la philosophe, qui résista à Maximien, etc. Nous croyons difficilement à ces histoires de femmes violées, traînées nues, pendues par les mamelles, etc. Le martyrologe est si authentiquement menteur qu'on ne peut y avoir qu'une foi très conditionnelle : — Que faisait cependant Antoine, le grand solitaire ? Malgré son désir ardent du martyre, dit Fleury, il évita de se laisser prendre, et se contenta de porter des adoucissements aux confesseurs condamnés aux mines et à l'expulsion !

Cet homme, qui avait vaincu l'enfer, craignait le licteur ! Ah ! si l'on pouvait souffrir sans en mourir, si l'on était sûr de ne recevoir que la bastonnade ou les fers ! Quelle gloire, de joindre aux mérites de l'ascète celui du confesseur !...

— Cependant l'empire, ou plutôt le prétorianisme, achève de se déshonorer en la personne de Maximin Daïa et de Maxence. Des Césars de l'espèce des Domitien, des Commode, des Carin à cette heure !... C'est impossible : ce sont des anachronismes. La réprobation qui les atteint frappe du même coup la ville éternelle, et la religion du Capitole, et toutes les traditions polytheistes et impériales.

310. Maximien Hercule essaie de débaucher les soldats de Constantin et reprend la pourpre sur le bruit de la mort de son gendre. Constantin, des bords du Rhin, accourt jusqu'à Marseille, assiège Maximien, qui est livré par les soldats, et pour cette fois pardonne ; puis il tente de l'assassiner, et alors Constantin le fait périr (février). Tout l'Occident est partagé entre Constantin et Maxence. — Celui-ci, empereur d'occasion, incapable, superstitieux, faisant la guerre par ses lieutenants et remplissant Rome de ses débauches, marche évidemment à sa perte. Constantin guette le moment, et cependant augmente sa renommée, ses forces et le moral de ses troupes par des victoires remportées sur les Allemands et les Francs.

Une maladie affreuse de Galérius, attribuée par les chrétiens à la vengeance du ciel. — Il ne souffrait pas seul cependant ; la peste et le charbon, compagnons de la famine, sévissaient par tout l'empire et faisaient quantité de victimes.

— Hormisdas, roi de Perse, est expulsé par les grands : son fils Sapor est fait roi dès sa naissance et règne toute sa vie, soixante-dix ans.

311. *Avril.* L'empereur Galérius révoque à son lit de mort l'édit de persécution. Vaincu par la maladie et la superstition, il dit : qu'il a fait tous ses efforts pour rétablir les anciennes lois romaines et ramener à résipiscence les chrétiens, apostats de la religion de leurs pères et qui se sont fait une raison en dehors des anciennes maximes ; que, par ses édits, plusieurs ont été mis en péril et ont effectivement péri ; mais que leur opiniâtreté ne pouvant être vaincue et la répression ne servant qu'à les empêcher de servir leur dieu, sans obtenir leur hommage pour les dieux de l'empire, il croit devoir user envers eux d'indulgence et autoriser leurs assemblées, *afin qu'ils prient leur dieu pour la santé de leur empereur et la prospérité de l'État !...*

Cet édit fut dressé en latin à Sardique, traduit en grec et répandu par tout l'empire : Maximin Daïa, qui y était opposé, n'hésita pas néanmoins à donner ordre de se conformer à la volonté de Galérius. — Maxence en fit autant de son côté pour l'Italie et l'Afrique : si bien qu'à cette heure, le Christianisme est vainqueur sur tous les points, et que la vieille société amène partout pavillon.

Ainsi l'opinion se prononçait dans la société païenne elle-même en faveur de la tolérance, non seulement par la multiplication des chrétiens, mais aussi par le progrès de l'indifférence et la lassitude générales. Dans cette situation, que commandait une saine politique ? de tolérer d'abord, puis de faire servir la force chrétienne au bien général en la dirigeant, en la subordonnant, en broyant les éléments divers, etc., surtout en évitant une partialité qui ne pouvait être que funeste.

Il n'est pas difficile, d'après tout ce que nous avons vu se manifester depuis la victoire de César, de comprendre le triomphe du Christianisme et de rendre raison de la *conver-*

sion prochaine de Constantin. Les prétextes, les raisons, si l'on veut, ne manquaient pas à un prince ambitieux, prêt, comme César, à sacrifier tout à sa passion du pouvoir suprême et à sa fantaisie dynastique.

(*a*) A cette heure, le nombre des sièges épiscopaux, dont l'étendue, bien moindre que celle de nos diocèses, peut être comparée à peine à celle d'un arrondissement, ou plutôt à un canton, était de 1.800 pour tout l'empire. Chaque ville avait le sien; peu de campagne : on y envoyait des évêques spéciaux, ambulants, *chorepiscopi*, supprimés vers le xe siècle.

D'après une statistique rapportée par Matter (*Hist. eccl.*, t. I, 119), le nombre des chrétiens, par tout l'empire, pouvait être de 5 millions : la population totale étant supposée de 80 millions, la proportion serait ainsi de 1 sur 16 : proportion considérable, si l'on songe que cette minorité se composait de la partie la plus active, la plus vitale des peuples; si l'on réfléchit que parmi les 15/16 restants, un grand nombre étaient indifférents à tous les cultes, ne tenant aux dieux que par raison de stabilité et de conservation ; une autre partie, plus grande encore, suivait les dieux par raison d'État, militaires, employés, agents de l'administration, ministres des cultes, etc., etc.

(*b*) Malgré leur apothéose, les empereurs ne croyaient guère au polythéisme, d'autant plus incrédules même, qu'ils étaient devenus eux-mêmes objets de l'idolâtrie et parties prenantes de la superstition générale.

(*c*) Presque tous avaient été en conséquence tolérants, quand ils n'avaient pas rencontré de résistance directe. Les Antonins n'avaient fait que laisser appliquer les édits antérieurs, et toujours les avaient adoucis ou suspendus ; — les princes syriens, Julia Domna, Héliogabale, Alexandre, Philippe, s'étaient montrés presque chrétiens; — Maximin, Décius, Valérien, Aurélien, qui avaient essayé de la persécution, n'avaient pas été heureux; — enfin, on pouvait presque dire que les troubles, les malheurs de l'empire, apaisés par la politique de Dioclétien, étaient revenus le jour où Galérius, cédant aux inspirations d'un fatal génie, avait arraché l'édit de persécution.

(*d*) Du côté des chrétiens, si dangereux dans les premiers temps par leurs tendances révolutionnaires, il y avait eu de notables amendements, et l'on pouvait dire qu'ils s'étaient presque humanisés :

1. L'*Apocalypse* mis de côté et actuellement incompris;
2. Le millénarisme indéfiniment ajourné;
3. Le communisme excommunié, les agapes réglementées;
4. L'épiscopat constitué, la plèbe anarchique organisée, la discipline créée;
5. La foi, c'est-à-dire l'obéissance, mise au-dessus de l'amour et de la fraternité;
6. L'inégalité prêchée, réduite en dogme et pouvant servir de base avec la hiérarchie épiscopale, à l'inégalité civile et politique qui formait le fond et la substance de l'empire;

[Un seul inconvénient : les anciens comices semblaient revivre dans les élections d'évêques; mais il serait facile de corriger cet abus; et l'on verra les évêques, de concert avec les princes, y travailler avec ardeur. Donc et déjà, les évêques mécontents pouvaient refuser l'élu du peuple, s'ils l'en jugeaient indigne !...]

7. La liberté tout à l'heure chassée par la théorie de la prédestination et de la grâce;
8. Le royaume de Dieu (la révolution) expliqué dans un sens mystique et tout à fait rassurant.

Tout chez les chrétiens offrait à cette heure des garanties de soumission, de respect de l'ordre, d'obéissance aux empereurs; il ne s'agissait que de s'entendre avec les évêques, l'aristocratie chrétienne, qui ne demandait qu'à faire sa cour et à se livrer. Clément d'Alexandrie, Grégoire Thaumaturge, Paul de Samosate, Cyprien n'étaient-ils pas les chefs et les représentants de ce modérantisme, qui repoussait tout à la fois et le puritanisme de Montan, et le rigorisme de Novat, et les turbulences des circoncellions?...

« Quand le Christianisme existera sur la terre, criait Lactance aux empereurs, lib. V, c. VIII, il ne vous faudra plus tant d'ordonnances, de lois, de tribuns, d'employés, de geôliers, de prisons et de soldats pour gouverner les hommes : ils obéiront d'eux-mêmes; rien que la discipline ecclésiastique, rien que cette salutaire influence de la volonté divine répandue dans les âmes, etc. » L'obéissance passive, comme l'a très bien vu Grotius, est la première des vertus pour un catholique; il a fallu douze siècles, après Constantin, et une longue évolution religieuse, pour que la résistance à la tyrannie redevînt autant une vertu que l'avait été la servitude. — A cette heure, le Christianisme a presque fait demi-tour.

Enfin, ne voyait-on pas la philosophie abaissée au niveau chrétien et ne se distinguant plus de la gnose; le polythéisme, au contraire, s'élevant à la hauteur de la religion nouvelle, par ses tentatives de réforme et ses plagiats, donne raison au mouvement et justifie, dans une certaine mesure, les novateurs ou, comme les appelait Galérius, les apostats !...

Ces causes et une multitude d'autres moins générales, mais qu'il est aisé de deviner, pour peu qu'on ait été témoin d'une révolution, suffisent largement à expliquer comment, en moins de vingt-cinq ans, de la persécution de Galérius, en 303, jusqu'au concile de Nicée, en 325, l'empire tout entier parut se convertir à la foi de Jésus-Christ. La France a vu, au XIXe siècle, une révolution toute semblable. En vingt-cinq ans, elle est devenue de féodale égalitaire et constitutionnelle; elle a entraîné l'Europe dans son mouvement et déjà se prépare à une révolution plus radicale.

L'édit de tolérance de Galérius est naturellement pour l'Église l'effet d'une victoire, presque d'une reconnaissance officielle. — Ce fut le plus grand coup, le plus décisif qui fut porté au polythéisme, l'acte qui servit le mieux les intérêts de l'Église et la propagande chrétienne. Après neuf ans de persécution, l'empire, Rome, le vieux monde s'avouait vaincu; le doute planait sur la religion antique ! il n'était pas certain, aux termes de l'édit de Galérius, que le dieu des chrétiens ne fût pas le vrai Dieu, et pour peu qu'on voulût presser la question, que de raisons de croire qu'il en était ainsi !...

Ce fut un arrêt de mort pour le paganisme, un coup vraiment fatal. Tout le monde le comprit : tous les empereurs sur ce point sont d'accord. Maxence rend la liberté aux chrétiens, Constantin s'entend avec eux; Maximin en Orient, bien qu'il les accuse d'ignorance et d'erreur et qu'il défende l'ancien culte, prouve, par sa protestation, l'énergie du mouvement; et dans la nouvelle persécution qu'il essaie, il rabat beaucoup des rigueurs de Galère.

311. A cette heure, l'abaissement du Christianisme est trop rapide : il fait surgir une protestation. L'empressement des évêques à embrasser l'empire est trop visible, trop compromettant; ils consultent plus leur ambition que celui de leurs ouailles.

— *Origine du schisme des donatistes.* — Fleury, Bergier et les docteurs catholiques ne voient dans cette affaire qu'une querelle d'évêques, vidée par les conciles de Milan et d'Arles et entretenue par l'opiniâtreté et la mauvaise foi des évêques africains. C'est anéantir le fond sous la forme.

Il est bien vrai que la scission commença à l'occasion du sacre de l'évêque de Carthage ; mais ce ne fut que l'occasion qui amena l'éclat.

L'évêque de Carthage, Meusurius, étant mort, Cécilien, simple diacre, fut ordonné évêque par Félix d'Aptonge, assisté de quelques autres de la province. Cette ordination fut faite avec une certaine précipitation et clandestinité : au point que les propres *fabriciens* de Carthage refusèrent de reconnaître le nouvel évêque et de lui livrer les vases sacrés. Bientôt arrivèrent les évêques de Numidie, au nombre de soixante-dix, ayant à leur tête Donat, évêque des *Cases Noires,* qui se plaignirent de n'avoir pas été attendus, et, d'accord avec quelques personnages puissants, notamment une dame Lucile, qui paya 400 bourses, déclarèrent l'élection de Cécilien nulle, accusèrent Félix d'Aptonge d'avoir été *traditeur* et nommèrent à l'évêché de Carthage Majorin.

Nous ne rapporterons pas les accusations et récriminations infamantes des deux partis : tous ces évêques étaient, d'après leurs dénonciations mutuelles, *traditeurs*, *simoniaques*, etc., etc.

Ce qui reste, et que l'histoire doit surtout considérer, c'est que le parti nommé *donatiste* comptait en Afrique *trois cents évêchés;* qu'il représentait le peuple des campagnes et les montagnards de l'Atlas; que dès le temps de Cyprien, cette fraction si considérable de la chrétienté affectait une grande sévérité de conduite vis-à-vis du paganisme et une recherche extrême des mœurs et traditions des apôtres; en un mot, les chrétiens d'Afrique, à l'exception de ceux des villes, se montraient généralement plus fidèles à l'esprit révolutionnaire, aux tendances de rénovation sociale, à la simplicité du dogme; et, par la même raison, moins disposés aux transactions, surtout moins enclins à subir l'autorité de l'évêque de Rome.

C'est cette disposition des chrétiens d'Afrique qui fit le tourment et causa le martyre de Cyprien (259); c'est contre elle que lutta toute sa vie Augustin, l'évêque d'Hippone, dont l'éloquence servit ainsi d'interprète à la transaction épiscopale impériale, qui avait rendu possible la conversion de Constantin et obtenu les immenses services de Théodose.

Quand Bergier dit que les donatistes, après avoir commencé par le schisme, finirent par l'hérésie et enseignèrent des principes contraires à ceux de l'Église universelle, comme, par exemple, que la *véritable Église avait péri presque partout*, et que les Églises étaient toutes des *prostituées ;* qu'en conséquence, le baptême donné hors de leur Église n'était qu'un baptême de prostitution, etc.; — il change l'ordre des faits et ment à la logique des idées et à la loi de l'histoire. La vérité est que le schisme fut le produit de la doctrine, non la doctrine l'effet du schisme ; ce qui répugne.

Toutes les procédures, rapportées au long par Fleury, et bien entendu d'après les catholiques romains, sont donc ici de nulle valeur : ce qui reste, et qui est vraiment grave, c'est qu'en Afrique, dès la fin du IIIe siècle, l'opinion générale des chrétiens était que le Christianisme avait considérablement dégénéré, et cela, par la faute des évêques urbains, par leurs intrigues, par leurs concessions, surtout par les prétentions ambitieuses et l'idolâtrie de celui de Rome (250, 251, 254).

Le parti opposé aux donatistes leur a donné différents noms, qui à eux seuls en disent plus que toutes les controverses : *circoncellions*, c'est-à-dire vagabonds ou rôdeurs; *montagnards*, *campagnards*, *habitants des rochers*, parce qu'ils se réunissaient quelquefois dans des cavernes ou au pied des roches. A la fin de ce siècle, nous les verrons poursuivis comme le furent plus tard les albigeois, les vaudois, les montagnards des Cévennes, etc., par les dragons de Théodose et à la requête d'Augustin et des évêques du parti de Rome.

311. *Maxence en Afrique.* Un diacre de Carthage avait composé un libelle contre Maxence et se réfugia dans le palais épiscopal. Mensurius l'évêque refusa de le livrer, revendiquant apparemment le droit d'asile, l'immunité ecclésiastique! Mensurius est mandé à la cour : que dit-il à l'empereur pour ses raisons? On ne sait; ce qui est certain, c'est qu'il fut renvoyé dans son diocèse.

Les reliques de martyrs étaient si rares à Rome, qn'on en envoyait chercher en Orient. Histoire *d'Aglaé et Boniface*, digne du marquis de Sade. *Le martyre et l'amour!..*

— Maxence, après avoir pacifié l'Afrique, la remplit de rapines, de proscriptions et d'assassinats; puis il vient triompher à Rome et recommence la vie des plus infâmes tyrans césariens et prétoriens. Les sénateurs, qui avaient repoussé la taxe de Galérius, sont soumis à une *taxe volontaire*, ou *don gratuit*, à chaque événement qui arrive à l'empereur! Il le fallait. Il se met sur le pied d'enlever et violer les femmes et autorise toutes les avanies du soldat contre les citoyens et la plèbe. *Prætorianis cædem vulgi quondam annuerit*, dit Aurélius Victor. Les soldats avaient toute liberté d'imiter l'empereur, piller, violer et tuer. Souvent, il leur donnait la maison ou la femme d'un sénateur : c'est le prétorianisme des temps de Caracalla, de Gallien et de Carin!....

— Constantin remet à la ville d'Autun les arrérages des tributs, et réduit de 20.000 à 18.000 le nombre des personnes sujettes à la capitation. — Il jette aux bêtes dans le cirque de Trèves les princes des Francs et Allemands faits prisonniers.

Galérius n'a eu que le temps de s'humilier, comme autrefois Antiochus, devant un Dieu impitoyable, il meurt (mai). Ses deux collègues, Licinius et Maximin, se hâtent de le mettre au rang des dieux et de partager ses États. Nous sommes à quatre.

Aussi mal inspiré que son père Maximien, Maxence, après avoir heureusement détruit l'usurpateur d'Afrique Alexandre, revient à Rome et se déclare, sous prétexte de *piété filiale*, l'adversaire de Constantin; il affecte l'empire d'Occident et menace la Gaule. Une double alliance se conclut entre Constantin et Licinius d'une part, Maxence et Maximin de l'autre. La partie carrée va se jouer, que signifie-t-elle? c'est que le Césarisme à quatre têtes, tel que l'a produit le bon plaisir de Galérius, tend à redevenir dualiste, comme il l'avait été sous Dioclétien et Maximien, et que tandis que Maximin sera contenu en Orient par Licinius, Constantin pourra écraser son rival, et *vice versa*.

312. Constantin s'avance donc le premier avec 98.000 hommes contre Maxence, qui en a 170.000, dont 80.000 prétoriens et vétérans, 40.000 Maures et 18.000 chevaux. La partie ne semble pas égale; mais les soldats de Constantin ont pour eux le prestige que donnent la victoire, l'habitude des combats, la confiance dans leur chef : avantages qui manquent aux Maures et au prétoriens corrompus de Maxence. Il faut croire que cette multitude était déshabituée, énervée ou incapable. — La totalité des forces de Constantin n'était que de 98.000 hommes. Il n'en prend que la moitié, parce qu'il est forcé de garder la frontière. Il comptait sur la supériorité de ses talents, du courage et de la discipline de ses soldats, et aussi sur l'appui moral des populations. — L'oracle, consulté par Maxence, déclara, en style ambigu, que l'ennemi de Rome périra, et que si Maxence quitte la ville, il sera vaincu.

312. Prise de Suse, au pied du mont *Cenis*.

— Défaite des généraux de Maxence : Turin leur ferme ses portes.

— Arrivée de Constantin à Milan : toute l'Italie embrasse son parti.

— Défaite de Ruricius Pompéianus par Constantin : il est poursuivi jusqu'à Vérone.

— Siège de Vérone.

— Pompéianus s'échappe, rassemble une nouvelle armée et marche sur Constantin,

— Défaite de Pompéianus, reddition de Vérone.

— Manifestations populaires à Rome.

Maxence accusé de lâcheté!....

312. 28 *octobre*. Bataille de *Saxa Rubia* ou des Rochers Rouges, près de Rome, célèbre par la mort des trois cents Fabiens. — Une charge de cavalerie de Constantin décide la victoire. L'infanterie italienne applaudit au vainqueur!... Les prétoriens, restés seuls, sont bientôt enfoncés.

Constantin est vainqueur. — Maxence s'enfuit à Rome et périt dans le Tibre. — Constantin arrive à son tour ; il est reçu en libérateur. — Les deux fils de Maxence, toute sa race, soigneusement détruits.

Constantin, complimenté par le sénat, abolit le don de gratuité imposé par Maxence, mais le remplace par une *taxe perpétuelle*.

Voilà Galérius justifié et vengé.

Avant la bataille, Constantin, comme tous les chefs militaires en pareil cas, pensa, dit Eusèbe, à quelle divinité il s'adresserait.

« Il considéra que les empereurs qui avaient été zélés pour les dieux avaient fini misérablement, et que son père Constance qui avaient honoré toute sa vie l'Être Suprême en avait reçu des marques sensibles de protection. Il résolut donc de s'adresser à ce Dieu. »

— Constantin enchérit donc sur Galérius et Maxence; plus logique que son adversaire, qui implore les anciens dieux, il s'adresse à celui qui les a tous vaincus.

— Lactance ajoute qu'il fut averti, *en songe*, de faire marquer sur les boucliers des soldats le chiffre du Christ. ☧, X, chiffre qui fut plus tard reproduit sur le *labarum*, étendard d'une forme nouvelle surmonté d'une croix, que Constantin avait fait fabriquer et dont il prétendait avoir reçu l'ordre d'en haut comme d'un gage assuré de la victoire.

Quant à l'ange, il est facile d'y voir la suggestion épiscopale, et quant au monogramme, nous observerons que ce talisman dut être d'autant mieux reçu de l'armée qu'elle ne le comprenait point. L'armée de Constantin, composée de Gaulois, de Francs, ne savait pas le grec et ne pouvait imaginer, ce que signifiaient ces deux lettres mariées ensemble: X. P., initiales de Χριστος.

Constantin, dont les idées religieuses se réduisaient comme celles de son père à un pur déisme, se laissa facilement persuader que le monogramme du Christ exprimait son idée et que Jésus n'avait été, comme Apollonius, qu'un interprète de l'Être Suprême.

Quant à la croix lumineuse, vue dans le ciel à Trèves, selon les uns, à Besançon suivant les autres, avec ces mots : *In hoc signo vinces*, elle n'a d'autre témoignage que celui d'Eusèbe, qui disait la tenir de la propre bouche de Constantin et écrivait dix ans après sa mort.

Mais Maxence avait aussi reçu de son côté des témoignages de la faveur divine, qui se trouvèrent mensongers, parce qu'il était impossible que deux oracles contradictoires eussent raison en même temps. Sans recourir aux causes surnaturelles, il est évident que Maxence, n'osant courir le hasard d'une bataille, attendant son ennemi à Rome, dans l'immobilité et se laissant comprimer sans pouvoir développer ses troupes, devait perdre la bataille, l'empire et la vie.

On demandera peut-être ce qui fût arrivé du Christianisme, si Constantin, malgré l'assurance donné par le labarum, eût été vaincu? Le Christianisme était désormais hors de cause ; il ne pouvait plus rétrograder ni perdre de terrain ; il n'avait d'intérêt à la chose que pour le plus ou le moins de faveur qu'il avait à retirer de l'empereur victorieux. La conversion de Constantin a fait oublier aux chrétiens les actes de Galérius et de Maxence : mais l'histoire ne doit pas perdre de vue que l'Église jouissait de quarante-deux ans de paix lorsque fut publié l'édit de persécution; que cet édit fut blâmé par Constance et Maximien Hercule; que Galérius fut forcé de s'en dédire; que Maxence rechercha aussi de son côté l'appui des chrétiens, et que Constantin ne fit que suivre l'exemple de tous les emperenrs, qui s'adressaient à tous les oracles, consultant tantôt Jupiter, tantôt Hercule; recevant des révélations d'Apollonius ou de Jésus, sans que cela tirât le moins du monde, pour leur religion personnelle, à conséquence. Constantin a reçu la protection du dieu du Christ reconnu par Galérius : voilà tout; il n'est pas plus chrétien pour cela, qu'il n'est sectateur d'Odin ou de Mithra?...

Ce qui est plus décisif que l'apparition du labarum, c'est le premier acte du vainqueur : Constantin abolit radicalement les prétoriens, leur armure, leur privilèges, et répartit ce qui en reste dans ses légions. Rome reste ainsi tout à la fois désarmée et sans troupes : jouet des empereurs. Le régime militaire est fini. Or, si l'autorité impériale n'a plus pour principe et pour appui le soldat, il faut qu'elle les trouve ailleurs; c'est appui, cette force, se sera l'Église, ce sera l'épiscopat. C'est là, bien plus que la fable de la croix lumineuse, ce qui déterminera Constantin à se convertir et lui fera recevoir le baptême...... à sa dernière heure, dans vingt-cinq ans (337)!...

Tandis que ces événements se passent en Italie et révolutionnent l'Occident, Maximin Daïa, suivant la trace de Maxence, et pour marquer davantage son opposition à Constantin et Licinius, et sur la demande de plusieurs députations des villes d'Asie, renouvelle contre les chrétiens l'édit de Galère. La persécution fait soulever l'Arménie. Au fléau de la peste et de la famine, qui sévissait alors, se joignent ceux de la révolte et de la guerre. Le pire de tous est l'empereur lui-même, dont les rapts, les adultères, les viols, ne laissent plus de repos aux pères et aux époux. Un Marc-Aurèle aurait échoué dans la répression entreprise par Daïa; quel caractère d'iniquité et d'infamie ne devait-elle pas recevoir des débauches d'un féroce et lascif empereur!

[La tyrannie de Maximin Daïa est tellement semblable à celle de Maxence, qu'on a lieu de croire que le même tableau a servi pour tous deux. Lactance les peint tous deux de couleurs atroces, et en ce qui touche le sexe, leur impute les mêmes violences. Se refuser aux désirs de Maximin, c'était pour la femme, au dire de Lactance, un crime de lèse-majesté. Enfin, il aurait établi le droit de cuissage : *ut ipse in omnibus nuptiis prægustator esset.*]

L'édit de Maximin, comme celui de Galérius, mérite d'être cité : c'est une réponse à une députation de la ville de Tur : l'empereur commence par se féliciter que des hommes, plus malheureux qu'impies, sortent enfin des ténèbres de l'ignorance et reconnaissent la providence des dieux immortels, manifestée par une suite de miracles; demande comment il est possible de méconnaître leur divinité, à la vue des beautés de la nature, des moissons, des prairies, etc. Il conclut que les *fous* qui refusent de revenir au culte des dieux doivent être chassés de la ville et du territoire, etc.

Ailleurs, il décernait contre eux diverses peines, entre autres la mutilation, mais il défendait de les faire mourir. Cependant, on cite plusieurs martyrs de cette persécution, tels que les prêtres Lucien, d'Antioche, de l'autorité duquel Arius se réclama par la suite.

[Maximin Daïa est poussé par la même superstition que Galérius et la coalition des platoniciens avec les prêtres polythéistes. Religion contre religion !... Ces tendres platoniciens jouaient alors le même rôle qu'aujourd'hui : il font tache à la mémoire d'Apollonius de Tyane.]

[Fin des persécutions, à la mort de Maximin.]

Suivant Eusèbe, qui fixe à quatre-vingt-deux chrétiens le nombre des martyrs de la Palestine, de 303 à 313, et d'après l'estimation que fait Gibbon sur cette base, le nombre total des martyrs, pour l'empire tout entier, pendant dix ans, aurait été d'un peu moins de deux mille personnes. Il observe que les chrétiens se sont fait incomparablement plus de mal par leurs discordes, ce qui est juste. Mais il en est ici comme des massacres de la révolution et des fournées du tribunal révolutionnaire, qui ne sont rien si on les compare aux victimes des réactions, etc.; mais qui empruntent toute leur terreur de l'appareil judiciaire, de la publicité des supplices et de la raison d'État systématique qui y préside.]

— Les Perses s'emparent de l'Adiabène.

— Mort de Dioclétien, d'épuisement et de chagrin.

— Établissement de l'indiction romaine, période de quinze années, dont on se servait pour déterminer le jour de la célébration de la Pâque.

(?) **312**. Méthodius, évêque de Tyr, auteur d'un dialogue ou banquet des *dix vierges*. Je ne le trouve pas mentionné dans Fleury (?).

313. Cette année sera plus féconde encore en événements que la précédente.

18 *janvier*. Constantin part de Rome et se rend à Milan, d'où il s'allie plus étroitement encore à Licinius, à qui il donne sa sœur, et rend de concert avec lui un édit en faveur des chrétiens : puis il passe en Germanie.

— *Mars*. Édit de Milan. Jusqu'à ce moment, Constantin n'a fait aucun acte public d'adhésion au Christianisme, si ce n'est l'histoire du *labarum* qui, d'après les précédents des empereurs, ne tirait pas à conséquence.

Loin de là, il avait rempli tous les devoirs d'un pieux idolâtre.

En arrivant dans les Gaules après la mort de son père, il rétablit les temples des dieux, les comble de ses dons, fait célébrer l'apothéose de son père Constance et se signale, comme Aurélien, par sa dévotion au Soleil, sous les attributs duquel il aimait à se faire représenter, et à qui il dut retrouver plus d'un rapport avec le Christ. (Cf. l'*Édit.*)

Bientôt nous le verrons se réclamer du droit divin et prendre le titre de *lieutenant de Dieu.*

Il est remarquable que les motifs de l'édit de Constantin sont exactement les mêmes que ceux de l'édit de Maximin et de Galérius, rapportés plus haut (311); c'est toujours en vue *d'obtenir les faveurs du ciel* que les empereurs agiss ent, e de faire rendre au vrai Dieu, que chacun se flatte d'adorer, mais qui par là-même est *inconnu.*

« Nous, Constantin et Licinius, etc.,

« Nous avons cru qu'un de nos premiers soins devait être de régler ce qui regarde le culte de la divinité, et de donner aux chrétiens et à tous la liberté de suivre telle religion que chacun voudrait, afin d'attirer la faveur de la *divinité qui est dans le ciel* sur nous et sur tous nos sujets. Nous avons donc résolu, par un conseil salutaire, de ne dénier à qui que ce soit la liberté d'attacher son cœur à l'observance des chrétiens, ou à *telle religion qui lui conviendra le mieux*, afin que la SOUVERAINE DIVINITÉ dont nous suivons la religion d'un cœur libre puisse nous accorder en tout sa faveur et bienveillance accoutumée. C'est pourquoi, etc. »

Les deux empereurs, par le reste de leur édit, ordonnent de rendre aux chrétiens les églises, chapelles et autres propriétés confisquées durant la persécution.

Constantin, dans cet édit, fait seulement acte de tolérance : il n'est pas encore chrétien. Il invoque la *divinité suprême;* et c'est afin que cette divinité ne puisse être oubliée dans les religions de l'empire, frappé de doute et de non-confiance, qu'il ordonne la libertéde tous les cultes. Quant à lui, il conserve le titre de souverain pontife, et il évite, jusqu'à nouvel ordre, de ne rien faire qui autorise à le considérer comme chrétien.

D'après Eusèbe, qui rapporte au long l'histoire, cette *divinité suprême* était la seule que reconnaissait l'empereur Constance, père de Constantin. Les paroles de l'édit expriment donc une pensée toute de famille ; c'est la foi déiste de Constantin qui se fait jour et lui inspire, comme à son père, une politique de tolérance ; et c'est très gratuitement que les chrétiens se sont imaginés que par ces mots, *summa divinitas*, Constantin et Licinius avaient voulu désigner leur dieu.

— Dans un panégyrique en l'honneur de Constantin prononcé fin 313, l'orateur dit : *Summe rerum sator, cujus tat nomina sunt quot linguas gentium esse voluisti, quem enim te ipse dici velis, scire non possumus!* Il semble que Constantin soit arrivé au Christianisme par la voie de la gnose.

Et ailleurs, il dit à Constantin : *Habes profacto aliquid cum illa mente divina secretum, quæ...... uni de sibi dignitur ostendere.*

Cependant, il est visible que Constantin incline déjà vers la foi nouvelle : l'homme ne saurait en rien garder longtemps le point d'indifférence. Tandis qu'il rend la liberté à l'Église, il maintient les édits contre les philosophes : la superstition est accueillie; la raison pure est proscrite. Sopatre, disciple de Jamblique, est mis à mort par la hache; un autre, Édesse, se retire au milieu des bois et, vrai carbonaro, forme à l'ombre des chênes une société secrète, qui dure jusqu'au temps de Julien. Déjà l'on peut prévoir que la tolérance de Constantin ne sera pas de longue durée. La persécution ne fera que changer de drapeau : gare alors aux chrétiens qui ne se tiendront pas dans la *ligne droite*, dans la communion impériale!...

Tandis que Constantin accourt sur le Rhin pour repousser les incursions des Francs, Licinius s'avance en hâte contre Maximin Daïa, qui, dès la fin de l'hiver, s'était avancé sur le Bosphore et déjà s'était emparé de Byzance. Les deux empereurs se joignent près d'Andrinople, 30 avril. Licinius, comptant à peine 30.000 Illyriens, Maximin 70.000, la plupart vétérans. Ici se passe encore un de ces faits, contre toute probabilité, et qui ne semblent avoir d'autre raison en eux-mêmes que la série logique des événements, qui, à certaines heures, ne veut pas être démentie ou interrompue. Licinius demande la paix à Maximin, qui la refuse. Le dernier représentant du prétorianisme, connu du soldat par ses largesses, comptait sur une défection de l'armée de Licinius; il provoque le soldat et lui fait de grandes promesses, il n'est point écouté... On en vient aux mains; un instant Licinius semble accablé par le nombre, mais la science militaire triomphe bientôt de l'impétuosité aveugle et des masses jetées en avant sans intelligence. L'armée de Maximin est enfoncée, massacrée comme un troupeau. L'empereur fuit, et dans sa frayeur fait une telle diligence que d'Andrinople à Nicomédie, distante de 160 milles, il ne mit pas plus de vingt-quatre heures. Ce fut le miracle de la journée.

S'il faut en croire Lactance, Licinius, avant de combattre Maximin, aurait été honoré de la même faveur céleste que Constantin, la veille de la bataille contre Maxence. Un ange lui serait apparu et lui aurait enseigné une prière qui, récitée par les soldats avant d'engager le combat, mettrait en fuite l'ennemi. Voici le texte de cette prière, qui peut s'adresser à tel dieu qu'on voudra et ne décèle absolument rien de chrétien: — Dieu suprême (encore le Dieu de Constantin), nous te prions. Dieu saint, nous te prions. Nous te recommandons toute justice, nous te recommandons notre salut, nous te recommandons notre empire. Par toi nous vivons, par toi nous devenons vainqueurs et heureux. Dieu suprême et saint, écoute nos prières, nous te tendons les bras, exauce-nous, Dieu saint et suprême! » Nous ne voyons aucune raison de révoquer en doute l'authenticité de cette prière de Licinius; mais nous y voyons tout autre chose que ce qu'ont cru y trouver Lactance et les historiens ecclésiastiques. Il est évident pour nous que les deux empereurs Constantin et Licinius, obéissant à l'une des tendances les mieux avérées du Césarisme (Cf. Marc-Aurèle, Adrien, Julia Domna, Alexandre, Aurélien), essayaient de vulgariser l'idée philosophique d'une divinité unique ou, comme la Révolution française l'a nommée, d'un *Être suprême* laissant loin derrière lui les personnifications mythologiques et chrétiennes. Depuis Septime-Sévère, qui soutint un instant la fortune de Rome, l'empire n'avait cessé de décroître. La protection d'en haut semblait l'abandonner, les innombrables dieux étaient devenus ingrats ou impuissants. Constantin et Licinius, à l'exemple de Constance et de Marc-Aurèle, laissant de côté la vieille religion aussi bien que les nouvelles, aussi dégoûtés des unes que des autres, invoquaient enfin le dieu des philosophes, la raison éternelle, infinie, souveraine et sainte!

Mais les choses ne devaient pas marcher longtemps au gré de cette politique vraiment supérieure. Les masses ne pouvaient s'accommoder du *Dieu suprême* de Constantin; il leur fallait une divinité mieux définie et plus palpable, un culte plus sensible, une religion plus accessible à l'imagination et moins éloignée de l'anthropomorphisme gréco-romain... Puis, la distinction que faisait l'édit des empereurs entre la *tolérance* accordée aux chrétiens et une adhésion explicite à la foi du Christ ne serait pas mieux comprise. Aux yeux de la multitude, la religion de l'empereur serait celle qui bénéficiait du changement de politique, et bon gré mal gré qu'ils en eussent, Constantin et Licinius étaient chrétiens ! Quand le premier triomphait de Maxence, c'était pour le Christ qu'il remportait la victoire; quand Licinius taillait en pièces l'armée de Maximin, c'était pour l'Église qu'il travaillait. Les armées de Constantin et de Licinius étaient donc, *ipso facto*, les armées de la foi; leur sentiment personnel ne comptait ici pour rien; ainsi le veut la loi de l'antagonisme historique, qui, à la chute du messianisme juif, constitue immédiatement le Christianisme en religion positive et en opposition directe au Césarisme (71); qui, maintenant, par l'édit de tolérance survenu à la suite d'une persécution ouverte, constitue ce même Christianisme, à la place du polythéisme vaincu, en religion de l'État.

[Maximin vaincu aurait, suivant Eusèbe, imité Galérius et rendu, avant de mourir, un édit favorable aux chrétiens. Ce *chassé-croisé* des empereurs, qui ne savent à quel dieu se vouer, est curieux.]

15 *juin*. Licinius, vainqueur, fait publier par toute l'Asie l'édit de religion, puis il se met à la poursuite de Maximin, l'atteint dans le Taurus et le force à se tuer. Au sang de Maximin, il joint celui des enfants de Galérius et de Sévère, ainsi que le supplice de la femme et de la fille de Dioclétien.

Ces deux femmes étaient pourtant chrétiennes, et depuis trois ans, errantes, sans ressource, victimes de la tyrannie de Daïa.

Août. Mort de Maximin Daïa.

— Philosophie de Jamblique, disciple de Porphyre. (Cf. ?...)

Quel ménage vont faire ensemble le Christianisme et l'empire ?

Le Christianisme est venu sur deux idées propres et fondamentales :

1° L'idée socialiste, ou anticésarisme, embrassant l'empire et l'esclavage.

L'esclavage n'est point d'abord nié par les chrétiens. Puis il est remplacé par la domesticité, le salariat, avec le mysticisme pour lénimeut ou correctif.

2° L'idée morale, appuyée sur un dogme encore peu connu, l'immortalité de l'âme.

De ces deux idées, la première est à peu près éliminée et n'eut pour représentants que des sectaires épicuriens ou sauvages : les agapètes d'Espagne et les donatistes d'Afrique; en revanche, le Christianisme est devenu ou est en train de devenir une religion. — La deuxième idée s'est obscurcie et a dégénéré en une discipline de bon plaisir basée sur la FOI! Or, la foi est diverse et instable : que deviendra la morale ?

La morale ! elle ne peut exister dans sa vérité, qu'autant qu'elle a pour sanction, principe et fin un ordre régulier. — Les évêques ont si bien fait que le Christianisme ne peut plus à cet égard donner d'ombrage aux princes : il est purgé de tout élément révolutionnaire.

Donc, par cette épuration, sa morale manque de raison et de base ; donc, au lieu d'une réforme en esprit et en vérité, le Christianisme ne donnera qu'une *panhypocrisiade*. Mais cette hypocrisie, portant en soi l'affirmation chrétienne, sera d'abord un progrès et ramènera plus tard la révolution, quand le nouvel État étant fondé par les barbares et systématisé par l'épiscopat et la papauté, aura achevé lui-même toutes ses expériences et aura succombé à son tour sous la démonstration de son impuissance.

CINQUIÈME PÉRIODE

DE LA PAIX RENDUE A L'ÉGLISE, EN 313; A L'AN 476, CHUTE DE L'EMPIRE ROMAIN EN OCCIDENT

De la paix rendue à l'Église en 313 à l'an 476, chute de l'empire romain en Occident.

[Récit rapide ; ce n'est plus qu'une décomposition à raconter, un travail de destruction et de ruine.]

Le Christianisme a obtenu la reconnaissance officielle, il est devenu la religion du prince ; il ne tardera pas à devenir la religion de l'État. Il a dû son succès :

1° A l'espérance de rénovation sociale qu'il portait en lui, et qui, bien que dissimulée de plus en plus et niée par l'épiscopat, saisit toujours le cœur des masses, les agite, les entraîne hors du polythéisme.

(Voir ci-après les *circoncellions*, etc.)

2° Au désespoir qu'avait fait naître partout le despotisme militaire et à l'espérance de SALUT qu'avait fait naître le Christianisme.

Constantin fut comme Charlemagne un convertisseur de première force !...

En vingt-cinq ans, le nombre des chrétiens tripla et quadrupla.

La question qui se pose maintenant est donc bien simple.

Le Christianisme et le Césarisme sont unis ; *justitia et pax osculatæ sunt;* la révolution a conquis l'adhésion du pouvoir; pourront-ils SAUVER l'empire, et des barbares, et de la corruption, et de la misère?...

Le Christianisme apporte son principe, sa foi, sa morale supérieure, son organisation naissante, sa discipline; — le Césarisme a l'épée qui détruit les obstacles, le bouclier qui protège, qui dirige l'autorité et qui exécute.

On dut croire à une félicité universelle, au règne messiaque. Ce sentiment éclate dans les écrivains chrétiens du temps. (Cf. Lactance, *De mortibus persecutor*, 1.)

Il faut le dire et le démontrer avec force, non pour le vain plaisir de soutenir, comme Gibbon, une cause indéfendable, la cause du polythéisme et du Césarisme; — non pour la satisfaction non moins puérile d'accuser le Christianisme, qu'il faut juger ici, non plus comme révélation divine, mais comme manifestation de l'humanité :

La situation de l'empire après la conversion de Constantin et la défaite de Licinius, cette situation, qu'on croyait améliorée de moitié, se trouva justement EMPIRÉE DU DOUBLE.

Les faits qui établissent cette proposition, faits qu'il ne s'agit plus maintenant de porter à la charge soit de l'autocratie, soit de la révolution, puisque l'une tend à s'amender et que l'autre donne ce qu'elle contient; ces faits, disons-nous, qui résultent simplement de la *nature* et du *concours* des choses, sont nombreux et décisifs.

En voici la récapitulation, présentée au hasard; la silhouette.

1° *Réaction chrétienne.* Elle produit d'innombrables mécontentements parmi la plèbe, l'armée, les classes élevées, les prêtres païens, les philosophes, etc... Elle divise et scinde la société romaine en deux parties antagoniques et amène la guerre civile (révolte de Magnence, 350-353) et provoque:

1° *L'antagonisme.* — Il fut d'autant plus violent qu'il n'eut plus guère que la superstition pour objet. Le Césarisme avait fait à son image le Christianisme; les évêques affectaient la qualité de sénateurs et prenaient comme eux le nom de *pères;* ils déniaient à la plèbe ses droits électoraux et de juridiction et tendaient à élire entre eux un empereur.

Ainsi admettez que l'invasion n'arrive point interrompre l'action combinée du Césarisme et du Christianisme, et l'humanité se détruira d'elle-même, comme il a été observé an 14 de J.-C. (mort d'Auguste).

2° *Revanche et réaction du polythéisme* (355-364) sous Julien. La lutte ne cesse point à la mort de Julien; elle reparaît sous Arbogaste et Eugène (393-394.)

Si le Christianisme s'était tenu dans la donnée *sociale* et *morale* de Jésus, en y ajoutant le fusionnisme d'Apollonius et Simon, au lieu d'embrasser l'exclusivisme judaïque, ce péril eût pu être conjuré. En 313, le mal était accompli; la manie de judaïser et les persécutions l'avaient rendu irrémédiable.

3° A la scission fondamentale apportée par l'antagonisme entre les sociétés polythéiste et chrétienne se joignent les *divisions, plus furieuses encore, entre les chrétiens*, dans lesquelles les empereurs prennent parti et voient périr leur autorité (ariens, manichéens, pélagiens; — Constantin, Constance, Valens, Justine).

4° Incompatibilité d'humeur des nouveaux alliés, l'empire et l'Église, ou plutôt l'épiscopat; tendance mutuelle à s'absorber; impossibilité d'une fusion.

5° *Abolition du prétorianisme*, qui ne fut remplacé par rien. — Constantin fait cesser ce que nous avons appelé l'*état de siège*, établi par Septime-Sévère : il distingue de nouveau le pouvoir civil du pouvoir militaire et organise celui-ci de manière à n'avoir plus rien à craindre des légions, dont l'effectif est réduit de 6.000 hommes à 1.500 — mais les légions étaient la force unique de l'empire; il n'y avait plus d'institutions. Tout ce qui constitue la vie d'une société était tombé en désuétude; à la place de fonctionnaires, on eut des *intrigants*. Le Césarisme ainsi énervé, émasculé, l'empire tout entier fut fait eunuque. Le Christianisme, déchiré par les disputes, dévoré par les intrigues épiscopales et l'agitation des classes inférieures, était totalement incapable de donner le moindre secours à l'empereur.

(Les dernières années de la vie de Constantin, qui se mêle

de faire la police parmi les théologiens et ne sert qu'aux sectes; — toute la vie de Constance, — Valens, Justine, — Ambroise et Théodose, et l'histoire de l'empire grec tout entière.)

6° *Prétorianisme.* — Les mœurs restèrent : la chose fut détruite. Ce fut toujours le même régime désorganisateur, violent, moins la force prétorienne.

7° *Épuisement des provinces par le fisc.* — Après la conversion de Constantin, les empereurs favorisèrent l'affranchissement des esclaves, continuèrent l'établissement des colonies, etc. — Mais tout cela fut plus dans la forme que dans la réalité. Les charges de l'empire étaient devenues énormes ; la manie des places avait tout envahi, au point que, suivant un auteur, le nombre des salariés dépassait celui des contribuables; les distributions de blé se continuaient comme par le passé; elles furent même un des premiers établissements de Constantinople, dont le peuple, dit un auteur, ne se serait pas cru romain sans cela!... Ce qu'on n'enlevait plus aux provinces, au travail, à la production, sous forme de tribut, de droit de conquête, de fermage romain, on le reprit sous forme d'impôt : la charge fut telle que l'agriculture commença partout à être abandonnée.

(Pour la plèbe, comme pour les prétoriens, les mœurs subsistèrent, le principe seul fut nié. — Cf. les distributions au peuple de Constantinople ; l'abandon de la culture, etc., etc.)

En un mot, et pour expliquer ici un terme moderne, tandis que l'empire sous les Césars, les Antonins, les prétoriens, ruinait ses peuples en les pressurant; après Constantin, ce fut lui qui se trouva ruiné; après la victoire de Théodose sur Arbogaste (394), il avait joui de son reste, il était en pleine *banqueroute.*

6° La sixième cause fut l'introduction des barbares dans les armées et les emplois, les négociations faites avec eux, leur importance croissante, etc. — Quand arriva l'invasion, elle était faite depuis longtemps.

Ainsi une société en butte avec elle-même, un état désorganisé, plus d'institutions, plus d'aptitude à la vie politique chez les peuples, une défaillance générale, également amenée par le Césarisme et par les controverses religieuses, à la place de la rénovation annoncée par Jésus, une hypocrisie universelle, voilà les causes organiques, immédiates, de la dissolution de l'empire. Pour que la société, lentement exténuée, pût se refaire, il aurait fallu une PAIX PERPÉTUELLE, au dehors et au dedans. Or, sous ce double rapport, la paix impliquait ici contradiction. Toute la *barbarie* germanique, slave, tartare, arabe, était poussée à se jeter sur l'empire, sur les races civilisées, appelée par l'appât du pillage (cf. t. I, les luttes des premières civilisations avec les sauvages); — c'était là un effet d'attraction inhérent à la situation relative des peuples; — d'autre part, avec la paix, avec le droit nouveau que créait le Christianisme, les nations auparavant groupées sous le sceptre césarien, suivant leurs attractions ethniques et climatériques, tendaient par là même à se désagréger et à rentrer en lutte. De toute manière, la désorganisation, la guerre, étaient inévitables.

Une dernière question :

Est-ce là ce qu'on peut appeler une *décadence?*

Nous ne le pensons pas, nous disons que c'est simplement un effet de *réaction*. Les peuples, comme les individus, peuvent souffrir, se tromper, tomber dans la corruption, périr de famine, de guerre ou de peste : nous ne cesserons de répéter qu'ils ne dégénèrent point.

Trois siècles de tyrannie d'un côté, d'aspirations sociales et religieuses, plus ou moins faussées, de l'autre, avaient développé dans les nations, au physique et au moral, un état pathologique, qui ne pouvait instantanément être ramené à l'équilibre : le corps social était à l'agonie, les plus grandes précautions étaient nécessaires pour le sauver; le plus faible coup pouvait le tuer. Ce coup fut donné en Orient et en Occident par les barbares. Mais en Orient, la barbarie anéantit absolument l'ancienne civilisation; tandis qu'en Occident, elle se trouva douée d'aptitudes supérieures, qui lui permirent de se fondre avec les anciens habitants, et après quelques siècles de stagnation, de s'élever avec elles à la civilisation et de recommencer l'histoire.

Alors le Christianisme, mieux assis, sera mis en demeure de produire l'unité; et le catholicisme apparaîtra, armé de de toutes pièces.

En résumé :

Ce ne sont pas les barbares qui ont détruit l'empire romain; ils n'étaient point assez forts pour cela.

L'empire a succombé à sa dissolution interne; le Christianisme qui devait le sauver en le transformant l'acheva.

La barbarie n'a fait que profiter de l'état de faiblesse extrême où il était réduit sous les fils de Théodose, pour se jeter sur lui et le mettre en lambeaux.

Et cette dissolution interne n'a point été l'effet d'une loi organique de la nature, qui aurait assigné à la vie sociale, comme à la vie animale, une certaine période de durée, ou évolution, de la naissance à la maturité et de la maturité à la vieillesse et à la mort.

Cette dissolution a eu pour causes :

1° La prépondérance de la plèbe sur le patriciat, prépondérance qui eût été pour la Rome de la république ce qu'eût été une première invasion de barbares, suivie de l'extermination de l'élite nationale;

2° La création du Césarisme, pouvoir plus monstrueux, destructif de toute organisation, de toute vie, mais expression pure de la souveraineté de la plèbe;

3° L'exploitation des pays conquis par le Césarisme, la destruction des nationalités et la servitude universelle.

4° Le régime des *prétoriens*, dernier mot du Césarisme, qui devint bientôt la plus corrompue, la plus lâche de toutes les milices;

5° Le pillage de l'univers, pour la jouissance des prétoriens et de la plèbe; d'où misère partout, luxe au centre, règne des comédiens, des courtisans, des délateurs; dépravation de la philosophie et des arts;

6° La dégradation du travail, engendrant le parasitisme

de tout un peuple, et faisant de ce parasitisme le principe et la condition *sine qua non* du pouvoir impérial;

7° La réaction des esprits et des consciences contre ce système épouvantable, réaction qui, livrée aux utopistes, aux théosophes, à d'obscurs et ignares prédicants, dégénérés rapidement de la haute et pure inspiration du Christ dans les ignominies du communisme, les intrigues de l'épiscopat et les fureurs de la théologie.

Quant aux barbares, on les a définis tous en quelques mots, quand on dit : maraudeurs, pillards, génies bruts, sans politique, sans vue, sans plan, sans bonne foi, sans pudeur, servant l'empire pour de l'argent, l'attaquant toujours pour de l'argent, se battant entre eux, se coalisant, vagabondant, ayant encore plus d'horreur du travail que la plèbe de Rome et les prétoriens.

En s'emparant de l'empire, ils reçurent l'inoculation chrétienne et vinrent ainsi prolonger son existence; c'est un problème, peut-être insoluble, si le Christianisme, en convertissant la barbarie, a plus mérité de la civilisation que la barbarie en sauvant le Christianisme n'a démérité de la liberté.

313. La tolérance de Constantin devient rapidement de la faveur : et comme il est difficile d'admettre de sa part un zèle bien fervent pour la religion nouvelle; comme d'ailleurs les intentions personnelles des princes pèsent aussi peu dans la balance de l'histoire que les miracles des légendaires, il faut rechercher à quelle politique se rattachait sa conduite partiale envers les religionnaires chrétiens.

Constantin rend aux chrétiens leurs biens confisqués, rappelle les bannis, délivre les prisonniers. Il comble de distinction les évêques, les admet à sa table, paye leurs frais de route et fait d'immenses libéralités aux églises. A l'évêque de Carthage, Cécilien, qui fut excommunié par les donatistes (311), il envoie jusqu'à 3.000 bourses = 3.000 × 250 drachmes ou 600.000 francs monnaie actuelle ; il fait restituer tous les terrains, bâtiments, etc.

Il les traite évidemment comme un chef de parti victorieux traite ses partisans...

Les jeux séculaires tombaient cette année : pour plaire aux chrétiens, Constantin ne voulut pas célébrer cette fête nationale, sacrifiant ainsi aux convenances d'une secte les solennités les plus respectées!... Ce n'était déjà plus de la tolérance, c'était de la réaction.

Ce qui répand un nouveau jour sur la conduite de Constantin, ce fut la manière dont il procéda à l'égard des donatistes. On vient de voir qu'il avait été prévenu par l'évêque de Carthage, Cécilien. Il donna ordre en conséquence au proconsul d'Afrique d'informer contre eux. Les donatistes remettent alors un mémoire contre Cécilien: Constantin rassemble à Rome un concile dans le palais actuel de Latran, 20 octobre 313, où comparurent les deux factions. Ce concile, composé d'évêques de Gaule et d'Italie dévoués aux vues de la cour et opposés aux tendances donatistes, n'osa cependant pas désapprouver le concile (311) qui avait déposé Cécilien, ni déclarer l'ordination de Majorin et les ordinations qu'avait faites Majorin nulles, ni réinstaller Cécilien dans l'évêché de Carthage, ni excommunier les donatistes : il se borna à exiger que les deux évêques rivaux s'abstinssent de retourner en Afrique et envoya deux légats à Carthage pour déclarer que la vraie Église était celle qui était *répandue par toute la terre.*

Une pareille décision ne pouvait contenter personne; aussi les troubles recommencèrent-ils de plus belle; les dénonciations arrivèrent l'une sur l'autre à Constantin, qui fut obligé d'ordonner un nouvel examen de l'affaire et de convoquer, pour en finir, un autre concile à Arles!...

Voilà donc l'empereur, à peine victorieux de Maxence, occupé de la guerre avec les Francs; soucieux du sort de Licinius, le fils de Constance, déiste comme lui, point chrétien encore, déjà saisi des querelles religieuses de la chrétienté et forcé de consumer à des débats inextricables un temps qu'il devait tout entier aux soins de l'empire. Nous ne sommes qu'au commencement!... C'était sa faute : dès lors qu'il entrait dans l'Église, il était, comme on dit, *évêque du dehors*, et forcé de se prêter aux exigences misérables d'un chef de culte. Pitié sur l'empire, pitié sur Constantin.

— La vogue du monachisme se répand en Égypte de plus en plus. — Antoine a donné le branle : il est suivi de plusieurs autres qui rivalisent avec lui par leur originalité et leurs aventures. Ammon de Nilsie, Pacôme, Hilarion sont de ce temps. Les deux premiers habitaient la Thébaïde, comme Antoine; le troisième s'établit en Palestine. Ammon, noble et riche, marié avec une jeune femme, vécut avec elle dans une continence absolue, et bien qu'elle devînt elle-même mère de vierges!

Pacôme avait été soldat; revenu du service, il s'était attaché à un vieil ermite nommé Palémon; il le surpassa en peu de temps par ses prodiges. Il resta quinze ans sans se coucher, passait les nuits les bras étendus en croix, marchait sur les serpents et les scorpions et chevauchait sur les crocodiles. Hilarion mangeait quinze figues par jour, ne coupait ses cheveux qu'à Pâques, ne se lavait jamais et ne changeait de chemise, le seul vêtement qu'il portait, que lorsqu'elle tombait en lambeaux. Par ce régime, il s'était réduit à n'avoir plus que la peau sur les os : en cet état, il éprouvait d'affreuses tentations de volupté. Où Vénus va-t-elle se nicher!... — Tous ces religieux exerçaient une certaine contagion parmi les fidèles, qui les admiraient en raison de leurs excentricités et jugeaient de leur sainteté par leurs tours. Cette lèpre du monachisme fait pendant, en Égypte et en Palestine, à l'esprit révolutionnaire des circoncellions d'Afrique et accuse par son hideux contraste la mondanité de l'épiscopat.

Tandis, en effet, que les parfaits se retiraient pour converser avec Dieu, dans les lieux les plus horribles, passant de longues années dans des tombeaux, se faisant des cavernes et des terriers de bêtes féroces, des oratoires, les évêques des villes construisaient des églises somptueuses, où l'or, le marbre et les sculptures se disputaient les regards. A Tyr, on consacra cette année une basilique dont la description est fort semblable à celle de nos cathédrales, et qui, par la hauteur de son portique, par la distribution des trônes réservés à l'évêque et autres, montrait, haut et loin, l'orgueil de son épiscopat. Dans ces somptueux édifices, la divinité était encore absente : nulle statue, nulle image pour la représenter.

C'est que le Christ n'a pas encore reçu solennellement son apothéose ; nous n'en sommes qu'au monothéisme abstrait, incorporel, anti-plastique de Jéhovah ! Nous n'attendrons pas longtemps.

Travaux d'Eusèbe de Césarée, pour la religion chrétienne : *Préparation et démonstration évangéliques.* — Au concile de Tyr (335), on lui reprocha de n'avoir pas enduré le martyre et d'avoir sauvé sa vie par de lâches subterfuges ; c'est l'arme terrible qu'on emploie alors contre les évêques.

La réconciliation du Christianisme avec le siècle s'opère sous toutes les formes. Érudition, philosophie, dialectique, archéologie, histoire, éloquence, poésie, toutes les ressources de la littérature profane sont appliquées à l'œuvre nouvelle : qui oserait s'en plaindre ?

— Or, s'il est permis à un évêque d'employer, pour le service de la foi, la science et les lettres profanes, pourquoi pas aussi les arts: la peinture, l'architecture, l'or, l'argent, les pierreries et les marbres!... Le luxe coule donc à pleins bords : et cette séparation de la nudité monastique d'avec l'opulence épiscopale ne fait que mieux grimacer l'hypocrisie chrétienne.

Que nous dit Eusèbe ?

Son livre montre bien l'embarras où se trouvait le Christianisme de rendre raison de lui-même et de se dire quelque chose. C'est un corps entier de controverse contre les païens et les juifs. Dans la première partie, qui est la *préparation*, Eusèbe explique pourquoi les chrétiens ont abandonné les traditions de tous les peuples pour s'attacher à celles des Hébreux, qu'Eusèbe distingue des juifs : dans la seconde, qui est la *démonstration*, il explique pourquoi les chrétiens, acceptant les traditions hébraïques, les livres de Moïse, des prophètes, etc., qui sont tous les livres des juifs, ne sont cependant pas juifs. Avec le temps, la distinction des deux cultes est devenue si tranchée, la haine si vive, qu'on n'a guère eu à s'occuper de ce second pourquoi. Mais au temps d'Eusèbe, il n'en était pas de même? Jésus, nous le répétons, n'était pas encore Dieu, c'était un prophète hébreu, que les plus affinés en théologie prenaient pour le représentant du *Christos* éternel, l'un des éons; mais le vulgaire n'atteignait pas jusque-là. Eusèbe lui-même n'admettait pas la divinité du Christ. Comment donc les chrétiens, après la ruine de Jérusalem, s'étant emparés des traditions judaïques, sauf quelques changements, n'étaient-ils pas juifs? A la circonsision, ils avaient substitué le baptême; au sabbat, le dimanche. Mais ils adoraient Jéhovah, niaient le polythéisme, se montraient plus ardents contre l'idolâtrie que les juifs eux-mêmes, n'avaient point d'image; ils célébraient la Pâque; ils observaient le 7e jour; ils avaient des jeûnes, des abstinences, des excommunications, etc., etc. Leurs gnostiques ressemblaient aux cabbalistes; leurs moines copiaient les thérapeutes, etc., etc.

Mais ce n'est pas tout.

Eusèbe, dans ses solutions, se montre partout disciple de ces gnostiques, que l'Église a impitoyablement excommuniés: bien mieux, ce sont eux qui lui fournissent toutes ses raisons.

D'abord il pille Aristobule (180 av.), Philon, et leur prend toute cette argumentation, par laquelle ils prétendaient que les autres nations avaient tout emprunté aux Hébreux; puis il fait voir que le *Logos* préexistant à toutes les créatures a été le véritable inspirateur des prophètes, etc., en quoi il est à la fois d'accord avec les juifs hellénistes et les gnostiques; enfin, il s'appuie sur la distinction, si célèbre parmi les gnostiques, des deux états de l'âme humaine, le *psychisme* et le *pneumatisme*, pour montrer que si les juifs ont, comme psychiques, une certaine supériorité sur les gentils, qui sont les hyliques ou matériels, ils ne sont qu'un terme préparatoire pour arriver aux *pneumatiques*, à la vraie religion des spirituels. Toute la substance de cette argumentation d'Eusèbe, qui a été depuis reçue dans la théologie chrétienne, est empruntée à la gnose, à cette gnose proscrite par l'épiscopat jaloux, et maintenant enterrée.

Et voilà pourquoi nous ne sommes ni polythéistes, ni juifs, mais chrétiens!...

Ainsi le Christianisme n'existe que comme expression et confirmation de la loi du progrès, loi reconnue et anathématisée par les chrétiens, ignorants d'eux-mêmes, et repoussés par les évêques, conservateurs de la simplicité du dogme apostolique : mais loi sur laquelle le Christianisme après tous ses emprunts, ses plagiats, ne serait qu'une mystification indigne et ne pourrait se justifier.

Nous savons ce que vaut la distinction des gnostiques entre le psychisme et le pneumatisme; nous l'avons adoptée comme servant à désigner deux états de l'âme humaine, selon qu'elle est soumise davantage aux attractions passionnelles ou gouvernée par la loi morale et sociétaire.

DE 313 A 381. — THÈME DE CETTE PÉRIODE

L'histoire de l'empire, depuis sa conversion, est l'histoire de son agonie, ou plutôt de son suicide. Les coups qu'il se porte à lui-même à Andrinople, Gallipoli, Chalcédoine (324), à Mursa (351), à Aquilée (393), achèvent de l'épuiser et amènent bientôt (410) l'invasion.

L'Église se signale par l'inconscience qu'elle a d'elle-même. Sa dispute théologique. — Trois grands mouvements : l'arianisme en Orient, le pélagianisme en Occident, les monophysites en Orient.

— A cette heure, d'après un calcul statistique cité par Matter, la totalité de la population chrétienne ne dépassait pas cinq millions.

314. Le plan de Dioclétien, heureusement suivi jusqu'à son abdication, avait été de diviser le gouvernement en conservant l'unité de l'empire ; on pouvait s'attendre que les deux beaux-frères, d'accord pour la destruction des tyrans, d'accord pour la tolérance à donner aux chrétiens, s'entendraient également pour l'administration du nouvel ordre de choses. Il n'en fut rien. Quel fut l'auteur de la rupture? tout le monde et personne. Elle sortit de la situation même.

Constantin, en faisant épouser sa sœur Constantia à Licinius, avait donné l'autre à Bassianus, homme de haute intelligence, qu'il se proposait de faire César. Ce Bassianus ayant eu des intelligences avec Licinius, Constantin se défit de l'un et déclara la guerre à l'autre. Or, sur quoi pouvait rouler la correspondance secrète entre Licinius et Bassianus? La vie entière de Licinius et l'état des choses le montrent assez: Licinius, dans la part de l'empire qui lui était échue, se montra moins favorable à la révolution opérée par Constantin ; il devint le chef et le représentant de la vieille société.

Licinius (313) n'était que tolérant et déiste : Constantin inclinait à faire du Christianisme la religion de l'État.

Le premier était plus dans la pensée officielle, le second plus dans la logique des événements. Licinius voulait enrayer, Constantin lâchait les rênes.

Il défend la convocation des *synodes* et renvoie ses officiers chrétiens.

— Affaire de Félix d'Aptonge et d'Ingentius.

— Conciles d'Arles, contre les donatistes; d'Ancyre, de Néocésarée.

Les donatistes ne s'étaient pas soumis à la décision du concile de Rome. Personne, ni parmi les orthodoxes, ni parmi les schismatiques, n'avait obéi aux invitations de Constantin. Le feu de la discorde flambait de plus belle!...

Donc, l'empereur ordonne à Vérinus, lieutenant du préfet d'Afrique, de lui faire un rapport sur l'affaire. Enquête le 15 février 314. Cf. le procès-verbal de l'interrogatoire plus ou moins intègre, mais où Félix d'Aptonge ne joue pas un beau rôle.

1er *août*. — Concile d'Arles. Suivant Ado, six cents évêques au concile d'Arles :

Il esquive les informations, auxquelles d'ailleurs les anciens officiers de l'empire appelés en témoignagne n'aimaient point à se prêter; il maintient les ordinations des donatistes et les renvoie.

Constantin s'est imaginé qu'il régenterait la chrétienté par les évêques et les conciles : il doit s'apercevoir déjà que cette matière chrétienne n'est point aussi malléable qu'on le lui avait annoncé (304, 311).

Le concile d'Arles n'eut pas plus de succès à l'égard des donatistes que celui de Rome tenu en 313. — L'année suivante, un autre à Milan.

Le concile d'Arles règle d'autres points : 1° célébration de la Pâque, le même jour;

2° Obligation de résider pour les clercs;

3° Défense aux mêmes de pratiquer l'usure (cf. ans 100 et 196);

4° Obligation du service militaire, et excommunication prononcée contre les déserteurs (198);

5° Obligation à tout fonctionnaire public de se munir de certificat de communion avec son évêque. Voilà bien le droit de *lier et délier.*

Pour le moment, tout cela allait assez bien; mais quels principes Constantin laisse s'introduire!

— Appel des donatistes.

315. Le 8 octobre 314, bataille perdue par Licinius près de Cibale, en Pannonie, contre Constantin, 20.000 tués du côté de Licinius (Licinius 35.000, Constantin 20.000).

Deuxième bataille à Mardie, en Thrace, perdue par Licinius. Il est forcé d'acheter la paix (décembre) moyennant un nouveau partage de l'empire, par lequel les domaines de Constantin s'accroissent de la Pannonie, de la Dacie, de la Macédoine et de la Grèce; Licinius conserve la Thrace, l'Asie mineure, la Syrie et l'Égypte. En remplacement des deux Césars Bassien et Valens, qu'ils avaient créés, trois autres sont nommés et mutuellement reconnus : Crispus et Constantin jeune par Constantin, et Licinien par Licinius.— Continuation de la tétrarchie inventée par Dioclétien : elle est seulement rendue héréditaire. — Fausse réconciliation, fausse paix qui ne pouvait durer, comme les faits de cette année même le prouvent.

Édits de Constantin en faveur de l'Église. (Cf. Fleury, a. III, 59.)

Commencement de la persécution de Licinius. (*Id.*, 35.)

Constantin était donc l'espoir de tous les chrétiens qui vivaient sous la loi de Licinius ; Licinius, en revanche, était le chef de tous les conservateurs, païens, etc., qui obéissaient à Constantin. Chaque empereur avait un pied chez l'autre, position qui est celle de deux duellistes ou lutteurs : *Enlève-moi donc, ou je t'enlèverai !* Ἤ μ' ἀνάειρ' ἢ ἐγὼ σέ.

— Schisme des donatistes. (Cf. Gibbon, t. I, p. 46, et Fleury, t. III, 51.)

— La politique de Constantin vis-à-vis de l'Église se borne d'abord à une pleine et entière *tolérance ;* puis elle devient rapidement de la FAVEUR, de la prédilection ; — et l'antagonisme se posant de plus en plus entre lui et Licinius, cette faveur devient de l'EXCLUSION. C'est ce qu'il est facile de suivre dans la succession des édits.

316. Constantin donne la liberté aux esclaves qui se font chrétiens.

La condition mise à la liberté prouve combien le Christianisme était déjà loin de sa pensée première !

Le Christianisme, c'est le droit primitif et inaliénable de la liberté, l'organisation de la justice.

Et voici que le Christianisme est *autre chose* que la liberté, autre chose que la justice, autre chose que l'anticésarisme ! (Cf... ?..)

— Concile de Milan, où les donatistes appelants sont condamnés de nouveau par Constantin (10 novembre).

Le parti de Cécilien triomphe par la volonté de Constantin, comme on devait s'y attendre. Les églises et leurs revenus, donnés aux orthodoxes, partisans de l'autorité ; les donatistes, partisans de la liberté apostolique, dépossédés et envoyés en exil. Ils protestent, excommunient leurs adversaires et crient plus que jamais à la corruption.

317. Loi de réforme de Constantin. — Cf. Gibbon, I, 261-262, et *passim*.

— Loi qui interdit l'exposition des enfants et ordonne de secourir les parents qui ne pourraient les nourrir! C'est bon à citer dans un panégyrique. Aux yeux d'un économiste, cette loi demeura sans effet, ou ne servit qu'à développer la misère publique.

— Loi contre la séduction des mineures; le séducteur puni de mort; la fille qui avoue sa complicité, *idem;* les parents qui auraient essayé de réparer la faute par un mariage, exilés et leurs biens confisqués. — Le Christianisme a passé par là!... Tombée immédiatement en désuétude!

Grande faveur de Lactance, Eusèbe et Osius à la cour de Constantin; il est assiégé d'évêques, il met à leur disposition les chevaux de poste de l'empire et les défraie de tout!...

318. Établissement de la juridiction épiscopale, par Constantin. Cf. Du Rozoir (23e partie, 139 et suiv.).

319. Victoires du jeune Crispus, César, sur les Francs.

Les 40 martyrs. (Cf. an 303-311 — il y en a deux fois 40!!...)

L'arianisme. (Cf. *Encyclopédie;* Fleury, 70 et suite. — Gibbon, 467-672, etc. Exposition à faire.)

— Les victoires du Christianisme aveuglent l'épiscopat. Dans sa joie, il se fait païen. A côté des donatistes surgit donc la protestation d'Arius, laquelle retient davantage l'ancienne foi, et, par les semi-ariens, forme le dernier terme moyen entre Jésus le prophète et Jésus le Dieu!

(Extraire de l'article *Arianisme*, de l'*Encyclopédie nouvelle*, par P. Leroux, plusieurs passages pour l'exposé de la théorie d'Arius; puis montrer que cette théorie, comme toutes celles des gnostiques, de Platon, etc., sur le même sujet, de même que la Trinité, se réduit à une pure détermination métaphysique, c'est-à-dire logique et grammaticale.)

Ce qui explique d'ailleurs le triomphe d'Athanase, c'est qu'il était moins métaphysique, plus anthropomorphique, plus dans les convenances des peuples idolâtres qu'il s'agissait de convertir.

Ajoutons, la nécessité pour l'Église d'offrir une religion au monde révolutionné et de remplacer les DIEUX ABATTUS.

320. Sectes des colluthiens et sabelliens.

Sylvain, de Cirtha, en Afrique, évêque donatiste, accusé et condamné. Cf. Fleury, III, 59.

L'orthodoxie s'ÉPURE; elle sévit, non seulement contre les païens, mais contre les fauteurs de schismes et d'insubordination.

Concile d'Alexandrie contre Arius.

321. Constantin ordonne de célébrer le jour du Soleil; il ne dit pas encore le *dimanche*, de peur de scandaliser ses sujets païens; et le *vendredi*, ou jour de Vénus, en mémoire de la Passion. — En même temps, il règle les cérémonies concernant les aruspices.

Nouvelles réclamations des donatistes. *Id.* 67, 68. Constantin les rappelle d'exil et ordonne de les laisser tranquilles; mais l'épiscopat se montra moins indulgent que l'empereur. De quarante églises qu'il y avait à Rome à cette époque, ils ne purent en obtenir une pour leurs offices et furent obligés de célébrer les mystères dans une caverne. Sujet de triomphe pour les orthodoxes.

— Constantin fonde la puissance civile de l'Église en lui accordant la faculté de recevoir des donations et des legs, avec le droit de possession à perpétuité; — en transportant aux prêtres chrétiens les privilèges dont jouissaient les pontifes du paganisme, en autorisant les assesseurs à appeler des tribunaux civils au jugement des évêques pour juger les différends des chrétiens (cf. Paul) et exempter les clercs de la torture judiciaire.

Mesures toutes funestes.

Le droit de *propriété* accordé à un corps anonyme de célibataires, destructif de la famille; — pas de parité entre le *pontifex* et le *sacerdos* païens et le *presbyter* chrétien; — scission de la société, qui se distingue en païenne et chrétienne (au rebours de ce qui s'est fait en 89, quand l'État s'est placé au-dessus des cultes); — exceptions, principe des castes. — Adoucissement du sort de l'esclave; affranchissements encouragés; — asiles, hôpitaux, *xénotrophia, pédotrophia, gérontotrophia !...*

— Lois sévères sur le mariage. — En même temps, il abolit les anciennes lois contre le célibat.

— Abolition du supplice de la croix.

— En peu d'années, l'Église, ou plutôt l'épiscopat, s'éleva par la faveur de Constantin à un degré de puissance et de richesse qui balança bientôt les empereurs et les mit en subalternité.

Leur insolence se fit vivement sentir. La faculté de recevoir des legs et donations, accordée par Constantin, contrairement aux anciennes lois de l'empire, fut le signal de l'envahissement du clergé et de la spoliation des familles. — Perte de la puissance religieuse : à Rome, l'empereur avait été le chef de la religion. — Ce titre fut perdu par la conversion de Constantin. L'empereur fut rejeté au rang des laïques; la distinction entre le spirituel et le temporel, établie suivant les rites de l'Inde, de la Perse, de l'Assyrie, de l'Égypte, de la Judée (avant Cyrus) et de la Gaule. Constantin, qui avait cru s'emparer de cette nouvelle force, n'en fut pas même l'allié; il dut lui servir d'instrument. Dès l'an 314, on le voit forcé de traiter d'égal à égal avec les conciles et les évêques; il craint de s'aliéner le peuple, en violant des privilèges plus anciens que lui.

Ces privilèges ou immunités que subit Constantin et auxquels il donna une extension dangereuse sont :

1° Les *élections populaires.* Il pouvait y exercer sa part d'influence; le choix ne lui appartenait pas. Il eût fallu pour cela qu'il s'appropriât le titre de *représentant du peuple chrétien*, ce que l'épiscopat n'eût pas souffert alors, ni le peuple non plus. Aussi il ne pouvait jouir du droit conquis, mille ans plus tard, par les empereurs germaniques et le roi de France, de choisir l'évêque en laissant l'investiture au pape !... Sur ce point, ses prévisions, les espérances qu'on lui avait fait concevoir furent trompées.

La reconnaissance du Christianisme est la démolition systématique de la puissance impériale. — Quel avantage y a trouvé le peuple ?...

Quod est demonstrandum.

En attendant, l'empire se dissout et succombe.

2° *Multiplication du clergé.* — Les évêques jouissaient seuls de la *génération spirituelle*, compensation des célibats où les poussaient l'esprit du temps et l'envie des laïcs. — D'où faculté de se faire une armée égale dix fois à celle des légions. — Le personnel de l'Église de Constantinople aux IVe et Ve siècles était si nombreux que Justinien fut forcé de le réduire d'autorité à 525, — à Carthage, 500. — Si 1.800 évêchés, chacun de 200 personnes = 360.000. — Ajoutez les confréries des fossoyeurs, visiteurs, etc., — à Alexandrie, 600, à Constantinople, 1.100 fossoyeurs — Les nuées de moines qui se levaient d'avril comme des sauterelles, toute la population chrétienne enrégimentée ainsi, tenait en respect les empereurs. — C'était une ombre de liberté qui paraissait sous une autre forme de servitude.

On ne laisse à l'empereur que le soin de défendre l'empire contre les barbares, tandis que la chrétienté travaille à le dissoudre!...

3. *Propriétés et revenus* (cf. *supra et secus*). Les anciennes distributions de blé faites au peuple-roi passent aux frères, aux églises et aux moines. — Qui donc travaillait? Avec quoi Constantin payait-il ces prodigalités?...

Dans ce siècle, le revenu moyen d'un évêque évalué à 30.000 francs.

— Constantin pouvait-il s'emparer du mouvement chrétien et le diriger? il le tenta.

Lui et ses successeurs échouèrent.

Ni comme empereur, ni comme néophyte, cela n'était possible.

Des évêques possédant des boutiques, des fermes, des maisons, des manufactures, qui leur apportent des revenus de toute espèce. — Les trois basiliques de Rome possédaient un revenu de 600.000 francs, au point que Justinien, au VIe siècle, fut obligé d'entreprendre une réforme dans ses États : il fit quatre parts des revenus du clergé : une pour l'évêque, deux pour le clergé, trois pour les pauvres; quatre pour le culte. Toutefois, les propriétés ecclésiastiques payaient l'impôt.

Tout cela contrairement à l'ancienne loi de l'empire, qui défendait les propriétés des compagnies ou sociétés !...

4. Juridiction — faculté pour les chrétiens d'appeler des tribunaux ordinaires au jugement des évêques.

Privilège pour ceux-ci de n'être jugés que par leurs pairs. Le secret sur les crimes des évêques, érigé en principe par Constantin. Son mot à Nicée. — Juridiction domestique. *Droit d'asile*, transféré des temples païens aux églises chrétiennes. — Annulation de la justice.

5. Droit de censure sur tout. Sous le nom d'excommunication, l'évêque pouvait attaquer tous les fonctionnaires publics et jusqu'à l'empereur !... Athanase prononça contre un gouverneur d'Égypte l'interdiction du feu et de l'eau. On sait l'aventure de Théodose. Synesius en fit autant contre Andronicus. — C'était fort bien, et ce fut plus d'une fois utile : mais qui censurera les évêques? Personne. Donc on n'a fait qu'échanger une tyrannie contre une autre, la tyrannie d'un seul contre celle d'une aristocratie : le peuple romain revient à son vomissement.

La puissance chrétienne s'était organisée, *in genere suo ;* cet organisme était l'épiscopat. — Or, *l'épiscopat* était chose sacrée : plus moyen de le supplanter.

L'empereur devait donc, pour agir sur l'Église, rester hors l'Église; il ne devait pas entrer dans la chrétienté; il devait faire entrer la chrétienté dans l'empire.

Le mal fait par Constantin et sa conversion fut irréparable.

6. *La tribune publique.*

L'empereur ne parle que par des édits : il n'a point de rostres; en fermant la bouche aux orateurs, il s'est bâillonné lui-même et réduit au silence. — L'épiscopat, au contraire, a la parole; 1.800 chaires parlent au peuple : quand l'empereur dira *oui,* 1.800 bouches sacrées peuvent lui répondre *non!*

C'est très bien encore : mais qui répliquera à l'évêque,

Personne. Quiconque oserait le contredire serait traité d'hérétique, excommunié, chassé de l'Église, et s'il osait élever chaire contre chaire, poursuivi par les satellites impériaux!... Il n'y a qu'une ressource contre cette puissance oratoire de l'épiscopat, c'est dans ses propres discordes, dans ses luttes et dans son anarchie. Elles ne manqueront pas! mais quel chaos!...

7. *Puissance législative*, assemblées régulières, au printemps et en automne! — Supérieure à celle de l'empereur, à qui il ne reste que le civil et qui perd le spirituel!... gouvernement de métropolitains, indépendant de l'empereur, comme du reste de l'Église.

Lire *Zosime*, l'historien accusé de partialité depuis treize siècles par les admirateurs chrétiens de Constantin.

Maintenant l'histoire, qui a prononcé contre le Christianisme, s'élève avec plus de force contre Constantin.

On l'accuse de précipitation, d'incapacité ambitieuse, d'avoir, par sa conversion brusque, fait pis que Galérius par sa persécution impolitique, enfin d'avoir sacrifié la civilisation et les derniers restes de la puissance romaine, sans compensation aucune, à l'hypocrisie chrétienne et à la tyrannie de l'épiscopat.

322. Constantin défait les Sarmates en Pannonie et tue leur roi Rosimonde (?).

Il passe le Danube sur le pont de Trajan, pénètre dans la Dacie et, après un grand carnage de barbares, leur accorde la paix, à condition qu'ils fourniraient un corps de 40.000 hommes.

Construction du port de Thessalonique.

— Deuxième concile d'Alexandrie, de plus de 100 évêques.

— Agitation des évêques d'Asie, au sujet de l'arianisme. — La *Thalie*. Commencement d'Athanase.

323. Dernière guerre entre Constantin et Licinius, provoquée par la différence de leurs sympathies et de leur politique.

Maintenant, on peut dire que le Christianisme a des armées à son service et qu'il va continuer par la victoire ce qu'il a commencé par l'insurrection. Les *prétoriens* au service des chrétiens !...

La chose est pourtant vraie à la lettre. Les distributions de Constantin ne furent pas moins abondantes et flatteuses que celles de Sévère et Caracalla....

Constantin déclare qu'il ne prend les armes que pour la liberté de l'Église ; — sur l'appel de Licinius, quelques officiers chrétiens reprennent du service ; ils sont consultés par les évêques d'Asie, qui ne cessent de faire passer à Constantin des avis et des contributions. Évidemment, la position de Licinius n'était pas tenable.

Licinius, 150.000 hommes, 15.000 cavaliers, — une flotte de 350 galères.

Constantin, 120.000 tant infanterie que cavalerie — 200 petits vaisseaux, — vieux soldats que Constantin appelait *convétérani*.

— Édit de Constantin, concernant le Christianisme : édits contraires de Licinius.

L'heure de la tolérance, de la fusion, est passée : — Le Christianisme a repoussé Simon le Mage et Apollonius, il a préféré se faire juif ; on ne peut être, dit-il, à Jésus et à Béhal ; il faut opter ! alors, le *neuf emporte le vieux*.

— Les Goths font des courses jusqu'en Illyrie et sont chassés par Constantin, qui s'avance sur les terres de Licinius. Prétexte de guerre.

— Prise de Byzance, destruction de la flotte de Licinius par Constantin.

— Triple défaite de Licinius : 1° à Andrinople (3 juillet), où il perd 34.000 hommes ; 2° à Gallipoli (août), et 3° à Chalcédoine, où il perd 120.000 hommes. — Sept batailles gagnées, depuis 312, par le Christianisme !... Constantin réunit tout l'empire et se contente d'exiler Licinius à Thessalonique.

Les prodiges se multiplient autour de Constantin et rappellent l'antique faveur du sacerdoce juif pour David.

324. Nouveaux édits en faveur de la religion. (Cf. Fleury, III, 95).

Lois de Constantin ; rappel général des exilés, proscrits, etc., pour cause de religion, — restitution de leurs biens et emplois.

Défense de sacrifier aux idoles, ni d'en ériger, ni de faire aucun acte de l'ancien culte.

Grand édit qui exhorte tous les habitants de l'empire à embrasser le Christianisme : cependant, il jure qu'il ne veut contraindre personne et blâme ceux qui parlent d'abattre les temples. — L'empereur est saisi de la manie de dogmatiser : il néglige le soin de l'empire pour lire les Saintes Écritures et rivaliser avec les sophistes chrétiens sur les preuves de la religion. Parmi les preuves qui avaient frappé Constantin et qu'il faisait valoir dans ses proclamations impériales, on distingue les prophéties des sibylles et certains acrostiches sur le nom de Jésus-Christ, et qu'aurait traduits Cicéron.

Aussi pour lui on enfreint les règles canoniques. Quoique non baptisé, il assiste à la consécration, il célèbre la Pâque, dispute avec les évêques, et comme Marc-Aurèle avait enseigné la pluie, il enseigne la religion.

Récompenses, encouragements temporels prodigués aux villes et aux personnes qui se signalent par leur zèle pour la nouvelle foi.

En un an, 12.000 hommes et un nombre proportionné de femmes et enfants furent baptisés à Rome : ils étaient tous du peuple ; aussi il n'en coûta qu'une robe blanche et 200 francs par tête.

Les soldats, la plupart Goths ou Germains, convertis en masse, que leur faisait cela ?

Persécution contre les hérétiques, aux applaudissements des orthodoxes.

Les disciples de Paul de Samosate, donatistes, manichéens, marcionites, valentiniens, punis, châtiés, dépouillés, exilés. — Cependant Constantin ménage les *novatiens*, qui n'étaient coupables que d'un excès de zèle (250). Il se contente de dire à l'un d'eux, Synésius : *Fais une échelle pour toi et monte au ciel tout seul !* plaisanterie qui montre que le relâchement était à l'ordre du jour.

Mais déjà l'empereur sent les épines de la foi qu'il a embrassée. Le triomphe de l'Église allume partout les compétitions, les rivalités, les divisions de doctrine. Qu'est-ce que le Christianisme ? que croit-il ? qu'adore-t-il ? quelle est sa théorie ? quel est son gouvernement. Voilà ce que se demandent les païens, et ce que l'empereur lui-même brûle d'apprendre.

A ces questions, quelle réponse ?

En Orient, la théorie d'Arius sur le Verbe partage l'épiscopat ; Constantin, dans sa naïveté d'homme d'État, croit pouvoir apaiser cette querelle de prêtres, qu'il prend pour une dispute de mots, et écrit lui-même à Arius et Alexandre pour les exhorter à la paix. (Cf. sa lettre : *Encyclopédie nouvelle ;* article : *Arianisme.*) Beaucoup de moquerie et de mysticisme dans la lettre de Constantin. Il était chrétien, donc.

Un concile est réuni à Alexandrie et ne sert qu'à faire éclater la profonde scission !... Il appert que les chrétiens ne savent même ce que c'est que leur dieu.

En Afrique, le schisme des donatistes met tout en combustion, et les efforts de l'empereur sont pareillement impuissants.

Tous ces scandales donnent prise aux sarcasmes des philosophes, qui, après avoir combattu longtemps, par la raison, le développement de la secte, sont étonnés de son triomphe. (Cf. Fleury, III, 95 et 109 : — Vestiges de cette opposition.)

Au milieu de ces soins, l'empereur fonde Constantinople. (Cf. Gibbon, I, 352-362.)

Détails sur son gouvernement. (*Ibid.*, 385.)

325. Licinius et son fils Licinien conspirant pour remonter sur le trône sont mis à mort par Constantin ! Les cruautés de Constantin trouvent leur explication dans la *raison d'État chrétienne*, comme celles de S. Sévère avaient trouvé la leur dans la raison d'État impériale et prétorienne. Ce sont deux principes irréconciliables qui luttent pour la domination et pour la vie. *Contra religionem sacramenti Thessalonicæ occisus est*, dit Eutrope. Licinius avait servi sous

Probe et était alors âgé d'au moins 70 ans; son supplice, comme celui de Maximien Hercule, est un vrai parricide.

Mais le temps presse : il faut définir, poser le Dieu des chrétiens ; Constantin se hâte d'en finir. C'est lui qui, pour terminer le différend entre Arius et Alexandre, imagine qu'un concile sera le meilleur moyen. Pour éteindre un incendie local, il met le feu aux quatre coins de la terre.

Les polythéistes, dit Gibbon, étaient généralement plus disposés à admettre la divinité même du Christ, laquelle se rapprochait ainsi davantage des habitudes de leurs cultes, qu'à se contenter d'un dieu abstrait, et dont l'éternité, l'infinité, etc., le faisaient ressembler au néant !

325. — Concile de Nicée, 19 *juin*-25 *août*. 318 évêques ; 2,048 ecclésiastiques de tout rang, sous la présidence d'Osius, évêque de Cordoue. L'empereur, pas baptisé, y assiste sur un tabouret, dirige les débats, en protestant humblement de son obéissance à la décision des successeurs des apôtres. L'empereur présent, et attendant de la décision du synode ce qu'il doit croire de Jésus-Christ : Si c'est un dieu, ou si ce n'est pas un dieu !...

Résumé de ce concile. (Cf. Fleury, III, 202 et suiv. ; P. Leroux, art. *Arianisme*, etc.)

Jérusalem jouit de la primatie pour l'Orient.

— Faire ressortir la marche du dogme et la parfaite intelligibilité des divers systèmes, hormis du système orthodoxe, qui consiste précisément à affirmer comme vrai ce qu'Arius présentait comme la réduction à l'absurde de l'opinion d'Athanase !...

Montrer ensuite que cette affirmation de l'absurde fut le produit d'une coalition ! — Deux tendances fatales dans le concile : les trithéistes et les sabelliens.

Et cela malgré l'antique rejet du mot ομοουσιον. (Cf. 269.) — Avantage immense d'Arius.

Les deux tendances s'accordent contre l'ennemi (Arius), à l'aide de l'*omoousion*, que lui-même leur fournit. Mais l'*omoousion* est la réduction à l'absurde du système ; il exprime la *non-distinction de la distinction*. Quand nous chantons *Consubstantialem patri*, nous nous déclarons vaincus par Arius.

Homoï ousion, oui ; comme entre le Père et le Fils ;

Hômo ousion, non, absurdité. C'est l'affirmation que LA PARTIE ÉGALE LE TOUT.

Même avec la *compénétration mutuelle* des personnes divines, la distinction subsiste ; et l'on n'a rien avancé par ce système. Chacun des trois dieux n'a pas la totalité de l'idée divine, n'est point dieu ; aucun n'est dieu, il n'y a que le tout qui soit dieu.

Nicée. Intérêt positif de l'Église orthodoxe et problème à résoudre. *L'intérêt positif* était d'affirmer le CHRIST comme Dieu. Cet intérêt avait été compris de bonne heure, dès le temps même des apôtres, mais non point cependant par eux.

Le *problème* était d'accorder cette divinité du Christ avec le principe monothéisme abstrait qui faisait l'essence du Christianisme.

De là, les essais successifs de conciliation, indépendamment des protestations.

D'abord, on distingue de Jésus le *Christos spirituel ;* puis on les IDENTIFIE. Mais soit qu'on identifie ou qu'on distingue le *Christos* et la personne de *Jésus*, reste à savoir si ce Christos, incarné ou non, est adéquat au Père, et en quelle mesure il est Dieu.

De là les théories gnostiques, qui le font *Eon*, premier des génies, participant du Père, mais non son égal, etc., etc.

De là, Sabellius : — plus orthodoxe qu'on ne croit.

Enfin, la *Triade*, qui, faisant la *prolatio* ou *génération* du Père, éternelle, affirme en conséquence l'égalité, — et en même temps l'unité.

Pour entendre la triade, il faut considérer les facultés du Père comme réalisées ; ainsi, dans l'homme vivant, trois apparaux : — le cerveau, ou système nerveux, appareil nerveux ; — le cœur, appareil circulatoire ; — l'*estomac*, etc., appareil de digestion et sécrétion. — TROIS ET UN : on peut successivement ramener tout le système à chacun. Sabellius dit : le cerveau, c'est l'être pensant ; l'estomac, c'est l'être mangeant, etc.

Donc, le Christos, ou Logos, c'est *Dieu sauvant*, et ajoute le concile, c'est plus qu'une abstention, c'est un organe, et plus qu'un organe, une PERSONNE !...

[Dans ce système, la partie n'est pas adéquate au tout; (*sic*) les chrétiens disaient fort bien que le Père n'avait pas souffert, mais le Logos seul.]

Telle fut la solution !

Or, on peut multiplier les *aspects* et conséquemment les *hypostases*; nous sommes en plein polythéisme. — C'est de l'idolâtrie.

La solution adoptée par Nicée donnait une entorse au vieux Christianisme.

1° Les chrétiens longtemps accusés d'*athéisme*, à cause de leur monothéisme abstrait;

2° Pas d'images dans leurs temples; donc pas de Dieu-Christ. — (Les images seront une conséquence de la foi de Nicée.)

3° C'est par la foi au dieu suprême que Constantin avait été entraîné.

DU CONCILE DE NICÉE AU CONCILE DE CONSTANTINOPLE (325 à 381). — L'ARIANISME

— Quelle fut la légitimité, l'utilité sociale et historique du dogme de Nicée?

Nous avons vu, art. Jésus (28, 29), quelle avait été la légitimité politique, économique, sociale, morale, religieuse, de sa mission. Sous les quatre premiers points de vue, la liberté, civile et politique des individus et des peuples; la réforme dans les conditions du travail; la création sur ces bases d'une société nouvelle; la vulgarisation d'une morale supérieure, ou la transmission de l'humanité de l'état passionnel (psychique) à l'état moral (pneumatique) se justifient d'eux-mêmes.

Le côté religieux de l'Évangile de Jésus se justifie et se légitime également bien :

Il conserve l'unité de Dieu, expression symbolique de la Raison universelle, de la conscience humaine, de l'unité de la création et de la fraternité sociale.

Il proclame et vulgarise l'immortalité de l'âme, expression symbolique de la loi de progrès, à l'infini, de la puissance indestructible de perfectibilité qui est dans le genre humain.

Le désir de pénétrer ce double symbole légitime les effets de la gnose.

Mais quand l'Église, à Nicée, vient affirmer dogmatiquement la trinité divine, l'identité du messie divin et de l'homme Jésus et la divinité de ce messie fait homme, à quel besoin répond-elle? à quelle loi de l'esprit humain? à quelle nécessité de l'Évangile?...

Dans notre opinion, bien arrêtée, appuyée sur l'analyse du dogme et les faits historiques, l'Église n'a fait à Nicée qu'une œuvre de précipitation, un acte de pure politique, commandé par le besoin de la situation, mais nullement légitimé, ni amené en soi, par le développement naturel du Christianisme.

Le Christianisme de Jésus et des apôtres affirmait *Dieu* et l'*immortalité de l'âme.*

Il ne connaissait ni le Logos ni la Triade. Son Pneuma n'était pas celui des gnostiques ni des trinitaires.

Il fallait s'en tenir à ce double dogme, qui suffisait; laisser la controverse libre, y encourager philosophiquement, la suivre, la résumer de temps en temps; la traiter en un mot, comme Apollonius et Simon traitaient les philosophes et les cultes, qu'ils regardaient comme des expressions diverses de la même vérité.

Par cette conduite, l'Église se réservait le bénéfice entier des spéculations et des controverses; elle posait le dogme, comme solution à obtenir, non comme révélation positive et faite; elle répondait dignement à l'attente du monde..... Cette conduite avait-elle rien d'exorbitant?

Depuis sept siècles, la philosophie avait propagé le dogme d'un Dieu unique; des peuples entiers la professaient, et la multiplication polythéiste elle-même y ramenait.

Sur les hypostases divines, elle n'avait qu'à constater l'état des études et dire simplement : *Dieu crée le monde, gouverne la nature, inspire et protège l'humanité*, par *ses émanations* (éons, esprits, vertus, puissances, etc.). Téméraire serait celui qui voudrait limiter ou dénombrer les attributs de l'infini.

Sur la messianité de Jésus, elle n'avait qu'à s'en tenir à la foi apostolique, que Jésus avait été le dernier et le plus grand des prophètes, inspiré de Dieu, rempli de son *verbe*, de son *esprit*, de sa *charité*, de sa *grâce*, etc.

Ce que Mahomet sut dire, trois siècles plus tard, avec tant de grandeur et de simplicité, sans anéantir nullement la spéculation religieuse, théosophique et morale : *Dieu est Dieu, et Mahomet est son prophète*, l'Église rassemblée à Nicée ne le pouvait-elle dire de Jésus, comme le voulait et le demandait Arius ?...

L'Église, judaïsée, fanatique, ambitieuse, pleine d'orgueil et d'intolérance, ne sut ni comprendre sa position, ni se poser dans la hauteur et la largeur de la révolutton qu'elle dirigeait. Elle ne songea qu'à *excommunier* ceux qui lui déplaisaient; elle voulut trancher sur des fictions qu'elle prétendit donner pour des réalitées transcendantales, tandis que le progrès philosophique devait finir par n'y trouver que de pures catégories, des abstractions!

Le concile a donc décrété une profession de foi, qui restera comme le monument de son intolérance, de son incapacité, de son illogisme, de son méchant vouloir, de son détestable esprit, et, ce qui est pis : le monument de ses transactions perpétuelles et lâches au Césarisme et à l'idolâtrie.

Les ariens avaient raison de dire que le dogme de Nicée était emprunté aux valentiniens et marcionites; mais ils pouvaient ajouter que les Pères de Nicée avaient défiguré en vrais ignorants les idées d'hommes de génie.

Les premiers mots de ce symbole, πιτσεω, j'ai foi, sont la négation même de l'esprit philosophique et du droit d'examen. — Aussi l'ensemble n'est qu'un syncrétisme ridicule et incohérent, irrationnel, des propositions de la gnose.

1. *J'ai foi en Dieu, père tout-puissant.*

2. *Facteur du ciel et de la terre.* — Négation de l'idée que le Dieu suprême n'a pas créé la matière.

3. *Et de toutes les choses visibles et invisibles.* — Affirmation du monde intelligible des gnostiques; *parallélisme des deux mondes.*

4. *Et en un seul maître Jésus-Christ, fils de Dieu.* — Affirmation de l'unité et de la continuité de la révélation par le Christ; — anthropomorphisme de ce Christ; — sa filiation divine (réponse aux divers systèmes gnostiques).

5. *Seul engendré, né du Père avant tous les siècles.* — Opposition au πρωτογενης; — éternité du Verbe, réfutation d'autres gnostiques.

6. *Engendré, non fait, de même substance que son père.* — La consubstantialité ramène, quoi qu'on en dise, au sabellianisme.

7. *Par qui tout a été fait.* — Comment accorder ceci avec l'art. 2?

8. *Qui est descendu du ciel*, etc.

[Pourquoi une trinité, non une quaternité, ou une ogdoade, etc.

Jésus, le Christ, est *Logos.*

Suivant Jean, il est aussi *Zoê*, *Alethéia*, *Phos*, *Hodos*, etc., c'est-à-dire qu'il est plusieurs *éons* à la fois.

Le concile semble avoir voulu dire la même chose : *Lumen de lumine*, etc.

Pourquoi pas encore *Pneûma*, puis qu'il est déjà *Sophia?*

Pourquoi, si le *Pneûma* se distingue du *Logos*, n'en pas distinguer encore avec Valentin *Zoê*, *Phôs*, *Pistis*, *Charis*, *Nous*, etc. ?.....]

L'analyse de cette profession de foi montre l'intention arrêtée de créer une foi chrétienne qui ne soit ni celle de Cérinthe, ni celle de Basilide, Saturnin, Valentin, Bardesane ou autres, mais qui soit autre, qui les réfute toutes, qui les excommunie et qui en même temps satisfasse tellement quellement aux questions posées par la gnose.

Amagalme d'opinions incompatibles : par exemple la *virginité* de Marie appartient au dokétisme, qui, n'admettant pas la matérialité du corps de Jésus, lui faisait traverser, sans perte de pucelage, l'utérus de sa mère! — *Et la résurrection des morts*; et l'attente du *règne de mille ans*...

L'article essentiel est celui qui regarde l'Église! *Et unam, sanctam, catholicam, et apostolicam!*...

Quelle audace au milieu de ces divisions épouvantables!...

En un mot, le Concile de Nicée a posé l'*idolâtrie chrétienne*, en place de l'*idolâtrie polythéiste :* il est possible, il est probable que cela dut aller mieux à l'esprit des multitudes gréco-latines, asiatiques, celtiques et germaniques; mais à coup sûr, c'était une énorme rétrogradation. Mahomet, avec des peuples aussi peu préparés que ceux de l'empire, osa davantage, et son succès laisse la conduite de Nicée sans excuse.

En cette année, le Christianisme fut abjuré, anéanti, autant qu'il était en la puissance de l'épiscopat de le faire, et presque sans compensation, sans excuse. La manie trinitaire a pu seule de nos jours conduire certains philosophes à applaudir à la défaite d'Arius; mais le vrai *Logos*, la saine Raison, ne saurait assez déplorer l'aberration étrange et coupable du corps épiscopal.

Toute la question posée à Nicée peut se résumer ainsi :

Le Christianisme remplace le polythéisme : bien.

Il ne s'agit point de savoir par quoi l'on remplacera Dieu, l'Être suprême, infini, etc., — il était également connu des païens et des chrétiens.

La question est de savoir par quoi l'on remplacera *les dieux* visibles.

Par l'ÉON *Christ*, répond Arius.

Par le DIEU *Christ*, répond le concile.

Au point de vue de la politique, le concile de Nicée créa la ligne de démarcation radicale entre le *spirituel* et le *temporel*. Constantin, qui espérait être chef de la chrétienté comme il l'avait été du polythéisme, apprit à ses dépens qu'en embrassant le Christianisme, en le protégeant, etc., il s'était dépouillé lui-même d'une partie de ses prérogatives impériales. Le souverain pontificat, qu'Auguste avait attaché à l'empire et transmis à ses successeurs, fut perdu pour Constantin, qui dut céder le pas aux évêques!... — C'est ce que ceux-ci feront sentir durement aux Césars!... (Cf. Ambroise, Martin, Amphiloque, Antoine, etc.)

Du concile de Nicée jusqu'au moment où la foi arienne fut définitivement vaincue (381), le monde, hésitant, fut véritablement sans *Dieu*, parce que le Πατηρ αλνωοτσς, le Βυθος, ne comptait pas?...

Lettre d'Eusèbe, au sujet du concile. (Cf. Fleury, III, 145.)

Le concile adopte le cycle de Méton, différent de celui des juifs, ce qui lui sert à fixer autrement le jour de la célébration de la Pâque. On voit cette assemblée impuissante occupée à déguiser des plagiats.

— Cependant Constantin sert mieux le Christianisme par ses édits que l'Église elle-même. — Il interdit les combats de gladiateurs.

— Entre temps, il se mêle de théologie : quel spectacle de voir l'empereur César, l'élu de l'antique plèbe et le compagnon des vétérans prétoriens, occupé de ces graves soucis!... Et quels ennuis il se prépare.

— Lampridius, Vopiscus, Capitolinus, historiens.

L'auteur de l'*Histoire augustine*.

326. Toute la famille de Constantin embrasse la religion nouvelle : sa mère Hélène, son épouse Fausta, sa sœur Constantia, ses enfants. Mais chassez le naturel, il revient au galop. Ces familles césariennes ne peuvent entièrement dépouiller leur vieille nature. Crispus, fils aîné de Constantin, est accusé par sa belle-mère Fausta d'avoir voulu attenter à sa pudeur; il est empoisonné. La calomnie reconnue, Fausta est étranglée à son tour par ordre de Constantin. Plus Constantin fait de progrès dans la foi, plus il en fait dans le crime.

— Constantin pratique l'Évangile à la lettre. — *Haïr son père et sa mère, son fils et sa femme;* arracher son œil, se couper la main!...

Cette histoire de Fausta ressemble trop à celle de Thésée pour qu'on y ajoute foi entière.

N'y aurait-il pas là-dessous quelque calomnie. Crispus, par

ses talents et ses exploits, était en disgrâce auprès de son père, esprit médiocre, vaniteux et jaloux, qu'offensait tout mérite; Crispus était d'un premier lit et choquait Fausta, qui avait donné à Constantin six enfants, ne devait pas sérieusement avoir de passion, mais plutôt de la haine.

[Invitation de l'empereur à tous de dénoncer les complots contre l'empereur. Cet édit précéda la mort de Crispus et fut le coup de tonnerre qui annonça l'orage au milieu des fêtes (vicesimales) pour l'anniversaire de son avènement; il fait arrêter Crispus et périr par le poison, sans forme de procès, son neveu Licinius, enveloppé dans la même proscription.

La bigoterie va son train. Invention de la vraie croix par Hélène, mère de Constantin.

Secte des quarto-décimans. Constantin persécute le paganisme (cf. Fleury III, 156-160. Gibbon, I, 152). On se convertit en masse, à la ville et à la cour.

Par contre, le roi de Perse, Sapor, persécute les chrétiens; les deux religions se ressemblaient trop et se connaissaient trop bien pour ne pas se détester. — Voir une lettre de Constantin à Sapor à ce sujet. (Cf. il y avait une église en Perse.)]

327. Le Christianisme est reçu en Abyssinie par Abraham et Atzbeham, grands négus. (Fleury, 169.)

Il est porté aussi en Ibérie et en Géorgie, dans le Caucase, par Nouna, princesse de...... *Quid?*

Institution de la messe : le sacrifice sanglant est remplacé par une anthropothysie symbolique.

Le Christ offert en sacrifice au Christ! — Gâchis d'idées.

328. Arius est rappelé par Constantin... (Cf. Fleury, 175 ou 177.)

Constantin devait naturellement préférer Arius, d'après ses dispositions déistes (312-313); il s'aperçoit trop tard de son erreur : Athanase, pendant trente ans, invoquera contre lui la *chose jugée* et, avec la grâce des masses, l'emportera.

Toute la famille de Constantin, et les empereurs suivants, ariens : le Césarisme est plus chrétien que l'Église... Cela devait être!

Pacôme, premier instituteur des cénobites. (Cf. *Encyclopédie nouvelle*, article *Augustin*, par P. Leroux.)

Antoine, ermite, à Alexandrie.

Grégoire de Nazianze : Cf. Fleury, 151.

— Constantin, occupé à la fois des barbares et de l'Église, entretient de petites flottes pour transporter rapidement les troupes sur les points attaqués.

329. Schisme à Antioche (cf. Fleury, liv. XI, n° 43); il dure jusqu'en 414.

— Constantin favorise l'arianisme. — Réaction du monothéisme pur contre l'idolâtrie de Nicée. — Accusations portées contre Athanase.

[Réfuter ici l'argumentation de P. Leroux, en faveur de l'*anthropomorphisation du Verbe*.]

330. Les circoncellions commencent en Afrique.

— Par une loi du 5 février 330, Constantin décide que les clercs inférieurs, de même que les évêques et les prêtres, sont exempts de tous impôts, et il invite le gouverneur de Numidie à les maintenir dans leur privilège contre les réclamations des donatistes, qui protestaient.

La loi est injuste, impolitique, absurde; mais ce qui ne l'est pas moins, c'est que l'Église ose revendiquer ce privilège et traite d'hérétiques les citoyens qui réclament. De ce moment le schisme s'envenime : il appert que l'Église de cour, l'épiscopat impérial, n'est qu'une aristocratie avide de pouvoir et de richesse, qui trompe les peuples et ment au Christ. Alors commence en Afrique une sorte d'insurrection des paysans contre l'épiscopat, avec tout le désordre des insurrections populaires. C'est une espèce de Jacquerie ou de guerre de paysans contre l'Église épiscopale et impériale : le zélotisme sous une autre forme (345).

L'évêque Donat, usurpateur à Carthage. Il méprise les officiers de l'empire, ne reconnaît aucune autorité, parle hardiment de son parti, etc..

— Dédicace de Constantinople. Fondée sur l'emplacement de l'ancienne Byzance. Cette ville, deuxième Rome, est destinée à devenir le boulevard de l'empire contre les barbares du Don, du Danube et de la mer Noire, en même temps que contre ceux d'au delà de l'Euphrate. On a eu raison de dire que la fondation de Constantinople avait frappé à mort l'existence de Rome. La chose était inévitable.

Rome, centre du polythéisme et de la vieille société, était frappée déjà par la conversion de l'empire au Christianisme; elle allait devenir ville papale.

[La raison stratégique n'est qu'un prétexte : Constantin, apostat, haïssait Rome, il ne pouvait plus souffrir son peuple, son sénat, ses consuls, ses fêtes, etc. Un César chrétien, à Rome! c'était absurde.

Constantinople fondée en haine de Rome et du paganisme: sous ce rapport, fausse spéculation.

15 stades ou 3/4 de lieue de circonférence; 14 quartiers, comme à Rome; sénat, magistrats, etc.; il la peuple des statues des dieux prises dans les temples.]

Depuis longtemps les empereurs, forcés de voyager sans cesse, avaient dû se créer des résidences aux extrémités de l'empire, à Nicomédie, Antioche, Alexandrie, sur le Rhin ou la Seine.

Paris et Constantinople sont devenues deux capitales. (Cf. Gibbon, 1362-382.)

— Bénédiction de Sainte-Sophie. Fleury, 187-191.

[Dédicace de *Sainte-Sophie : Sophia* est un des synonymes du *Logos* ou Christos (200 et 201 av.). Ce nom est en harmonie avec le culte que Constantin rendait au *Dieu suprême*.

A côté de *Sainte-Sophie*, il y a *Sainte-Irène*, c'est-à-dire la *Paix*, un des éons femelles de Valentin; une troisième de *Sainte-Euphémie*, bonne parole.

Plus tard, une autre fut bâtie, sous Justin, et reçut le nom d'*Anastasie*.

Les livres sont fournis par Eusèbe de Césarée, semi-gnostique et arien. — Alexandre, évêque de Byzance, devient le premier de Constantinople.]

L'empereur ne souffre que des chrétiens à Constantinople. Ce qui ne l'empêche pas d'ordonner, en faveur de ce peuple *chrétien*, des distributions régulières de blé, comme celles dont jouissait le peuple de Rome!... Du reste, il aura lieu de se repentir de ce faux calcul : le peuple de Constantinople fut le plus séditieux, le plus rebelle, d'autant plus qu'il était plus chrétien (340).

— Édits nombreux contre tous les hérétiques, novatiens, valentiniens, marcionites, paulianistes, cataphésygiens ou montanistes; défense de s'assembler ni dans des lieux publics ni en particulier; confiscation des bâtiments et églises, qui sont adjugés aux orthodoxes; recherche de leurs livres; fuite des chefs.

Ainsi le succès du Christianisme fut pire pour les sectes que la domination prétorienne.

CONSTANTIN. — CONSTANTINOPLE

330-334. Constantin a été canonisé, apothéosé, magnifié.

On ne peut contester ses talents militaires et sa bravoure personnelle.

Tout le reste est d'une politique détestable, et l'on peut dire qu'en introduisant le Christianisme, il porta le dernier coup à la civilisation et à l'empire.

Il acheva l'œuvre de Dioclétien, la transformation de l'empire prétorien en monarchie : mais il rendit cette monarchie plus absolutiste encore et plus antagonique en y introduisant l'élément épiscopal et chrétien.

Après cette exaltation du Christianisme vient la persécution envers le paganisme, puis la manie de dominer les conciles et de régler les questions de foi, où il échoue.

Enfin, la division de l'empire par la fondation de Constantinople, l'abandon de Rome, etc.

— Distribution des affaires *civiles* et des affaires *ecclésiastiques*.

— Nicomédie, capitale de Dioclétien sur la mer Noire, choisie pour surveiller à la fois les Perses et les barbares.

Constantin suit cette idée, en transportant le siège de l'empire d'Orient de l'autre côté du *Bosphore*, à la pointe de la presqu'île où était Byzance : en même temps, il satisfaisait à son orgueil et à l'exclusivisme chrétien.

— Fondation de Constantinople, *par l'ordre de Dieu*, dit Constantin, à la mode antique.

8 à 10 kilomètres de circonférence.

Embellie de tous les chefs-d'œuvre des anciens : un *déménagement*. — Tous les temples dépouillés, Delphes.

Constantinopolis dedicatur, pene omnium urbium nuditate. — Un contemporain, ravi d'admiration, s'écrie : Il n'y manque que le génie de ceux dont elle possède les monuments. ω οια κεφαλη !...

322 rues, 14 quartiers, 14 églises, 14 palais (mairies), 4388 maisons de distinction ; 8 aqueducs, 5 greniers publics, 2 théâtres, 1 cirque, 1 capitole et UNE école pour les sciences.

La cour, les affaires, l'Église y attirent d'abord beaucoup de riches ; en un an, Constantinople, par une immigration incessante, aussi peuplée que Rome.

Distribution de pain, blé, vin, huile, au peuple de Constantinople.

— Titres honorifiques : *votre sincérité*, *votre altesse*, *votre grandeur*, *votre éminence*. L'empereur parle de sa propre *divinité*. — Valentinien, *père de notre divinité*, dit Geton.

— Ausone et autres vantent l'honorabilité des consuls qui maintenant sont nommés par l'empereur, tandis qu'autrefois ils l'étaient par la vile plèbe. — Quelles singeries !

— Cérémonie de leur installation à Constantinople. — Il fait revivre le nom de *patriciens !* — C'est peu chrétien, c'est toujours aussi bête. — Chose remarquable, Constantin n'emprunte rien au Christianisme.

Préfets du *prétoire*. — Constantin continue d'en nommer quatre ; il leur ôte tout commandement militaire, ne leur laisse que les fonctions civiles : justice, finances, administration. — Contre ces préfets aucune plainte n'était admise. — Un préfet de la ville (ou de police) comme à Rome.

— Séparation complète, par Constantin, des fonctions civiles et militaires. — Les chefs de celle-ci sont décorés du titre de *comtes* et de *ducs*. — Mauvais, car la centralisation, étant imparfaite, les fonctionnaires civils et militaires ne s'entendant point dans les relations nombreuses de leurs emplois ; rien ne marchait !...

— *Troupes palatines* et gardes des frontières : les premières pires que les prétoriens, lâches, efféminées, toujours en garnison, etc. — La solde de celles-là de 50 p. 100 plus élevée. — Dégoût, découragement, désertion parmi les soldats. — Les légions, réduites de 6.000 à 1.500 ou 1.000 hommes. — Pertes de l'ancien esprit légionnaire ; plus de souvenirs historiques, point d'orgueil, point de tradition !... Sans rechercher l'exactitude de l'uniforme, l'ancienne légion romaine en produisait l'effet par la sévérité de la tenue et la frugalité. — Après Constantin, ce fut une multitude bariolée...

Sous Constantin, 645.000 soldats.

« Autrefois, dit Gibbon, ce nombre eût dépassé de beaucoup les besoins de l'empire. »

Taille de soldat, sous Valentinien : 5 p. 7 pouces = 5 p. 4 p. 1/2 d'Angleterre.

L'horreur du service parmi les citoyens, favorisée par les idées chrétiennes, nécessite de plus en plus l'enrôlement funeste des barbares : mépris croissant du nom romain.

Malaric, chef franc, tout-puissant à la cour de Constance ; on leur donne le *consulat*.

Bureaucratie immense, sous Constantin et ses successeurs : gardes du corps, liste civile, chambellans, etc., espions de cour, 10.000 h.

Torture appliquée aux citoyens romains comme aux esclaves, pour les cas de *trahison*, lesquels s'étendaient comme on voulait.

Judiction, c'est-à-dire fixation de la taxe annuelle générale ; cette taxe ; — la période, dix-sept ans, que durait chaque fixation — répartition de la taxe ; elle se payait en partie en nature, et quelquefois enlevait tout, en sorte que l'agriculture était abandonnée.

— Les quatorze dernières années de paix de Constantin 323-337 — pleines de profusions et de prodigalité — cour fastueuse, l'œuvre de réforme à peine ébauchée par les empereurs prétoriens bientôt abandonnée. — On voit avec quelle facilité le Christianisme se plie au despotisme.

Les trésors de Maxence et Licinius gaspillés.

Coquetterie de parures, vêtements, diadèmes, bracelets, perruques, etc., un vieil Éliogabale.

Népotisme, etc. *Proximorum fauces aperuit Constantinus.*

Crispus, Fausta : tout cela est faux, jette un doute étrange sur la mort de Maximien.

Fausta mariée à Constantin en 307. — Mère de *six enfants*; est-il croyable qu'elle fût amoureuse de son *beau-fils?...* impossible.

De plus, elle n'est punie que de *deux ans* à peine. Tout se passe *secrètement.*

Une foule *d'amis* de Crispus immolés en même temps que lui.

L'opinion du peuple romain : *Saturni auræa sæcula quis requerat? Sunt hæc gemmea sed neroniana!*

Il se donne *cinq* successeurs : trois fils, deux neveux, *Dalmatius, Annibalianus;* qu'est-ce que tout cela?... Dalmatius : frontières de Gothie. Annibalianus : Césarée, Pont, Cappadoce, Arménie.

Athanase, le représentant de la foi de Nicée, est persécuté dans son Église.

331. Combats d'Athanase contre les ariens.

[Athanase passe sa vie à combattre la *rage* arienne. Il appelle les ariens *ariomanites!* Lui-même avait été longtemps *sabellien;* il excusait cette erreur en avouant du reste que son opinion à lui était la seule qu'il ne pût comprendre. — A partir de ce moment, sa vie est celle d'un confesseur et d'un martyr; mais ce martyre même est l'empire de la chrétienté, dont Athanase, plus puissant que Constantin et ses trois fils, supporte seul le fardeau. Les empereurs disent *omoïousion*, Athanase, *omoousion :* les premiers sont dans le sens commun, le second est absurde ; ceux-là tout-puissants, celui-ci banni. Qui triomphera? Athanase. L'Église sera plus forte que l'empereur. — A cette heure, ceux qui l'accusaient lui reprochaient entre autres de désobéir au concile de Nicée en refusant la communion aux méléciens (301). La position d'Athanase ici est comme celle de Cyprien, etc., en face des donatistes.]

Secte des eusébiens.

Un concile est indiqué à Césarée par Constantin pour vider le différend. Athanase refuse de s'y rendre.

Sédition à Antioche, causée par les disputes sur le Christ. Pendant trente ans, le siège de cette ville sera occupé par des ariens.

Constantin écrit lettres sur lettres. (Fleury, 1 *bis* et 191.)

Constantin fait démolir les temples des dieux et donne aux églises chrétiennes les richesses des temples. — Expropriation frauduleuse, intolérance, confiscation, pillage !... c'est toujours le Césarisme...

Déclin de l'architecture.

Les constructions nouvelles de cette époque sont faites de matériaux des édifices païens démolis !... C'est ainsi que la théologie chrétienne est formée des débris du paganisme, du judaïsme, du zoroastrianisme, de l'hermétisme et de la gnose !... (Cf. Buret de L.)

332. Constantin secourt les Sarmates contre les Goths : plus de 100.000 de ceux-ci sont exterminés par Constantin le Jeune.

333. Les Goths fournissent 40.000 hommes de troupes aux Romains.

Colonie de Danois sur la Baltique, entre l'Elbe et l'Oder.

Frumène, apôtre d'Abyssinie.

334. Les Sarmates, chassés par leurs propres esclaves, les Limigentes, sont reçus au nombre de plus de 300.000 par Constantin, qui les distribue dans les provinces.

Supposons à l'empire un chef belliqueux, ferme et prudent comme Constantin, qui sache tenir les barbares en respect et dominer l'épiscopat, qu'arrivera-t-il? Que le renouvellement de l'empire par les barbares, au lieu de s'opérer par la violence et le désordre de l'invasion, s'accomplira d'un commun accord et pacifiquement, et que le Christianisme les saisissant de la supériorité de son culte et de sa morale, en fera une génération nouvelle, plus arriérée que la société gréco-latine du temps, mais fraîche et capable de donner les plus beaux résultats.

Au lieu de cela, on verra bientôt un fait étrange, anomalie complète : le Christianisme d'Arius sera pris par les barbares, la foi de Nicée retenue par la race civilisée; la barbarie devenue conquérante, la civilisation conquise, etc., etc.

Le tout par l'incapacité commune des évêques et des Césars.

Le vide fait dans l'empire appelle de nouveaux habitants, comme la ruine du polythéisme appelait une idée supérieure à celle de Nicée; c'est à cela que devait s'attacher le gouvernement, et c'est ce que nous semble, à ce moment, avoir compris supérieurement Constantin, introduisant méthodiquement les barbares, émancipant les esclaves, rappelant Arius et ayant l'œil sur Athanase.

— Des bibliothèques publiques sont fondées à Constantinople et Antioche, par Constantin.

335. Constantin partage l'empire entre ses trois fils, Constantin, Constance et Constant. Au premier, il donne la Gaule, l'Espagne et la Bretagne; au deuxième, l'Asie, la Syrie et l'Égypte; au troisième, l'Illyrie, l'Italie et l'Afrique. — A chacun il associe, comme César, un de ses neveux.

La Gaule est subdivisée en dix-sept provinces et cent quinze cités.

[Il dispose de l'empire comme d'un patrimoine; il a tout révolutionné, tout confondu, sans se demander si ses innovations étaient possibles.

Ainsi, il crée des titres de noblesse en dehors de l'exercice des charges, il recompose les corps de milice, il organise un système fiscal dont l'Église est exceptée, et qui pèse sur le paysan et l'industriel, etc. (A voir.)

Concile de Tyr, indiqué par Constantin pour examiner les accusations portées contre Athanase. Au fond, c'était la revision du concile de Nicée que poursuivaient les ariens. Aussi Athanase, s'appuyant sur la chose jugée, refusa tant qu'il put de s'y rendre. — A la fin, il comparaît. Misères de ce concile. (Cf. Fleury, III.)

335. Athanase se rend à Constantinople et porte plainte à l'empereur. On l'accuse alors d'avoir retenu la flotte chargée de grains qui devait partir pour Constantinople. L'année précédente, Constantin avait fait couper la tête à un philosophe, nommé Sopater, accusé comme Athanase d'avoir empêché la flotte d'arriver par des conjurations magiques.

336. Une lutte dangereuse commence entre l'empire et l'Église, sur une question théologique. Maladresse extrême de Constantin, qui choisit le terrain où il succombera; or, il ne peut pas ne pas succomber. — Dès l'instant, en effet, que l'empereur prétend influer sur la doctrine, il manifeste l'intention d'absorber la chrétienté; la question théologique disparaît et ne laisse en présence que ces deux idées : le *Christ* et *César*. Hier, les ariens avaient le beau rôle, comme défendant le pur Christianisme; maintenant, devenus protégés ou partisans de César, ils ne sont plus que des défectionnaires!...

336. Exil d'Athanase.

Concile de Constantinople : réaction arienne.

Marcel, évêque d'Ancyre, attaché à la foi de Nicée, déposé.

Mort subite d'Arius, pendant le concile.

Si les détails de sa mort, tels que les rapporte Athanase, sont vrais, comme on ne peut croire au miracle, il faut croire au poison.

Constantin s'efforce d'entraîner le solitaire Antoine dans le parti d'Arius; ce vieux moine (quatre-vingt-six ans) tient bon pour Athanase et berne l'empereur.

Antoine est ici l'expression de la méfiance populaire vis-à-vis des Césars. Ils avaient beau jurer par le Christ, la plèbe chrétienne ne les eût crus fidèles que si elle les avait vus dégradés et mendiants.

A ce moment, il est visible que l'empire et l'Église travaillent à revenir d'une surprise; César se montre plus avancé et meilleur chrétien que le concile de Nicée; il oppose concile à concile, évêque à évêque.

La révolution chrétienne, trahie par ses chefs, prise en flagrant délit d'apostasie et de contradiction, est en péril.

336. *Juillet.* Constantin reçoit les ambassadeurs d'Éthiopie, de Perse et de l'Inde.

337. 20 *mai*. Mort de Constantin à Nicomédie. Ses frères, ses neveux, auxquels il avait fait quelque part dans l'empire, sont massacrés. Ses trois fils règnent seuls. Le Christianisme n'a rien changé dans les habitudes des Césars. — La possession de l'empire réglée, la guerre est reprise contre les Perses.

Les chrétiens ont canonisé Constantin, les païens le mettent parmi les dieux. Après lui, la même cérémonie est répétée en faveur de ses successeurs. — Les Grecs regardent Constantin comme leur fondateur et leur héros : c'est à lui juste que commence la corruption définitive de la chrétienté. — A partir de Constantin, l'épiscopat est maître de l'empire; les princes les plus despotes, en apparence, à l'exception de Julien, ne sont que les instruments des partis qui divisent les évêques, les exécuteurs du Christianisme épiscopal. Le Césarisme s'est livré. Les affaires de l'empire et de l'Église sont indissolublement unies : il est absurde de les distinguer, comme ont fait, à des points de vue différents, Fleury et Gibbon.

Rien de plus aisé donc que de reproduire dans le récit cette identité; mais pour ne pas sortir des bornes de ce travail, et en même temps pour ne rien omettre, il faudra faire des *dénombrements complets*, qui trouveront leur place, soit à des dates spéciales, soit dans les réflexions générales (voir plus bas, année 394). Consulter, pour tout cela, le *Dictionnaire des hérésies*, le *Dictionnaire des conciles*, les grands ouvrages de chronologie, les *Recueils de lois romaines*, etc. etc.

Cette époque et les suivantes, jusqu'à la chute de Boniface VIII, est celle où doit principalement s'instruire le procès du Christianisme épiscopal et papal.]

CONSTANTIN

Auteur de tous les maux de l'empire par sa conversion.

L'édit de Galérius par la persécution avait fait un mal énorme; le deuxième édit du même pour la tolérance en fit encore plus. Après cette dernière déclaration, qui donnait la victoire aux chrétiens, il fallait une politique très ferme à leur égard et très indépendante; surtout éviter de se joindre à eux, et les tenir en échec par une réforme dans le paganisme et les encouragements à la philosophie et aux sciences.

Constantin ouvrit les écluses, et fit du fleuve chrétien un torrent dévastateur.

— Qu'amena sa conversion, c'est-à-dire la substitution brusque du Christianisme au polythéisme comme religion officielle?

Une série interminable de catastrophes et de misères;

Douze grandes batailles, pour cause de religion, depuis celle de Maxence, 312, à celle d'Eugène, 394.

Réaction chrétienne.

Réaction païenne sous Julien.

Réaction chrétienne.

Irruption des partis et factions chrétiennes : ariens, donatistes, manichéens, pélagiens, agapètes, etc., etc. Lèpre du monachisme.

Introduction des barbares par Valens, Théodose, Boniface.

Révoltes et guerres civiles de Maxence, Licinius, Magnence, Procope, Maxime, Eugène, Gildon. Après Théodose, la révolte, la division, la trahison sont à l'ordre du jour, jusqu'à Augustule.

Séditions fréquentes des villes et des provinces : Constantinople, Antioche, Thessalonique, Jérusalem, etc.

Agitations perpétuelles des chrétiens; scandales de l'épiscopat, fréquence des conciles...

Règne des eunuques; rivalités, intrigues de cour.

Invasions et promenades des barbares par tout l'empire.

Rome cinq fois prise et saccagée.

L'empire avili, dissous, anéanti.

Enfin l'Italie, Rome, devenue le siège d'États barbaresques.

Et le nom romain effacé de l'histoire!...

Après cela, périra la Grèce; périra l'Asie mineure; périra la Syrie, l'Égypte, l'Afrique; périront toutes les anciennes provinces de l'empire devenues chrétiennes; et le Christianisme, inoculé aux barbares, créera la période dite du moyen âge!...

Retard d'au moins quinze siècles!...

Constantin recommence au profit du Christianisme l'entreprise despotique des Césars, et se rend coupable devant l'histoire du même crime.

Après trois siècles et demi d'existence, le Césarisme devenu constitutionnel et à la fin traditionnel, ayant fait tomber en désuétude et oubli les anciennes formes, était passé lui-même en loi, en sorte d'état normal des nations.

Comme tel, il avait subi la loi générale du mouvement; et comme l'essence de la société est de progresser, de tendre à la santé, à la liberté, le Césarisme s'était lui-même et lentement acheminé vers un meilleur état de choses.

Il avait eu une brillante époque sous les Antonins.

Septime-Sévère avait affirmé énergiquement la réforme, tout en persécutant les chrétiens : il se trompait dans plusieurs de ses mesures; mais enfin il affirma la nécessité du progrès.

Après lui tous les empereurs suivirent la même direction, quoique par des sentiers différents; il n'y a qu'une exception à faire parmi eux, c'est celle de Gallien. Comme si cette faute eût dû être punie, le scepticisme de Gallien amène l'anarchie des trente tyrans.

Lui mort, des hommes hors ligne reprennent la marche et suivent le rayon de la liberté. Claude, Aurélien, Tacite,

Probus, Carus, rappellent par leurs vertus les temps antiques; Carin renouvelle les débauches de Gallien et périt aussitôt. Enfin une ère nouvelle s'ouvre à Dioclétien; il n'est pas jusqu'à Galérius qui ne soit un réformiste. Son tort est de vouloir prendre Septime-Sévère et Maximin pour ses modèles. Sa faute est à l'instant punie, et lui-même proclame la tolérance.

Que fait ici Constantin? Il sort de la voie ouverte par les prétoriens, il se refait César, mais César chretien, et au moment où l'empire pouvait être sauvé, il l'assassine.

L'empire romain va fondre après *Constantin.*

Les divisions introduites jusqu'ici dans le cours de cette histoire doivent être remaniées comme suit :

INTRODUCTION.

Livre ou chapitre 1er. — De la dictature de César à la Passion (an 45 av. — 29).

Chap. 2. — De la mort de Jésus à la chute de Jérusalem (30-70). — *L'Apostolat.*

Chap. 3. — De la prise de Jérusalem à la fin du Principat (71-192). — *La Gnose et les Antonins.*

Chap. 4. — De la mort de Commode à Dioclétien ; édit de Galérius (193-302). — *Le Prétorianisme.*

Chap. 5. — De l'édit de Galérius à Nicée (303-325). — RÉVOLUTION.

Chap. 6. — Du concile de Nicée au concile de Constantinople (325-381). — *L'Arianisme.*

Chap. 7. — Du concile de Constantinople à Augustule (382-476). — *Mort de l'Empire.*

Ces sept divisions embrassent tout, et suffisent à tout éclaircir.

Après la chute de l'empire romain, le chaos commence, et au sein de ce chaos une formation nouvelle, essai du système chrétien et vérification de son hypothèse gouvernementale. Cette période de formation, qui ne reçut jamais une aussi complète réalisation que le Césarisme, comprend de l'an 476 à 1073, avènement de Grégoire VII, plus de cinq cents ans.

A Constantin commence une époque que nul n'a comprise, pas même P. Leroux, dans l'*Encyclopédie nouvelle*.

Quand arriva l'édit de tolérance de Galérius (311) et celui plus favorable encore de Constantin (313), il n'était pas encore décidé que Jésus, dit le Christ, fût Dieu. Il recevait un culte ; mais en quelle qualité ? On ne s'accordait point. La tradition apostolique était évidemment contraire à l'anthropomorphisme, et par conséquent à toute déification du prophète de Galilée ; de par ses monuments, ses origines, son véritable esprit, le Christianisme était donc un pur monothéisme, n'admettant pas de société en Dieu et ne reconnaissant aucun *éon* pour son égal. La gnose, inspirée par Platon, etc., avait fait quelque peu dans cette direction : mais généralement repoussée. Donc *quid?...*

La question posée, Jésus-Christ est-il Dieu, oui ou non ? entraîne une agitation qui dure soixante-deux ans, — de 319 à 381. — Elle se résout par l'affirmative, prononcée à Nicée, 325, et confirmée à Constantinople, 381. — Cette seconde date marque la chute de l'arianisme, c'est-à-dire l'exclusion donnée au vieux Christianisme, et l'introduction d'une idolâtrie nouvelle.

---

336. Les philosophes éclectiques réunissent dans un culte commun Jésus, Apollonius de Tyane et Pythagore, et se rapprochent tant qu'ils peuvent de la théologie chrétienne. Ils tâchent, eux aussi, de faire une religion. Le concile de Nicée leur a montré comment cela se fait !....

Persécution contre les magiciens. Et les exorcistes, pourquoi sont-ils épargnés ?

337. Révolte de Calocère, en Chypre, bientôt étouffée (?).

La question religieuse divise la famille impériale. Constantin le Jeune, qui régnait dans les Gaules, où était exilé Athanase, le renvoie à son église; pendant que Constance, favorable aux ariens, songe à le remplacer.

— Sapor est contraint de lever le siège de Nisibe, après avoir perdu 20.000 hommes.

Les Arméniens et les Perses se coalisent contre les Romains. Constance parvient à apaiser les soulèvements et à maintenir Arsace sur le trône d'Arménie.

— [Avec Constance, commence en Orient le règne des eunuques : on a remarqué qu'ils étaient en général *ariens*, ennemis du Fils. (Le poison spirituel qu'ils recevaient directement des ariens se répandait par eux dans le palais, se communiquait aux femmes de l'impératrice, qui le donnait à l'empereur.)]

— Achèvement des thermes de Dioclétien, à Rome, par Constant.

339-340. Mort d'Alexandre, premier évêque de Constantinople. — Double élection de Paul, par les nicéens; de Macédonius, par les ariens. Tous les deux étaient dignes. En quatorze ans, Paul fut exilé cinq fois; à la fin, traîné dans le mont Taurus et étranglé.

— Guerre civile entre Constantin et Constant, au sujet de leurs limites réciproques.

Le premier est surpris près d'Aquilée, par les troupes de son frère, et tué.

Constant reste seul maître de tout l'Occident.

— Philosophie théurgique de Maxime de Tyr, maître de Julien (cf. Buret et Tenneman, etc.). La philosophie, qui avait devancé le Christianisme, s'efforce de le rejoindre et de se faire à son tour religion. Il est trop tard.

— J. Firmicus Maternus, historien et astrologue.

— Mort d'Eusèbe de Césarée : sa doctrine (Fleury, 238).

Les ariens règnent à Constantinople. Paul est déposé et remplacé par Eusèbe de Nicomédie ; — en revanche, Athanase réunit un concile à Alexandrie de cent évêques contr les ariens et prend l'évêque de Rome, Jules, pour juge; par cet appel, le parti nicéen se procure le renfort des Occidentaux et écrase le parti arien. En revanche, nouveau progrès vers l'unité épiscopale et la primauté de Rome. (Cf. Gibbon, p. 480, note.)

340-341. Les Francs font irruption dans la Gaule, après la mort de Constantin, et la ravagent. Constant, après plusieurs combats, les force à la paix et les soumet au tribut.

341. Concile arien d'Antioche, en présence de Constance et sous la direction d'Eusèbe. On y essaie une transaction entre la foi arienne et la foi de Nicée.

Plusieurs formules sont proposées, où le verbe de Dieu est reconnu, salué en Jésus, mais où, en définitive, l'égalité entre le Père et le Fils n'est pas avouée.

Autres choses : Cf. Fleury, 251-284. — Un article du concile d'Antioche, relatif aux clercs schismatiques, dit : *S'ils continuent de troubler l'Église, qu'ils soient réprimés par la puissance antérieure, comme séditieux.* Les évêques, à peine leur autorité constituée, se montrent plus violents que les empereurs. L'épiscopat devient pour eux une propriété *inamovible !...*

Plût à Dieu, pour le bonheur du genre humain, qu'ariens, athanasiens, etc., se fussent entre-détruits! *Maneat, quæso, duretpue christianis, si non amor hominum, et certe odium sui, quando urgentibus imperii, nihil jam præstare fortuna majus potest, quam hostium discordiam !...*

— Exil d'Athanase; sédition à Alexandrie. — Gloire de cet homme, qui, au moment décisif, nie le Césarisme!...

— *Acace*, chef des acaciens ?...

— Établissement de la *doxologie* ou *Gloria Patri*. Cf. Bergier. Les orthodoxes , ariens, etc., se distinguent les uns des autres par cette strophe.

— Loi de Constance, qui défend les sacrifices.

342. Loi de Constant, qui prescrit la fermeture des temples et défend les sacrifices.

— Sédition à Constantinople entre les ariens et les nicéens au sujet de l'élection de l'évêque. — La ville est composée, *tout entière* de chrétiens; la population est partagée. De quel côté la majorité? Un officier de l'empereur, Hermogène, est traîné par les talons à travers la ville. Constance se venge, réduisant de moitié la distribution du blé.

Concile de Rome par le pape Jules, en faveur de la foi de Nicée. (Cf. Fleury et Gibbon, p. 480.)

[Le pape Jules ne prononce point comme juge suprême, mais comme arbitre exprimant une opinion : Il écrit, dit-il, non en son particulier, mais au nom des évêques d'Italie.]

— Députation des Orientaux à Rome; on ne s'entend pas.

— Ligue entre les Francs, les Allemands et les Saxons.

— Servius, grammairien.

343. Les Pictes et Écossais envahissent la Grande-Bretagne : Constant part pour les combattre. — Ainsi, les disputes religieuses amènent le relâchement de l'empire, qui se fait sentir aussitôt par les insolences des barbares. (Gibbon, I, 596.)

Persécution en Perse : martyre de Siméon, évêque de Séleucie et Ctésiphon.

344. La persécution continue de sévir en Perse.

Mission chrétienne en Arabie, chez les Homérites ou Himiarites. Cette mission est dirigée par le parti arien, en concurrence de celle de Frumence, qu'avait envoyée en Abyssinie (333) Athanase

Fondation de plusieurs églises en Arabie, à Dator et Aden. Les chrétiens constatent à cette occasion la présence en Arabie d'une multitude de juifs et leur influence.

345. La guerre continue entre les Romains et les Perses, au désavantage des premiers.

Nouvelle réunion des ariens ou eusébiens à Antioche : ils tendent de plus à se rapprocher de la définition de Nicée, et ils renouvellent à propos de Photin de Sirmium et Marcel d'Ancyre, l'anathème contre Sabellus et les *patripassiens*.

— Mouvement des circoncellions, en Afrique. Les circoncellions sont les ébionites ou sans-culottes de l'Afrique; c'est le Christianisme qui, défiguré par l'épiscopat, revient brutalement à sa nature primitive et s'affirme dans le radicalisme révolutionnaire de la plèbe la plus pauvre et la plus malheureuse. Ils sont poursuivis comme des bêtes fauves par les évêques et les empereurs.

[*Circoncellions.*— La haine des partis et la révolte excitée en Afrique par les édits de Constantin envenimées par les efforts opiniâtres de Constant. A cette heure, le Christianisme primitif est représenté par les bas peuples de Numidie, les mélésiens d'Afrique, les montanistes de Phrygie, mais à des points de vue divers. Les paysans représentant l'élément Mosedi (?), les circoncellions, l'élément socialiste. Ceux d'Afrique se mettent en pleine insurrection. Leur esprit judaïque, leur sang carthaginois se montrent dans leur ardeur du martyre et le mépris de la vie, tant la vie était devenue misérable. Le patron de ces sectaires est le juif Iaxias, II Maccab, 14.

Ils se donnent des chefs qui prennent le nom de *capitaines des saints.*

Leur arme est une massue qui a nom *Israélite.*

Leur cri de guerre est *Alleluia.*

Insurgés contre les ministres de l'empereur, ils parcourent les campagnes, pillent, tuent, violent; ils appellent à eux les esclaves, les débiteurs et se proposent de rétablir l'égalité primitive. Ils tombaient hardiment sur les détachements de troupes; en revanche, ceux qu'on prenait périssent par la hache, le feu, dans les tourments les plus raffinés. Quelques-uns, avides de souffrir pour leur cause, arrêtaient les voyageurs en leur disant: *Le martyre ou la vie!* d'autres se précipitaient du haut d'un rocher, en présence de tout le peuple. Un moment d'exaltation et d'orgueil leur était une compensation de la vie.]

Expulsion des alchimistes. — Les lois des Césars continuent de recevoir leur exécution contre ceux qui furent jadis les compagnons d'infortune des chrétiens.

y. Firmius écrit sur la pierre philosophale. — Philosophie de Chalcidius.

346. Deuxième siège de Nisibe par Sapor; deuxième insuccès.

Constance fait bâtir un port à Séleucie.

Concile de Milan, pour l'union des Orientaux et des Occidentaux : les premiers refusent de condamner Arius; les deuxièmes ne veulent pas se départir de la définition de Nicée.

347. Concile général de Sardique, en Illyrie, tenu du consentement des deux empereurs : 170 évêques; Athanase, cause, sujet ou âme de toutes ces réunions, empêche toute espèce d'accommodement, en opposant sans cesse l'argument de la *chose jugée;* et prétendant faire de l'assemblée, non une cour délibérante, mais un tribunal de justice ecclésiastique, où les ariens comparaîtraient comme accusés.

Ce qui résulte des *actes* de ce concile, c'est que la plus insigne mauvaise foi les inspire et les dirige; chaque parti essaie d'écraser son adversaire par le nombre : tantôt la majorité est pour l'un, tantôt pour l'autre...

L'arianisme y est donc condamné par défaut, et Athanase triomphe. (Cf. Fleury.)

Canon contre les évêques de cour; contre les évêques ambulants, capteurs de sièges; — contre les diacres et prêtres excommuniés par leur évêque; etc., etc.

Le résultat fut de diviser l'Orient et l'Occident : les montagnes qui séparent *la Thrace de l'Illyrie*, dit Socrate, *séparèrent désormais deux Églises.* — Premiers symptômes du grand schisme.

Concile de Philippopolis tenu par les ariens, non comparants de Sardique : ils excommunient ceux de Sardique.

Deuxième concile de Milan, qui appuie celui de Sardique.

Calomnies d'Étienne d'Antioche : la fornication, le meurtre, la calomnie sont fréquents parmi les évêques de ce temps. — L'eunuque Léonce, évêque. — Couronnement du chant ecclésiastique à deux chœurs et invention de la doxologie, à Antioche. (Cf. Fleury, p. 347.) — *Aétius*, histoire de cet homme (Fleury, 348), surnommé l'Athée, parce qu'il niait la divinité de Jésus-Christ.

Aétius, tour à tour esclave, journalier, chaudronnier ambulant, orfèvre, médecin, instituteur, théologien. Il y a peu d'hommes dont la vie témoigne d'une intelligence plus grande.

A cette époque, tous les évêques des deux partis s'accusent réciproquement d'hypocrisie, vol, parjure, assassinat, fornication, etc,

348. Concile de Carthage, au sujet des donatistes et circoncellions. — Les empereurs sont absorbés par les affaires de la foi !...

Aussi les Persans remportent à Singare, en Mésopotamie, une victoire signalée sur les Romains.

348-349. Athanase faillit brouiller les deux empereurs, en excitant le zèle de Constant, comme les ariens excitaient celui de Constance. Constant menaça son frère de la guerre, s'il ne réintégrait Athanase dans son évêché.

349. Rappel d'Athanase. Son retour triomphal à travers les provinces de Thrace, d'Asie et de Syrie ; tous ses amis rappelés, leurs biens et leurs emplois rendus.

Commencements d'Apollinaire.

350. Révolte de Magnence, à Autun (janvier) ; il est salué empereur. Constant est tué et l'usurpateur, porté au pouvoir par les *Joviens* et les *Herculiens*, est reconnu sans opposition dans la Gaule et l'Espagne. Il fait César *Decentius*, son frère.

En même temps Vétranion, époux de Constantina, fille de Constantin, est proclamé en Illyrie, et s'allie avec Magnence.

[La révolte de Magnence fut l'effet de la réaction prétorienne ; favorisée par le mécontentement général, effet de l'incapacité et de l'inconduite des fils de Constantin (353).

Dans cette circonstance, Magnence et Constance cajolent tous deux l'évêque d'Alexandrie et lui écrivent humblement : de l'évêque pouvait dépendre la possession ou la fidélité de la province !...]

Népotien, neveu de Constantin, se révolte contre Magnence et prend ainsi la pourpre à Rome : il succombe sous les armes de Magnence, après un règne de 28 jours. La défaveur s'attachait en ce moment à la race de Constantin ; ce fut un malheur que Magnence ait été plus tard vaincu.

D'abord Magnence se défait de Népotien et le fait tuer

(juillet). Constance dépose Vétranion, vieillard imbécile, et l'envoie en Bithynie (décembre); il ne reste plus que deux compétiteurs.

350. Cyrille est fait évêque de Jérusalem, après avoir abjuré l'ordination qu'il avait reçue des nicéens. Il quitta ensuite le parti arien (voir). On a fait de cet intrigant un saint.

— Troisième siège de Nisibe par Sapor; troisième insuccès.

Philosophie de Didyme, à Alexandrie (*quid?*). Il veut aussi concilier le Christianisme avec la philosophie.

Eutrope, sophiste, auteur d'une histoire romaine.

351. 5 *mars*. Gallus est fait César par Constance et envoyé contre les Perses.

Gallus, homme incapable, féroce, débauché, marié à une *mégère*, Constantina; tous deux faits pour déshonorer le Césarisme et la dynastie.

Huitième bataille que cause le Christianisme, 28 *septembre*. — Magnence, après de brillants succès, après avoir refusé la paix à son rival pusillanime qui la lui demandait presqu'à genoux, est défait complétement à Marsa, sur la Drave, en Pannonie.

Pendant le combat, Constance est en prière; enfin, Valens, évêque du lieu et arien, lui annonce, de la part d'un ange, que les légions de la Gaule sont vaincues et capte ainsi la faveur du prince.

A cette bataille, il périt 54.000 hommes, et la perte du vainqueur fut plus grande encore que celle du vaincu. Cette bataille, suivant un ancien écrivain, énerva l'empire, que la victoire de Théodose sur Eugène (393) mettra aux abois. Magnence se retire à Aquilée, sur l'Adriatique : l'Afrique, la Sicile et l'Espagne se détachent de lui.

Marche de Gallus contre les Perses. Il obtient quelques succès.

Constance semble n'avoir vaincu que pour le triomphe de l'arianisme. Il rassemble un concile à Sirmium; fait déposer l'évêque Photin, de Sirmium; Paul, de Constantinople.

Une sédition arrivée à cette occasion fait périr 3,150 personnes. Alors ceux qui avaient auparavant signé la foi de Nicée s'empressent de signer celle de Sirmium : la persécution recommence contre Athanase.

Mouvement perpétuel d'évêques ; les chevaux de poste épuisés aux transports des synodes. — « J'ai grand'peur, disait Athanase, que le clergé, au lieu de découvrir la vérité par ces courses, n'y trouve que le rire et le mépris des infidèles. »

Constance éprouvait une aversion invincible pour l'*omoousion;* mais il redoutait encore plus l'*athéisme* d'Aétius.

— Une croix lumineuse (c'est Cyrille de Jérusalem qui le raconte) apparaît dans le ciel, en plein midi, s'étendant du Calvaire au mont des Oliviers (7 mai).

Nous avons vu celle de Migné : celle de Jérusalem causa une vive impression.

Révolte des juifs, en Palestine, sous la conduite d'un nommé Patrice, et comprimée par Gallus.

Les villes de Tibériade, Diospolis, Diocésarée, etc., sont brûlées et ruinées par les soldats !...

Les évêques chrétiens se signalent dans cette répression par leur rapacité et font renouveler contre eux les édits d'Adrien (35).

Magnence est chassé de l'Italie et se retire dans les Gaules.

Concile de Rome tenu par *Libère*, au sujet d'Athanase. On y lut une lettre des évêques d'Orient contre lui. Mais en même temps, une autre lettre signée de 75 évêques d'Égypte étant arrivée au concile en faveur de l'évêque d'Alexandrie, « le concile, dit Fleury, voyant un plus grand nombre d'évêques du côté d'Athanase, jugea qu'il était contre la loi de Dieu de *consentir* aux Orientaux ».

353. Concile d'Arles, convoqué par Constance : par suite d'arrangements ecclésiastiques, le concile, présidé par le légat du pape, condamne solennellement Athanase et réhabilite Arius ; un seul évêque, Paulin de Trèves, refuse son adhésion.

Constance se venge de ses humiliations (349-350).

« Les précautions et les délais qu'éprouve cette condamnation, les difficultés qu'entraîne l'exécution, apprirent à l'univers que le Césarisme n'était plus qu'une ombre, et que dans l'empire romain renaissaient le droit et la liberté. » Deux années se passent en négociations (255).

Neuvième bataille. — Nouvelle défaite de Magnence (août) en Dauphiné : il s'enfuit à Lyon, où, se voyant abandonné du peuple et près d'être livré, il se donne la mort. Son frère Décentius suit son exemple : l'empire se retrouve tout entier entre les mains de Constance.

— Loi de Constance contre les sacrifices nocturnes, que Magnence avait autorisés : cette loi, jointe aux consultations magiques que faisait Magnence, au nom de *tyran* que les chrétiens lui donnent, à l'appui qu'il prêtait aux ariens pour les détacher du parti de Constance, montre clairement que sa révolte fut le produit de l'antagonisme général, causé par la reconnaissance du Christianisme et la persécution des païens.

354. Alliance de Constance avec les rois allemands (?)....

Le César Gallus est mandé d'Antioche par Constance pour lui rendre compte de son administration, convaincu d'une multitude de crimes et mis à mort. — Son frère Julien, âgé de 25 ans, qui faisait à Athènes profession de philosophie, est épargné par la protection de l'impératrice Eusébia, qui semble avoir eu pour lui une passion violente. Julien n'avait jamais été chrétien que par force, c'est-à-dire par autorité impériale et paternelle ; à mesure qu'il avançait en âge, que sa raison se formait, la vue des discordes chrétiennes, des intrigues et de l'hypocrisie épiscopale, de la stupidité de leur théologie, de la férocité et de la corruption de la cour, lui inspirèrent un profond mépris de cette régénération hypocrite et le rejetèrent vers la philosophie et le système d'Apollonius. Jamais homme ne mérita moins le nom d'apostat, qui lui fut donné ; car jamais homme ne sut avec plus de réflexion, de volonté et de constance, se faire ses croyances et ses idées.

Julien, né en 330. Sa famille massacrée (337) par les successeurs de Constantin; son éducation confiée à Eusèbe de Nicomédie, l'arien, son parent du côté maternel.

Constance, qui ajourna son baptême à sa dernière heure, fit baptiser d'abord Julien; et après lui avoir procuré cet avantage, le fit entrer dans les ordres. Julien fut *lecteur* à l'église de Nicomédie. [Outrage sur outrage; il avait certes le droit de protester. Ce fut une victime qui cria vengeance; malheureusement, ce rôle convenait peu à un empereur.]

Pour comble d'infamie, avant d'avoir pu juger par lui-même, il avait été chrétien fervent: dans la candeur de son âme, il avait accepté de confiance tout ce qu'on lui disait!... Cela même rendait l'injure plus cuisante. Combien d'âmes, dans l'empire, depuis 313, depuis 42 ans, en étaient là...

Lui et Gallus, élevés comme deux enfants de chœur: — prières, jeûnes, distributions d'aumônes, offrandes aux tombeaux des martyrs, largesses au clergé; en récompense de quoi, bénédictions de moines et ermites.

Témoin des disputes scandaleuses des ariens!...

(Il soutient, et avec raison, que la Trinité n'est ni dans saint Paul, ni dans Moïse.)

Un retour sur lui-même, sur son origine, sur la politique qui le vouait à l'Église après l'avoir rendu orphelin, joint à un penchant littéraire prononcé et un esprit libre, lui eut bientôt ouvert les yeux! Et quand il eut ouvert les yeux, il fut libre!

Le paganisme existait encore: Julien l'apprit, non comme le vulgaire, mais par les platoniciens. Il y vit ce qui n'y était pas, ce qui n'y était plus, ce qui était insuffisant.

Il devint *gnostique païen*....

Il crut que si Constantin avait pu donner une telle vogue à l'absurdité de la croix, il était encore plus aisé et plus rationnel de rendre la vie et la vogue au polythéisme, qui avait à la fois pour lui la possession, l'ancienneté, le peuple, l'État et les philosophes!...

Son système théologique est très voisin de celui des chrétiens eux-mêmes: c'est une gnose qui ne repousserait point le Christ, si le Christ voulait admettre Apollonius et Simon...

Le *Dieu suprême* avait engendré une série d'esprits inférieurs à lui, et subordonnés les uns aux autres : génies, anges, dieux, démons, héros, hommes, etc.

355. A vingt ans, Julien né et élevé dans le Christianisme, soumis à la surveillance la plus sévère, toujours épié par ses délateurs et menacé de perdre la vie à la moindre manifestation de ses sentiments. Il lui était défendu de fréquenter les philosophes, notamment Libanius.

En 350, Aedène, proscrit par Constantin (313), donne des leçons à Julien et se fait bientôt remplacer par ses disciples Chrysanthe, Eusèbe et Maxime. Julien est initié aux mystères d'Éleusis ; là il se dévoue aux mystères des dieux. — Gibbon est de plus en plus ridicule quand il représente les platoniciens philosophes comme des fourbes qui se renvoient le crédule Julien, et celui-ci à son tour comme un hypocrite. Tout le monde, alors, croyait à la magie ; et, au fond, Julien l'Apostat était encore de la même religion que les chrétiens.

A vingt ans, Julien s'était refait une raison, une religion, une politique et tout un système. Sa nomination comme César mit fin à une dissimulation pénible : le pouvoir, chose rare, devint pour lui la liberté.

— Démarches de Libère, en faveur d'Athanase, auprès de Constance. Mission de Lucifer de Cagliari.

355. Les mêmes difficultés ramènent incessamment les mêmes nécessités. La conjuration de Sylvanus, qui se fait empereur, à Cologne ; celle d'Africanus en Pannonie, causées toutes deux par la faiblesse et la tyrannie du gouvernement de Constance, abandonné aux eunuques, obligent l'empereur à créer un nouveau César. A l'instigation de sa femme Eusébia, il choisit Julien, lui fait épouser sa sœur Héléna, et le proclame à Milan devant les troupes (5 novembre).

Julien avait passé la plus grande partie de l'année à Athènes.

Le premier enfant qu'il eut de la princesse Hélène fut tué par la sage-femme, qui, payée par l'impératrice Eusébie, lui coupa le nombril trop près ; les autres arrivèrent toujours avant terme ; la même Eusébie ayant pris soin de faire avorter Hélène, dont elle était jalouse.

355. 1er décembre, départ de Julien pour la Gaule ; il passe l'hiver à Lyon : entouré de pions, d'eunuques, surveillé par les affidés de Constance. — Là, il apprend le siège et la délivrance d'Autun.

— Concile de Milan, rassemblé par Constance à la sollicitation du pape Libère. Les Orientaux (ariens) y furent peu nombreux. Les Occidentaux, au contraire, parurent au nombre de plus de 300 : c'est Fleury qui le raconte. Tous cependant condamnèrent Athanase et souscrivirent à la foi arienne, à l'exception de trois ou quatre : Eusèbe de Verceil, Lucifer de Cagliari, Denys de Milan, et un diacre nommé Hilaire.

[A cette époque, s'il faut en croire Hilaire de Poitiers, il n'aurait pas encore entendu parler de la foi de Nicée !]

Croira qui voudra que 300 évêques furent violentés par l'empereur et souscrivirent lâchement une profession de foi impie et sacrilège. Pour nous, nous poserons, en présence de ces interminables et scandaleuses intrigues épiscopales, ce dilemme.

En ce moment, l'Occident et l'Orient se prononcent en majorité contre la foi de Nicée et son auteur, Athanase. Ou bien ils ont reconnu que cette foi était idolâtrique et outrepassait la foi chrétienne, et alors, ce sont les empereurs qui étaient les vrais chrétiens; c'est l'Église catholique qui a été depuis apostate et qui a méconnu sa tradition ; ou bien l'épiscopat chrétien, en masse, à l'exception de cinq ou six individus, n'était qu'un ramassis d'intrigants, d'ambitieux, d'hypocrites et de lâches ; des chefs de parti luttant entre eux pour le pouvoir et l'influence, prompts à la livrer au despotisme impérial, dignes de tous les mépris des peuples et des sévérités de l'histoire. A ce dilemme, nous ne voyons qu'une issue : c'est de dire que l'une et l'autre alternative sont vraies ensemble et tout à la fois.

[Ce dilemme est reprochable et ne présente pas les faits

dans leur sincérité. La question n'est pas seulement celle qui s'accuse, à savoir la vraie foi ; c'est encore celle qui ne s'accuse pas, la prépotence du Christ sur César.

D'une part, la vraie foi semble avoir été du côté de Constance et d'Arius, et la majorité des évêques ne le sentait que trop : — mais d'autre part, en reconnaissant l'erreur de Nicée, ils livraient l'Église à la merci de l'empereur, ce qui était pour le Christianisme le suicide, et ce que ne pouvaient faire les évêques. De là cet affreux tiraillement qui dura près de soixante ans.

L'Orient a toujours incliné à la fois, et vers Arius, et vers l'empereur : cela se voit encore aujourd'hui par la Russie et la prépotence religieuse du tsar ! Le dilemme ci-joint n'a donc de vérité qu'à l'égard du dogme.]

Constance, fort de l'immense majorité du concile de Milan, exige que tous les évêques rétractaires, et en premier celui de Rome, Libère, signent la profession de foi ; sur leur refus, il les envoie en exil.

— Le pape Libère est enlevé de nuit, et clandestinement. L'intrus Félix abandonné de tout le monde. Une députation de femmes va réclamer sa liberté à l'empereur, qui peut juger alors que la vraie puissance est dans l'épiscopat.

356. Constance défend les frontières de la Rhétie et de l'Illyrie contre les barbares.

Première campagne de Julien. — Il s'établit à Reims, et en faisant son apprentissage contre les Allemands perd *deux légions*, qui sont taillées en pièces. — Dans une deuxième seconde action il est plus heureux, mais rien de décisif. Il s'avance jusqu'à Cologne, et revient prendre ses quartiers d'hiver à Sens, où il est suivi par les Germains.

Brouille avec Marcellus, commandant de la cavalerie; — remplacé par Sévère.

— Diminution d'impôts. La cote par tête était de 26 *pièces d'or;* Julien la réduit à 7, c'est-à-dire de deux tiers ; la TÊTE étant prise pour plusieurs citoyens, quand ils étaient pauvres.

— Tyrannie de Macédonius, évêque de Constantinople. La

persécution de cet évêque fit périr plus de monde que celle de Galérius : églises démolies, baptême et eucharistie administrés de vive force; citoyens frappés, meurtris, marqués du fer rouge ; femmes qui ont les mamelles coupées et brûlées, condamnations à mort : en revanche, 4,000 légionnaires, envoyés par Macédonius contre ceux de Paphlagonie, sont massacrés.

Représailles de Macédonius : des villages entiers et des villes saccagés.

— En attendant, persécution contre les païens. Défense, sous peine de la vie, d'offrir des sacrifices aux idoles, de les adorer; de consulter les aruspices, mathématiciens, devins, magiciens, enchanteurs, etc. — Restriction des combats de gladiateurs.

— Mort d'Antoine, à 105 ans (251-356). — Depuis 80 ans, il menait la vie de solitaire ; et plus on le cherchait, plus il fuyait, ce qui était le moyen de se faire chercher davantage. — Il avait conservé la vue, ses dents, qui seulement s'étaient *usées*, et une santé excellente. Les diables ne lui avaient pas fait grand mal. Né sous l'empire de Dèce, il avait traversé la période des 30 tyrans, celle de Dioclétien et ses collègues, les luttes de l'Église, tout le règne de Constantin et de ses enfants.

Exil d'Athanase : séditions et troubles à Alexandrie. Toute cette année est remplie par l'agitation de la chrétienté, qui ne sait si elle sera monothéiste ou trithéiste, spiritualiste ou anthropomorphiste, arienne ou athanasienne. Constance d'Athanase. Il écrit apologies sur apologies à l'empereur, excite ses partisans, souffle la discorde : la confusion règne partout dans les Gaules, l'Italie, en Égypte, à Constantinople ; l'histoire ecclésiastique de Fleury n'est remplie que de détails personnels aux évêques orthodoxes et à la *persécution* de Constance.

9 *Février*. — Athanase est enlevé la nuit de son église par une force de 5,000 hommes; la ville d'Alexandrie occupée par les légions. Protestation du peuple, meurtres, pillages : Athanase au désert, sa tête mise à prix.

— De nouvelles lois sont rendues contre les prêtres de Dieu et les devins; les divisions de la chrétienté n'arrêtent point la réaction.

357.* 28 avril. Constance va à Rome, qu'il n'avait jamais vue, en admire les monuments et lui fait don d'un obélisque. Il conserve les privilèges des vestales; accorde des fonds pour les sacrifices; nomme aux dignités sacerdotales, etc.

Ce fut un spectacle tout nouveau pour le peuple de voir un empereur.

Le peuple crie dans le cirque: *un Dieu, un Christ, un évêque.* — Députation des femmes à l'empereur.

De nouvelles incursions des barbares, et surtout des Quades, l'appellent bientôt au delà du Danube, où il refoule les envahisseurs. Il rétablit les Sarmates en corps de nation, amie et alliée de la République.

Odius et Libère, le président de Nicée et le pape, signent la profession de Sirmium, c'est-à-dire adhèrent aux idées d'Arius et abjurent celles de Nicée.

— A la rentrée de Libérius, les partisans de Félix, son concurrent, sont massacrés dans les rues, les bains et les églises : comme au temps de Marius et de Sylla.

— Athanase écrit un pamphlet contre l'empereur Constance , et se pose tout à fait en sujet rebelle. (Cf. Fleury, III, 472.)

— Déposition de Cyrille, évêque de Jérusalem. — Lettre des évêques des Gaules à Hilaire de Poitiers, exilé. Ils adhèrent à la foi de Nicée ; c'est plutôt une affaire de personnes et de parti que de doctrine.

357. Sédition à Constantinople, à propos de la translation du corps de Constantin ; il y eut un tel massacre que, d'après Fleury, le puits situé en face de l'église fut rempli par le sang qui coulait de tous côtés.

Constance sévit alors ; il punit les meurtriers d'Hermogène (342), parmi lesquels deux ecclésiastiques, que les Grecs honorèrent depuis comme martyrs. Mot d'Ammien

Marcellin : *Bullas infestas hominibus bestias, ut sunt sibi furales plerique christianorum.*

— Campagnes et administration de Julien dans les Gaules. (Cf. Gibbon, I, p. 428-434.)

Deuxième campagne, plus heureuse. — Arrivée de Barbatíon, avec 30,000 hommes; il n'agit point, laisse échapper l'ennemi, brûle ses bateaux et ses provisions, et fait tout pour détruire Julien. — Cette deuxième campagne est perdue.

Bataille de Strasbourg (octobre), où Julien avec 13,000 hommes défait le roi Chnodomare, qui en cnonduisait. 35,000. — Il tue 6,000 hommes à l'ennemi ; lui-même en perd 250.

— Décembre. — Julien attaque et enlève 600 guerriers francs, retirés dans deux châteaux sur la Meuse.

358. Débordement de barbares dans l'Illyrie et la Gaule. — Les Juthunges sont défaits par Barbation; les Quades forcés de se replier jusqu'à l'embouchure du Rhin ; les Chamaves et Saliens contenus par Julien, qui porte la guerre au centre de la Germanie. Il rétablit, par le Rhin, le commerce avec la Grande-Bretagne. Il semble, par la marche de ces incursions des barbares, qu'en ce moment les peuples de la Germanie soient aussi affaiblis que l'empire.

— Julien écrit ses *commentaires*.

— Sapor et Constance échangent des ambassadeurs, dont les négociations n'aboutissent à rien. Le premier réclame le royaume de Cyrus, le deuxième les limites de l'empire romain !

— Les *anoméens*, ανομοῖοι, négateurs de la consubstantialité, à Antioche.

— Basile dans le désert : famille de *saints*. (Cf. Fleury, 478, 488.)

— Concile d'Ancyre, tenu par les semi-ariens. (*id.* 489 et suiv.) — Ils envoient des députés à Sirmium. — Retour de Libère à Rome.

24 août. — La ville de Nicomédie est renversée par un tremblement de terre qui renverse 150 villes, et est dévorée

par un incendie qui dure 50 jours. — La secousse se fait sentir dans toute l'Asie Mineure et la Macédoine.

359. Après une trêve de dix mois, Julien passe de nouveau le Rhin, surprend les Allemands, les taille en pièces, et les force à demander la paix. — Il délivre 20,000 captifs.

Julien répare les villes et les forteresses, surveille l'administration et la justice, donne l'exemple du travail, de la sobriété et du courage. Il ramène la paix et la sécurité; il arrête l'avidité des officiers du fisc : les mariages, le travail, l'agriculture recommencent. — Julien prend, de son côté, une haute estime de la rustictié et de la vertu gauloise.

On le célèbre comme un autre César, et un autre Marius. — La nation des Limigantes, qui avait trahi l'empereur, après avoir sollicité son alliance, est anéantie par Constance.

En Perse, Sapor marche de nouveau contre les Romains; mais contre l'avis de ses généraux, il s'acharne à la prise d'Amida, qu'il enlève après un siège de 73 jours, et une perte de 30.000 soldats. La ville est rasée, et tous les habitants massacrés; mais Sapor forcé de battre en retraite. — En se retirant, il s'empare des places fortes de Singara et de Bezabde et enlève cinq légions, de celles que Constantin avait réduites à moitié.

[La perte d'Amida fut l'effet du gouvernement des eunuques, qui enlevaient les meilleurs généraux, tels qu'Ursinien à l'armée, et mettaient à leur place de lâches intrigants (gouvernement d'*eunuques* et de *prêtres*).]

Partout la destruction, le ravage et la mort.

Cependant, que fait la chrétienté ?

Un concile est tenu en Orient à *Séleucie* (12 septembre), en Isaurie ; — un autre en Occident à Rimini.

[*Juin.* — Concile de Rimini, 400 évêques de Gaule, Afrique, Italie, Espagne, *nicéens*, 80 supposés ariens. D'abord les 400 nicéens, munis de *l'homoousion*, procèdent brutalement et sans discussion, déposent les ariens !... Mais Constance défend au concile de se séparer; la discussion s'entame;

enfin l'*homoousion* est rejeté par 380 *nicéens :* 20 restent pour protester. Alors l'univers, suivant l'expression de Jérôme, s'étonna d'être arien! La RESSEMBLANCE est adoptée, la consubstantialité est proscrite. Quelle victoire !]

Une assemblée a également lieu à Nicé ou Nicée, près d'Andrinople. A ce moment, Hilaire de Poitiers, exilé en Phrygie, écrivant aux évêques, témoigne que, dans les dix provinces d'Asie, tous les évêques, à l'exception d'un seul, rejetaient la foi de Nicée. Il subtilise fort sur l'*homoïousios* et l'*homoïousios*, croit que l'un peut se prendre pour l'autre, et exhorte ses collègues à ne se montrer point trop rigides. Il déplore la multitude des confessions de foi et de symboles, les incertitudes de l'Église, le va-et-vient des évêques, qui tantôt se prononcent pour, et tantôt contre, et semble pronostiquer la ruine de la foi chrétienne.

A Rimini, les nicéens se sentent en force, ne veulent rien céder, et condamnent les ariens, qui vont à Nicée prendre leur revanche. A Séleucie, l'assemblée se trouve divisée en ariens, nicéens et acaciens; ceux-ci rejetant l'*omoousion* et présentant à sa place l'*omoïousion*. Si l'on fût allé aux voix, ils étaient 105 contre 42. Mais on se querella et l'on ne conclut rien.

Du fond de son exil, Athanase résume les débats des deux assemblées en publiant une relation pleine d'accusations contre les ariens et propre à entretenir la discorde.

[Athanase rentre secrètement à Alexandrie; il y vit, tantôt dans une citerne, tantôt chez une vierge : de là, il lance des pamphlets, fomente la discorde parmi les ariens, soutient le parti de Nicée ; incognito, aux conciles de Séleucie et de Rimini; attaque sans relâche l'empereur Constance, le dénonce comme un tyran et un antéchrist; et par ses pamphlets colportés de main en main, lui fait une guerre plus dangereuse que celle de Magnence et de Vétranion ; Hilaire de Poitiers et Lucifer de Cagliari en faisaient autant de leur côté!...]

— Des évêques sont déposés par leurs collègues;

— Aétius condamné par Constance comme impie et

athée!... Déjà l'arianisme n'est plus qu'au juste milieu!... — Transport de deux obélisques à Rome. (Cf. Champollion.)

360. Julien est proclamé empereur par son armée, que le jaloux Constance avait mandée pour la guerre contre les Perses.

Julien tourné en ridicule à la cour de Constance : velu, myope, parleur et écrivassier ; il prêtait le flanc.

Constance envoie un tribun à Julien, avec ordre à celui-ci de remettre et faire partir sur le champ quatre légions, et l'élite du reste. — Cet ordre violait la promesse faite aux soldats, qu'on ne les enverrait pas au delà des Alpes : les populations de la Gaule s'alarment : Julien se met en mesure d'obéir; il est proclamé empereur (mars). Constance désapprouve d'abord cette élection et menace Julien ; mais les manifestations de l'armée des Gaules le contraignent à la résignation.

Julien, comme Constantin, a une apparition. — C'est la mode. Le génie de l'empire s'offre à lui.

Il écrit à Constance, très humblement et donne des explications.

Puis il fait une expédition contre les Attuaires, et enlève Vadomaire, prince allemand. Progrès de Julien contre les Allemands.

Constance est forcé d'abandonner en octobre le siège de Bezabde. Progrès de Sapor contre l'empire.

— Mort d'Hélène dans son dernier avortement.

— La réaction du paganisme se montre à découvert avec Julien.

Réaction causée par le Christianisme. — Il est clair que les chrétiens n'étant pas sûrs de leur Dieu, il faut revenir à Jupiter. L'ancienne société avait beau jeu. La chrétienté n'avait point de Dieu. Pour ajouter à la négation d'Arius, Macédonius enseignait, vers ce même temps, que l'esprit, le *Pneuma*, de même que le *Logos*, était une créature, ce qui rentrait tout à fait dans la doctrine de l'unité de Dieu et des émanations subalternes.

Que penser donc de la religion chrétienne, puisqu'elle ne

savait que croire d'elle-même? Les ariens comprenaient, aussi bien que les nicéens, le vide qui venait de se faire par la paix de 313; c'est ce qui explique la multitude de professions de foi, dans lesquelles ils élèvent successivement, tant qu'ils peuvent, la dignité du Christos, mais sans oser jamais aller jusqu'à le déclarer *Dieu*, *égal à Dieu*, de même substance et dignité que Dieu. Leur conscience apostolique et gnostique s'y refusait...

A ce défaut capital de la théorie chrétienne se joignait le spectacle de ses divisions, de ses hypocrisies, de sa corruption profonde et précoce. Le dégoût s'emparait des esprits sérieux, que n'entraînaient pas, avec la masse, les vaines promesses d'égalité et de bonheur messiaque, et qui, réforme pour réforme, comparant le plan synthétique d'Apollonius et sa haute tolérance, avec le judaïsme furieux et étroit des chrétiens, trouvaient de beaucoup le premier supérieur au deuxième.

[Prouver, par l'exemple de Julien, que ce qui eût été bien et faisable par Marc-Aurèle, ne se pouvait plus deux siècles après.]

La politique de restauration suivie par Julien, quelques prétextes que lui fournit la discorde des chrétiens, n'en fut pas moins une perturbation nouvelle, ajoutée à celles de Galérius, de Constantin et de Constance.

L'histoire prouve qu'en politique on ne peut guérir les mauvaises institutions qu'en les épuisant, c'est-à-dire en avançant sur elles, non en retournant aux anciennes, ou en introduisant des utopies. Ici, cette loi se manifeste dans tout son jour. Que devait donc faire Julien? Le mal était immense à son avènement. Il fallait s'emparer du rôle de médiateur, et non pas faire de la bascule, mais tenir la balance égale, en observant de quel côté devait aller le mouvement. Ce que Constantin aurait dû faire entre les païens et les chrétiens, en 313, il fallait le faire en 360, entre les partis chrétiens de Nicée, d'Arius et d'Afrique, puis entre la chrétienté et le paganisme; mais revenir au polythéisme, reprendre les errements de Galérius, après quarante-cinq ans de révolution, c'est d'une pauvreté de génie et de politique impardonnable.

360. Julien fut l'organe de ce parti d'esprits à la fois conservateurs et progressites, éclairés et honnêtes. Les historiens nous ont appris à ne voir en lui qu'un idolâtre superstitieux; d'autres un philosophe incrédule. La vérité est que Julien n'était que le continuateur de la pensée qu'avaient exprimée avec mollesse Auguste, Vespasien, Adrien, les Antonins, Septime Sévère, Aurélien et Constance. C'était de procéder à la réforme, de prendre en main la cause de la révolution par la fusion des cultes, l'égalité des charges, l'organisation du travail, et la cessation de l'exploitation romaine.

Julien fit donc en faveur des polythéistes ce que Constantin, 47 ans auparavant, avait fait en faveur des chrétiens; il publia un édit de tolérance qui se changea rapidement, par l'entraînement des choses, en opposition et répression pour le Christianisme. Les temples des dieux furent rouverts; les sacrifices recommencèrent; le *labarum* ôté des enseignes des légions — trop tard.

Deux nouveaux conciles tenus cette année continuent la contradiction : celui de Constantinople pour Arius; celui de Paris pour Nicée. Hilaire de Poitiers, après avoir obtenu *par ses prières* la mort de sa fille et de sa femme, et les avoir envoyées devant lui dans le ciel, écrit un pamphlet contre Constance où il le traite de tyran et d'antéchrist. Lucifer de Cagliari en fait autant de son côté, pendant qu'Athanase prend la défense du Saint-Esprit.

361. Nouveau concile d'Antioche, où est proposée la seizième profession de foi arienne : — les ariens y sont les maîtres.

Ces variations dans la profession de foi de la part des ariens ne portaient que sur des mots, et avaient pour but de ramener avec adresse les nicéens, qui généralement ne consentirent jamais à changer un mot au symbole de Nicée. Elles prouvent le zèle et les ménagements des premiers : mais elles tournèrent contre eux. On y vit une hésitation dans la foi, qui nuisit à la cause. Au surplus, ce qui a perdu, dans la chrétienté, la cause de l'arianisme, c'est qu'en réalité le monde était encore trop idolâtre pour embrasser la foi à un seul Dieu, non incarné. — Depuis, le mahométisme, le socinianisme, et la philosophie moderne ont amplement donné raison à Arius.

— Correspondauce de Constance et Julien. Constance exige l'abdication; Julien refuse.

361. 6 janvier. — Julien célèbre, avec les chrétiens, la fête de l'Épiphanie.

— Février. — Il renonce au Christianisme publiquement: mais depuis dix ans, il ne l'était plus. Cette dissimulation prouve que le Christianisme, à cette heure, était devenu pleinement la religion officielle; et que le paganisme était décidément abrogé.

[*Apostasie*. C'est une injure des Pères grecs.

Apostat de quoi? L'apostat est le chrétien qui, par ambition, avarice ou amour de la vie, abandonne une croyance à laquelle dans son fort intérieur il n'a pas cessé d'adhérer.

Julien a-t-il cru jamais, avec liberté, réflexion et connaissance de cause? — Le contraire est avoué : élevé dans le Christianisme, entouré de prêtres, vivant comme Éliacin dans le sanctuaire, il n'a eu connaissance de l'histoire, de la littérature grecque, etc., qu'à la dérobée; et à vingt ans, malgré le manque de ressources, par la seule puissance de sa pensée, il avait défait l'édifice de sa foi et s'était refait, seul, la croyance que réclamait son âme.

Apostat de quoi? — Baptisé et élevé par un arien; puis entouré de nicéens; puis témoin de leurs défaites sous Constance, a-t-il jamais été sûr de l'orthodoxie? Qu'il s'attachât au concile de Nicée, les ariens qui l'avaient baptisé le traitaient d'apostat; qu'il restât fidèle à Arius, il était hérétique et apostat!...]

— Après avoir terminé la guerre avec les Allemands, Julien se dispose alors à attaquer Constance; rassemble son armée, la divise par colonnes; et se dirige par Bâle et la Forêt-Noire, du côté du Danube, sur lequel l'armée s'embarque à Vienne et Ratisbonne.

En onze jours arrivée à Bononia à 700 milles (230 lieues.) — Attaque de Sirmium; — occupation des passages de l'Hémus.

Il écrit à Athènes et Rome, au peuple et au sénat, pour expliquer sa conduite. — On applaudit, mais avec réserve; on blâme les déclamations contre Constance. — *Autoritas reverentium rogamus*, disent les sénateurs romains. — Il ordonne de rouvrir les temples des dieux. — Constance, après avoir imposé la paix à Sapor, revient sur ses pas et annonce son intention de châtier Julien. Il commence par faire intercepter en Égypte les approvisionnements de Rome: en même temps deux légions qui d'abord s'étaient données à Julien, envoyées par lui en Gaule, se révoltent, reviennent à Constance et se retranchent dans Aquilée. A ce moment le péril pour Julien est extrême. La fortune le sert à propos, Constance meurt (3 novembre) d'une fièvre maligne près de Tharsus, en Cilicie.

Aussitôt l'armée entière de Constance, au mépris des évêques et des eunuques, se donne à Julien, qui est maître seul de l'empire.

— Entrée de Julien à Constantinople (décembre).

— Tous les exilés pour cause de religion rappelés;

— Les philosophes en faveur. Restauration de l'*hellénisme*.

362. 1er janvier. — Julien reçoit avec honneur les consuls à Constantinople. — Réaction de Julien. — Les chrétiens le reçoivent avec des railleries, les païens montrent de l'indifférence. Si le monde n'est pas encore tout entier au Christ, il n'est plus aux dieux !...

(Cf. Mater, Gibbon, Fleury, — pour les détails.)

Le bœuf Apis retrouvé en Egypte.

L'autel de la victoire à Rome.

Réaction furieuse des païens en Syrie; elle rappelle les excès des juifs de Cyrène (115): prêtres et vierges chrétiens traînés dans les rues, rôtis, éventrés, etc.

— A Alexandrie, le peuple païen se soulève contre Georges, évêque arien, rival d'Athanase, voleur public, monopoleur, concussionnaire, persécuteur. Il avait été fournisseur des armées, s'était enrichi par toutes sortes de rapines, et pour jouir plus tranquillement s'était fait théologien et prêtre. Il méritait au moins la corde : la populace l'assomma; et les deux partis qui divisaient la chrétienté, ariens et nicéens, s'unissant contre Julien, en firent un martyr. C'est le patron de l'Angleterre. Il a été rejeté par d'autres; et transformé en un prince de Cappadoce qui souffrit le martyre sous Dioclétien, après avoir soutenu un combat contre le magicien *Athanasius*, en présence de la reine *Alexandria*.

— Émeute à Édesse, les ariens oppriment les valentiniens; Julien fait confisquer leur église.

Des émeutes à Pessinunte et à Césarée éclatent sous les yeux de l'empereur, renversent les autels et détruisent les temples.

— A Naziance, l'officier qui veut s'emparer de l'Église, est forcé de renoncer à son entreprise, par crainte du peuple.

— Juillet. — Arrivée de Julien à Antioche. Les antiochiens se moquent de l'empereur et de sa barbe!...

— Fable des Césars. (Cf. Gibbon, 543.)

Julien travaille beaucoup, vit sobrement, garde une continence inviolable : chez un homme après tout médiocre, cette vertu augmente singulièrement sa force. — Son lit, dit un de ses panégyristes, était plus pur que celui des vestales.

Il écrit les *Césars*, le *misopogon*, et son ouvrage contre les chrétiens pendant cet hiver et le suivant.

Il abolit une infinité de charges inutiles créées par le luxe des empereurs : mille charges de barbiers, mille chefs de gobelets, mille cuisiniers et des eunuques sans nombre.

Julien par sa vie fait la satire de ses prédécesseurs : le peuple le tourne en ridicule. *Inviso semel principe vel bene vel male facta premunt.*

Il rejette les parures et le faste asiatique : frisure, fard, etc. — Malheureusement on l'accuse d'avoir donné dans l'autre extrême, le *cynisme*.

Il ordonne de rechercher tous les criminels de concussion,

fraude, etc., etc., et les fait punir. — *Chambre ardente.* Il y eut des coupables atteints ; des innocents punis. — Jusqu'à quel point, en principe, est-il moral à un gouvernement de rechercher judiciairement les agents du gouvernement déchu ?... D'autres procès furent si mal menés que les coupables parurent *innocents*. C'était inévitable.

— Conspiration contre la vie de Julien par des soldats.

— Révolte de Marcellus, qui affecte l'empire. — Mis à mort.

— Julien répare les villes grecques et les comble de bienfaits.

Il travaille avec ardeur à la réforme du polythéisme. Il impose des conditions de bonnes mœurs et d'instruction aux prêtres païens ; il écrit, en sa qualité de souverain pontife, des encycliques pastorales ; et il perd son temps à se faire plagiaire des chrétiens. — En quoi Grégoire de Nazianze a eu raison de se moquer de lui.

Il récompense la vertu, le désintéressement, la chasteté.

Il enrichit les *philosophes*, ses maîtres, ce qui scandalise le peuple, comme si les philosophes n'avaient pas eu l'exemple des évêques. — Les légions, alléchées par la viande des sacrifices et les distributions pécuniaires, embrassent en masse la religion de Julien ; une foule de chrétiens, convertis sous Constantin et Constance, se reconvertissent sous Julien.

Tous ces efforts, nous l'avons déjà remarqué plus d'une fois, arrivaient trop tard et devaient rester infructueux. Si Julien, qui fut dans son temps une espèce de Chateaubriand du paganisme, au lieu de suivre son imagination, avait écouté la politique et la philosophie, au lieu de reprendre en sous œuvre un projet désormais avorté, il se fût élevé tout d'un coup au-dessus des questions religieuses et aurait posé largement l'*indifférentisme de l'État*.

Il aurait sifflé les dieux avec Lucien, et les chrétiens avec Celse, Porphyre et Hieroclès ; — il aurait abandonné ces sectes à elles-mêmes, en se bornant à exiger de toutes l'obéissance à la loi, et le respect de la paix publique ; — mais il aurait donné un nouvel essor à la philosophie sceptique, aux sciences; il aurait suivi Marc-Aurèle pour la morale, Papinien pour la législation, etc., etc. — Et le Christianisme, tombant aussitôt dans le mépris, serait mort, en même temps que les superstitions païennes.

Le grand tort de Julien, comme de Constance II, comme de Constantin, comme de Galérius, fut d'avoir voulu faire servir la puissance impériale au triomphe de sa religion particulière. Il devait garder une neutralité sévère, inaugurer purement et simplement *le Numen supremum*, y accoutumer les peuples peu à peu, et du reste se moquer des nicéens, des ariens, des manichéens, des donatistes, des platoniciens, des aruspices, tout en les protégeant et les surveillant ! Ce fut un UTOPISTE.

[Pour l'indifférence, le pouvoir peut tout; pour une religion, une opinion, rien !...]

— Ce qu'il y a de meilleur, en Julien, à tout prendre, c'est le CÔTÉ MORAL, c'est *l'homme*.

Du côté de l'intelligence, surtout de celle qui fait l'homme d'État, il est pauvre. Pas de génie; pas de spontanéité.

C'est un écolier qui a bien fait ses études, qui connaît ses auteurs, qui est intelligent et docile, comme Alexandre Sévère, mais qui ne sait rien d'ailleurs.

Julien n'a ni l'instinct, ni l'intelligence de sa position. — Il ne comprend pas le Christianisme qu'il rejette, et pas plus le paganisme, qu'il rappelle. — Il a le désir de la philosophie; mais la philosophie qu'il lui faut, il ne la devine pas. Il éprouve vite que la religion n'est point œuvre impériale. La *vérité*, scientifiquement démontrée, peut s'imposer; — la *foi*, jamais. C'est *ad libitum vulgi*. Julien échoue comme Constantin et Constance.

Système de Julien, d'après Gibbon, I, 520. — JULIEN LE PLATONICIEN OU LE PHILOSOPHE (Cf. les *Césars* et note de Spinhème ; — le Discours à Salluste, *In solem Regem* ; — et les fragments conservés par Cyrille.

« Le Dieu suprême a engendré la chaîne graduelle des esprits subordonnés les uns aux autres, des dieux, des démons, des héros et des hommes; et chacun des êtres, tirant son existence immédiate de la première cause, a reçu l'immortalité. — Afin, disait Julien, que des êtres indignes ne partagent point un si précieux ouvrage, le Créateur a confié à l'habileté et à la puissance des dieux inférieurs le soin de former le corps de l'homme, et de disposer l'harmonie des règnes; il a délégué à ses ministres divins le gouvernement temporel de notre monde sublunaire; mais leur administration imparfaite n'est pas exempte de discorde et d'erreur. Tant qu'une prison mortelle renferme nos âmes, il est de notre intérêt et de notre devoir de solliciter la faveur de conjurer la colère des puissances du ciel, que notre hommage réjouit et dont il est permis de croire que la partie la plus grossière de leur être se nourrira de la fumée des sacrifices (c'est l'opinion des anciens juifs, concernant *Jéhovah*). Les dieux daignent quelquefois manifester leur présence dans les statues et les temples. » — Autant en pensent les chrétiens; et sans aller jusquà la présence réelle, les *images parlantes* ou remuant les yeux le prouvent).

Le soleil est l'image du *Logos* (Gibbon qui a fait cette analyse, est absurde dans les réflexions qu'elle lui suggère.)

— Affaires de l'Église : (Cf. Julien, t. IV, 1-87);

Agitation des donatistes en Afrique;

Sédition d'Alexandrie, en Afrique; l'évêque George, tué. — Rentrée d'Athanase.

Concile d'Alexandrie : amnistie habilement décrétée par Athanase en faveur des évêques qui avaient souscrit aux formules de Rimini.

— Athanase chassé. Persécution maladroite de Julien contre cet évêque : il eût voulu, en sa personne, étouffer (?) tout le poison des galiléens.

— Deux évêques à Antioche : après l'hérésie, le schisme.

— *Décembre.* — Julien fixe le prix des grains, et fait vendre à vil prix du blé... que les monopoleurs achètent; et la disette continue. — Aux saturnales, le peuple le chansonne.

363. *Janvier.* — Autorisation de reconstruire le temple de Jérusalem. — Lieu de pèlerinage; on montrait le tombeau, la croix, les clous, la couronne d'épines, le poteau, etc. Grand commerce pour la ville : lieu de plaisir et de débauche. Suivant Grégoire de Nysse qui condamne ces pèlerinages, les Jérosolymitains adonnés au vol, à l'adultère, à l'orgie, à l'empoisonnement. C'est le portrait de la Rome papale.

— Au commencement de l'année, travaux pour la reconstruction du temple juif à Jérusalem. Conception absurde, et que l'histoire doit blâmer sévèrement, non par faveur pour les chrétiens, ni par haine pour les juifs, mais par pure philosophie. Exhumer un culte mort, quand l'empire est déjà travaillé par l'anarchie religieuse, c'est de la démence.

— Un météore effraye les ouvriers...

— Défense aux chrétiens d'enseigner et d'apprendre la grammaire et la rhétorique. — Absurde.

— Destitutions d'emploi, etc. — Partialité.

— Ordre de restituer aux païens les temples et terres confisqués et adjugés aux chrétiens. — Juste.

— Martyre de Marc, évêque d'Aréthuse. — Odieux.

— Temple de Daphné, près d'Antioche. — Dévotion de l'empereur. — Exhumations, etc. — Le temple brûle : Enquêtes contre les chrétiens; martyre de Théodore. — Confiscation de la cathédrale.

— Julien, s'il fût revenu vainqueur des Perses, était sur la pente de la persécution. Il allait recommencer Galérius et Maximin Daïa! Surcroit de mal.

363. Guerre de Julien contre les Perses. Sa mort, 26 juin. Jovien fait la paix avec les Perses et bat en retraite. — Le Christianisme rétabli : réaction nouvelle. Le *labarum* rétabli.

— Valentinien envoyé contre les Allemands.

— Prodiges du temple de Jérusalem. — Agitation arienne. — Concile d'Antioche.

364. *Février*. Mort de Jovien. Valentinien est élu par les troupes à Nicée, et associe à l'empire son frère Valens. Nouveau partage de l'empire : il ne peut plus exister que PARTAGÉ. Contradiction manifeste.

Caractères de Valentinien et Valens. (Cf. Gibbon, I, 581.)

Controverses d'Hilaire, de Poitiers. — Fleury.

365. Révolte de Procope, parent de Julien, que les deux empereurs voulaient mettre à mort, quoique inoffensif. — Raison d'Etat et de religion. (Cf. Gibbon, 97-378.) — Les *Joviens* et les *Hereuliens* embrassent sa cause. — Épuration et destitutions. (Gibbon, 577.)

Révolte générale des barbares Allemands, Pictes, Écossais, Saxons, Quades, Sarmates, ainsi que des Asturiens et des Maures.

Lois contre les magiciens. (Gibbon, 580.) — Persécution atroce contre eux.

Valens se déclare contre les nicéens et les persécute. (Fleury, II, et Gibbon, 2585.) — Concile de Lampsaque ; députation des Orientaux en Occident.

— Philosophie de Thémistocle. (Cf. Buret.) — Para, roi d'Arménie (Gibbon, 602). — Le Danube (Gibbon, 603.)

— Tremblement de terre (Gibbon, 609); il ébranle tout le globe.

366. Dixième bataille gagnée par le Christ. Défaite de Procope et sa mort. Valens se tourne aussitôt contre les Goths. — Défaite des Allemands par Valentinien.

— Basile et Grégoire de Nazianze résistent à l'arianisme et soutiennent l'œuvre d'Athanase. — Le pape Damase ; schisme d'Ursin. (Fleury et Gibbon, 588.) — Concile de Tyane (Date à vérifier). — Ce concile exclut l'Apocalypse du canon des Ecritures ; en sorte que ce sont les mêmes à qui elle avait été adressée qui la méconnaissaient ! Ce fut fait en haine du millénarisme auquel tout le monde avait cru, auquel plus personne ne voulait croire.

367. La guerre est dans l'empire et dans l'Eglise.

Pillage de Mayence par les Allemands. — Le comte Théodore repousse les Pictes et les Écossais. (Cf. 597.)

24 *août*. — Valentinien fait césar son fils Gratien, à Amiens. Il épouse Justine, veuve de Magnence.

Concile de Laodicée. — Hilarion.

368 Valentinien passe le Rhin, et remporte sur les Allemands, Bourguignons et Saxons plusieurs victoires. — Les Francs ravagent la Gaule.

Valens pousse la guerre contre les Goths; cependant les Perses s'emparent de l'Arménie.

369. Athanaric, roi des Goths, est défait par Valens et contraint à la paix.

Sapor poursuit ses entreprises, fait périr Arsace, roi d'Arménie, chasse Sauromace de l'Ibérie et le remplace par Aspacure. (?)

— Basile résiste à Valens (Fleury).

370. Défaites des Saxons et Allemands par Valentinien, et de Sapor par Valens. Trêve en Orient.

— Conciles de Rome, d'Illyrie et d'Antioche.

Écrits de Basile et d'Athanase. (Cf. Fleury.)

On sent ici combien fut regrettable la politique de Julien, qui par opposition à celle de Constantin ne sut que se jeter dans une réaction impuissante. Depuis, les empereurs prennent tous parti pour une secte et se font persécuteurs; tandis qu'ils devaient seulement protéger la liberté des opinions et empêcher les luttes, les violences, ils donnent l'exemple de la polémique et éternisent l'agitation.

Il faut le dire, Julien, avec la plus belle situation, ne sut rien créer, rien fonder.

Loi de Valentinien contre l'avarice et l'incontinence des prêtres chrétiens. (Fleury, II, 142.) — Opulence du clergé à cette époque, mot de Prétextat à Damase. (Gibbon, 585.)

— Ammien Marcellin, historien.

371. Cette année est belle pour les empereurs. Les Allemands sont défaits par Sévère, commandant des troupes de Valentinien; la guerre des Maures terminée par le comte Théodose; les rois d'Arménie et d'Ibérie, qu'avait détrônés Sapor, sont rétablis par Valens.

Mais de même que Constantin, triomphant de Maxence et de Licinius, semblait n'avoir vaincu que pour le Christianisme; de même Valens ne paraît vaincre aussi que pour la gloire d'Arius.

Le paganisme expire dans les complots magiques.... histoire de l'anneau magique, analogie avec les *tables tournantes.*

Massacre des magiciens. — Persécution des nicéens. (Cf. Fleury et Gibbon.)

Mort du philosophe Maxime.

371. Guerre de Valentinien contre les Quades. Révoltes des Maures en Afrique et des paysans en Syrie.

— Apollinaire, poète grec.

— Martin de Tours. — Fleury.

373. 80.000 Bourguignons paraissent sur le Rhin, appelés par les Romains contre les Allemands.

Le comte Théodose est de nouveau envoyé en Afrique contre les Maures, pendant que Valens continue la guerre contre les Perses.

— Lois de Valentinien contre les donatistes ou rebaptisants; les manichéens.

— Travaux de Basile : sa politique droite, etc. (Fleury, IV, 288, 317.)

— Commencements de Jérôme, bibliophile et philologue chrétien.

— Trait d'hypocrisie monacale (Fleury, IV, 276); fausse vertu.

— Les moines *puissants*. (*Id.*, 282.)

— Éphrem, poète, l'adversaire de Bardesane.

— La *simonie* répandue dans l'épiscopat. (Fleury, 190.)

— Mort d'Athanase, à Alexandrie.

374. Valentinien fait la paix avec les Allemands; Valens tente la même chose avec les Perses, et ne peut s'entendre avec Sapor. L'empire est tout haletant et ne peut plus soutenir sa tâche.

Théodose, fils, chasse les Quades et les Sarmates de la Mésie.

— *Ambroise*, évêque de Milan : les ariens ont le dessus dans cette Eglise.

Concile de Valence. (Fleury, 321.)

375. Valentinien, après avoir récompensé les Bourguignons en leur accordant des terres, se prépare à attaquer de sa personne les Sarmates : il est frappé d'apoplexie (17 novembre). — En Pannonie, l'armée, par esprit de rivalité contre celle des Gaules, nomme Valentinien le jeune, fils de Justine, empereur.

Dans le même temps, les Huns, partis de la Chine, s'avancent sur l'Europe, refoulent les Goths devant eux, et les défont dans une bataille. — Valens, qui suivait pied à pied la politique de son frère, permet aux Wisigoths de passer le Danube, comme soldats de l'empire, et ouvre ainsi la porte aux barbares ; l'invasion commence : les Goths en sont les pionniers.

— La permission de passer le Danube fut accordée par Valens à l'évêque goth Ulphila qui pendant le séjour qu'il fit à Constantinople, embrassa la foi arienne, et conquit ainsi à l'arianisme tous les peuples.

— Valens force les moines à servir dans les armées.

— Théon, mathématicien et astronome.

376. Les Goths quittent les bords du Volga, où ils étaient établis depuis l'an 93, passent le Danube et s'établissent, avec l'assistance de Valens, dans la Pannonie et la Thrace — l'invasion de l'empire commence. — (Gibbon, 622-629.)

Les Alains, chassés aussi par les Huns, parcourent l'Europe cherchant un asile, et s'avancent jusqu'aux Pyrénées.

Désormais, l'empire est perdu : le mal sans remède.

— Mort du comte Théodose, décapité par ordre de Valens, qui craignait en lui le successeur prédit par le devin Maxime.

— Assassinat du roi d'Arménie par les ordres de l'empereur.

— Concile de Rome et condamnation d'Apollinaire. (Fleury.) — Concile de Gaupes (*id*). — Travaux de Basile (*id*).

Les Goths passent en masse à l'arianisme.

Secte des *callypédiens*, qui font de la Vierge Marie une déesse (Fleury 330, IV.)

— Épiphane, évêque de Salamine, en Chypre, historien éclairé. (Cf. Fleury.)

376. A partir de cette année, l'histoire de l'empire romain n'est plus que le récit du progrès des barbares. Théodose n'y fit absolument rien; ce n'est donc pas à l'an 410 qu'il faut placer le point de départ de l'envahissement, mais en 376; et si l'on regarde de plus près, il faudra remonter au moment où les Francs reçoivent un établissement sur la rive gauche du Rhin, où la Dacie est abandonnée par Aurélien, où les Lombards passent les Alpes et sont recueillis en Italie, etc.

A bien considérer lee choses, l'empire romain n'a jamais été qu'une fiction contre laquelle n'ont cessé de protester, à toutes les époques, Gaulois, Germains, Numides et Maures, Parthes, Sarmates, etc.

L'empire est le jouet des barbares, devenus tout à la fois ses ennemis, ses alliés et ses défenseurs.

Les empereurs se vengent sur les dieux et leurs temples, des insultes qu'ils reçoivent des Goths et autres. — Le bulletin annuel de l'histoire n'est plus que le récit de faits sans philosophie, car la philosophie en a été faite auparavant.

377. Les généraux de l'empire apportent des entraves à l'entrée des Goths et accablent d'avanies ces barbares, qui se révoltent et battent les troupes impériales. L'entrée, d'abord pacifique et consentie, se change en invasion et conquête. — Il semble que le vide fait depuis quatre siècles, par la pompe aspirante du Césarisme, appelle les barbares pour repeupler des contrées autrefois prospères et maintenant désertes. La dépopulation est effrayante; la résistance aux barbares manque d'hommes et de motifs, l'avidité du fisc fait du titre de curial (quid ?) une charge onéreuse, dont chacun se débarrasse avec le même empressement qu'on en mettait jadis à l'obtenir. Les campagnes cessent d'être cultivées. Dans la seule Campanie, on compte 528,000 arpents en friche. A quoi ont servi les distributions de terres aux vétérans et à la plèbe ?...

40,000 Allemands pénètrent en Gaule; ils sont arrêtés pourtant, mais par qui ? Par un franc nommé Mellobaud. Le barbare défend contre le barbare la propriété que lui a cédée l'empereur. Ce Mellobaud est consul avec Gratien (?).

Tous les barbares s'unissent contre l'empire; Valens

apprend à Antioche ces tristes nouvelles, et se hâte de conclure la paix avec les Perses, et part, avec l'armée, pour Constantinople.

Les nicéens (Fleury, IV, 356) accusent Valens d'avoir attiré, par son obstination dans l'hérésie, les barbares dans l'empire.

— Travaux d'Ambroise.

378. Gratien se prépare à secourir Valens, après avoir réprimé les Allemands, et s'avance, muni d'un traité d'Ambroise, en guise de préservatif contre la foi arienne.

Cependant Valens, jaloux de triompher seul des barbares, s'avance jusqu'à Andrinople ; là, il refuse d'écouter les supplications des Goths, qui ne demandent qu'un peu de place (dans des pays dépeuplés!...) pour eux et leurs troupeaux. La bataille est livrée le 9 août. L'empereur et les deux tiers de l'armée y périssent. Les barbares s'avancent jusqu'aux portes de Constantinople. Théodose et Jules, après avoir rassemblé les débris de l'armée de Valens, parviennent cependant à les arrêter.

Gratien est élu seul empereur?

— Epoque florissante des solitaires. (*Ils prenaient bien leur temps.*) Ceux de la Thébaïde sont les plus nombreux et les plus célèbres. A peine arrivé à une existence publique et officielle, le Christianisme se retire devant les difficultés sociales et proclame son impuissance. Il parodie honteusement la parole du Christ à Pilate, *mon règne n'est pas de cet ordre* (de l'ordre politique); il fait presque une loi du renoncement aux affaires. La crasse des Pacôme, des Hilarion, etc., est devenue l'emblême de la pureté et de la lumière. Grande différence entre les choses du *siècle* et celles du *salut*. Le dualisme oriental, nié dans le dogme trinitaire, se rencontre partout dans la pratique. En vain les empereurs, au désespoir, font appel au patriotisme chrétien et invitent les provinces à former des assemblées pour la résistance à l'invasion (?). On ne les entend point. Qu'est-ce que la barbarie, en comparaison de Satan, l'ennemi éternel du salut?...

Tous ces chrétiens, les Athanase, les Ambroise, les Grégoire de Nysse et de Nazianze, les Augustin, etc., sont à juger et à clouer au pilori de l'histoire.

379. 19 *janvier*. — Nouveau partage.

Théodose est associé à l'empire par Gratien et déclaré empereur d'Orient. Il chasse les Goths de la Thrace et les refoule sur le Danube. — Mort de Sapor, remplacé par Artaxerce.

— Loi de Gratien contre les hérétiques. (Fleury, IV, 368.) — Autre loi qui favorise le trafic des clercs et les décharge de la patente (*ibid.*).

— Persécution croissante contre les prêtres des dieux ; on les dépouille, on les berne, on les extermine.

— Indication d'un concile à Aquilée, par Gratien (il s'assemble en 387), contre les ariens, que protège Justine, établie à Sirmium.

— Mort de Basile et d'Ephrem. — Grégoire de Nazianze est fait évêque de Constantinople. Ses travaux. (Cf. Fleury.) L'histoire ecclésiastique est pleine de ces vétilles.

380. Les Goths, pendant une maladie de Théodose, reparaissent en Thrace et en Macédoine. A son rétablissement il se fait baptiser, rend un édit contre les ariens et se met en marche contre les barbares.

— Hérésie des priscillianistes, et des *agapètes* en Espagne, qui attaquent la maternité divine et se mettent nus pour prier. — Un concile est tenu contre eux à Sarragosse. (Fleury IV, 395-400.)

Diophante enseigne l'algèbre aux occidentaux. — Ausone, littérateur, maître de Gratien.

381. Agitation à Constantinople, causée par l'élection de Maxime dit le Cynique, et les édits de Théodose contre les ariens.

Un concile est rassemblé à Constantinople, qui confirme les articles de Nicée, et pose, par le mot fameux : *filioque*, la divinité de l'Esprit, comme procédant du Père et du Fils. Ce concile, dont les décrets furent appuyés de l'autorité de Théodose et de Gratien, détermina la ruine de l'arianisme (v. 526, 534, 559, 589, 671); décidément le monde ne peut encore s'affranchir de l'idolâtrie ; l'anthropomorphisme tient l'esprit humain sous sa chaîne, les consciences répugnent à adorer un Dieu infini, éternel, insondable et absolu. Au delà du dogme de Nicée, il semble que Dieu s'évanouisse en deçà de l'idée d'Arius, il s'anthropomorphise. (Quid ?...)

DU CONCILE DE CONSTANTINOPLE A AUGUSTULE (381-476). — MORT DE L'EMPIRE

Concile de Constantinople. Théodose pacifie l'Eglise en donnant raison aux nicéens ; ce fut chose facile. L'arianisme était devenu presque antichrétien, en s'appuyant sur la cour, et en offrant la chrétienté au bon plaisir impérial. Théodose fit donc une chose logique et nécessaire en se soumettant, empereur, au jugement de l'Eglise, et en reconnaissant la prépotence du Christ sur César : en cela, il mérite des éloges. Mais il immola le Césarisme et égorgea l'empire. Après lui, ce sera fini ! On ne peut l'accuser ; le sacrifice était devenu le moindre des maux.

— Mort d'Athanaric, roi des Wisigoths. (Cf. Gibbon, 641.)

Concile d'Aquilée. (Fl., IV, 400, 454.)

382. Théodose est forcé de concéder aux Goths des terres dans la Thrace.

Troisième concile de Constantinople ; Grégoire de Nazianze refuse de s'y rendre, disant que les conciles d'évêques sont plus propres à augmenter les maux qu'à les guérir. (Fleury, 455.)

— Concile de Rome.

— La veuve Paule et ses filles, protectrices de Jérôme.

Gratien seconde de son mieux les inclinations catholiques de Théodose; il fait enlever du sénat la statue de la *Victoire*, ce qui fait faire à Zozime un calembour contre le Christianisme. Païens et chrétiens s'accusent réciproquement des maux de l'empire.

383. *Janvier*. — Arcadius, âgé de six ans, associé à l'empire par Théodose.

Loi de Théodose contre les relaps.

Juin. — Quatrième concile de Constantinople.

Juillet. — Loi contre les *hérétiques*, toujours de Théodose.

Septembre. — Gratien, à force de dévotion chrétienne, néglige les soins de l'empire et perd entièrement l'affection des soldats. Maxime est reconnu dans la Grande-Bretagne; il passe la mer, les légions se réunissent à lui en foule; Gratien est abandonné par tout le monde; les villes même lui ferment leurs portes. Enfin il est tué. Justine, mère de Valentinien II, envoie alors Ambroise, évêque de Milan, pour traiter de la paix avec Maxime. Elle conserve la régence de l'Italie, de l'Afrique et de toute la Grèce. — Théodose adhère aussi à l'élévation de Maxime.

Soulèvement des peuples celtiques (?). — Commencement du royaume de Bretagne, dans l'Armorique : Conan Ier, roi.

384. Renouvellement de la paix avec les Perses : règne de Sapor II.

— L'hérétique Priscillien est mis à mort par Maxime; sa mort ne fait que donner plus de force à sa secte.

Théodose fait fermer tous les temples païens.

Requête de Symmaque, gouverneur de Rome, pour le rétablissement de l'autel de la Victoire. — Réponse d'Ambroise.

Mort du pape Damase : remplacé par Sirice.

385. Décrétale du pape Sirice : célibat ecclésiastique.

Jérôme quitte Rome, et va s'établir à Bethléem, suivi de Paule et Eustochime.

Ruine du paganisme par Théodose. (Cf. Gibbon et Fleury.)

Démêlés de Justine, mère de Valentinien II, avec Ambroise, évêque de Milan.

Thémistius, orateur grec et philosophe.

386-398. Révolte de Gildon, Maure, en Afrique. (Cf. Gibbon, t. I, p. 698.)

386. *Octobre.* — Invasion des Gruthungiens ou Ostrogoths. Ils sont défaits au passage du Danube par Théodose. Les restes de leurs tribus transportés en Phrygie et en Lydie.

— Epiphane, évêque de Salamine, en Chypre.

Persécution de Justine contre les nicéens. — Ambroise lui résiste.

Chant ambroisien. (Fleury, IV, 421.)

— Traité d'Ambroise *sur les mystères*, d'accord avec les catéchèses de Cyrille de Jérusalem. (Cf. Fleury.)

– Commencements d'Augustin. Il enseigne la rhétorique à Rome.

Commencements de Jean Chrysostôme, à Antioche.

Un passage des œuvres de saint Jean Chrysostôme prouve qu'à cette époque l'Église d'Antioche comptait 100,000 fidèles, dont 3,000 pauvres entretenus aux frais de la communauté. Or cette ville, la plus ancienne de la chrétienté, comptait au moins 500,000 habitants. Donc le christianisme était à peu près la sixième partie de la population de l'empire, depuis Constantin.

387. Les divisions sociales créaient en Italie une chance aussi belle pour déposséder Justine et Valentinien que celles qui avaient déjà fait le succès de Maxime contre Gratien. Justine essaie de la retenir de nouveau en lui députant Ambroise, qui échoue dans sa négociation.

Caresses de Maxime à Ambroise, à Martin et aux évêques. Ce sont des tribuns redoutables, qui disposent à leur gré des populations ! Maxime n'en reçoit que des grossièretés et des insolences. Pareille chose arrive à Théodose. (Cf. Amphiloque, 383.)

Février. — Sédition d'Antioche. Clémence de Théodose.

Août. — Irruption de Maxime en Italie, fuite de Valentinien le jeune. — Maxime rétablit l'autel de la Victoire ; — comme il défend de maltraiter les juifs, les chrétiens disent qu'il est devenu juif aussi.

— Théodose se prépare à la guerre. Partage de l'Arménie entre deux rois Arsacides.

388. Théodose, en roi dévot, avant de s'avancer contre Maxime, sévit contre les hérétiques. — Il s'avance ensuite par la Pannonie, défait, dans deux combats, les troupes de Maxime, et le saisit dans Aquilée, où tout le monde l'abandonne. L'incapacité politique et militaire de Maxime fit presque tout le succès de Théodose. La famille de l'usurpateur est exterminée, et l'empire d'Occident rendu à Valentinien le jeune.

Théodose, à la suite de cette expédition, abolit de nouveau l'autel de la Victoire; la synagogue des juifs est brûlée par les chrétiens. Rome se convertit en masse. (Cf. Gibbon, 677.)

Les Francs passent le Rhin et ravagent la Gaule.

— Ambroise blâme l'empereur de ne pas permettre que les évêques et les moines saccagent les temples des païens et les synagogues des juifs.

389. Arbogaste, gouverneur des Gaules, pour Valentinien II, se lie avec les Francs. — Commencement de la royauté lombarde; Agalmond, fils d'Aron, premier roi.

— Lois de Théodose contre les manichéens; il ordonne de les chasser de partout.

Destruction des temples en Syrie, en Égypte, dans les Gaules; Martin, le fameux évêque, se signale dans ces expéditions avec des brigades de moines.

Destruction du temple de Sérapis à Alexandrie. (Gibbon 680-81.) On trouve dans les caves de ce temple des machines comme sous un théâtre. — Séditions et troubles. (Cf. Fleury, IV, 626, 638.) Fleury place le fait à l'an 391. *Quid?*

— Condamnation de Jovinien, dans un concile tenu à Rome. (Cf. Fleury.) Jovinien, surnommé l'Aristippe et l'Épicure des chrétiens, soutenait que la religion et la volupté n'avaient rien d'incompatible.

Concile de Milan, sur la même affaire.

390. Sédition et massacre de Thessalonique. (Cf. Gibbon et Fleury.) 7,000 morts, tués dans un guet-apens.

Pénitence de Théodose.

Ainsi la puissance césarienne est décidément au-dessous de la puissance épiscopale. L'évêque, armé de l'excommunication, met l'empereur hors l'Église, hors la loi. Insensiblement une puissance supérieure à celle de César s'est créée, c'est la puissance populaire, reproduite sous une nouvelle forme.

Discipline ecclésiastique à cette époque. (Cf. Fleury, 610, 616.)

Lois de Théodose contre les moines.

Loi du même contre les pédérastes.

— Les *missaliens* soutiennent que la prière vaut mieux que les sacrements. (Fleury, P. IV, 616.) *Quid?* Où en étaient alors les sacrements ?

391. Guerre entre les peuples du Nord, Bretons, Irlandais, Danois d'une part; et les Norwégiens, Suédois, etc., de l'autre. La victoire reste à Haquin, roi de Suède.

Concile de Capoue.

Troubles à Antioche au sujet de l'évêché. Flavien.

Le sénat de Rome demande à grands cris le rétablissement de l'autel de la Victoire et proteste contre la persécution chrétienne.

392. 15 *mai.* — Le comte Arbogaste, commandant des armées de Valentinien le Jeune, le fait étrangler et il proclame empereur un homme à lui, Eugène, rhéteur estimé, honnête homme, qui s'empresse de déférer aux vœux du sénat de Rome, en rétablissant l'autel de la Victoire.

— Les auteurs ecclésiastiques vantent la chasteté de Gratien et Valentinien II ; il est remarquable que cette chasteté chrétienne ait eu pour complément un défaut complet de virilité et de capacité politique.

Juin. — Loi de Théodose contre les hérétiques. Fleury, 645.

Octobre. — Autre loi du même contre le paganisme : le culte des dieux est assimilé au crime de lèse-majesté.

Théodose, on peut le dire, livra l'empire aux évêques et la société au Christianisme.

— Jérôme dresse le catalogue des livres ecclésiastiques; il écrit contre Jovinien et Jean de Jérusalem.

— Prudence, Espagnol, poète chrétien.

393. Pendant toute cette année, et une partie de la suivante, Théodose se prépare à la guerre contre Arbogaste.

— Amitié et brouille de Rufin et Jérôme, au sujet d'Origène.

— Réaction du paganisme sous Eugène. (Cf. Fleury, IV, 679.)

— Voyage d'Ambroise (id., 680.)

— Concile d'Hippone, contre les agabes. (Fleury, IV, L. XIX, n° 41, et tome V, page 30.)

394. Théodose part pour l'Italie; bataille d'Aquilée, 6 septembre, où Théodose, défait le premier jour par Arbogaste, est vainqueur le lendemain, par la défection d'un corps de troupes de l'armée d'Eugène.

Cette victoire achève la déconfiture du paganisme. — Le pouvoir ecclésiastique règne partout sans obstacle, jusqu'à ce que l'idolâtrie soit pleinement terrassée, et que la guerre ne puisse plus avoir le polythéisme pour prétexte. — Les peuples s'accoutument à suivre la loi de l'Église, à mépriser la loi civile; à prendre leurs évêques, autorité de leur choix, et suivant leur cœur, pour recours contre l'autorité séculière; le spirituel balance le temporel, en attendant qu'il l'absorbe et le rejette à son tour dans l'opposition.

Batailles gagnées par le Christianisme, depuis la persécution de Galérius :

1° Bataille de Rome, ou *Saxe Rubra*, gagnée par Constantin sur Maxence, 28 octobre 313.

2° Bataille d'Andrinople, gagnée par Licinius sur Maximin, 30 avril 313.

3° Bataille de Cébalis, gagnée par Constantin sur Licinius, 8 octobre 315.

4° Bataille de Mardie, id., id., même année.

5° Bataille d'Andrinople, perdue par Licinius, 3 juillet 323.

6° Bataille de Chrysopolis ou Gallipoli, 324.

7° Bataille de Chalcédoine, id.

8° Bataille de Mursa, gagnée par Constance sur Magnème, 28 septembre 358.

9° Bataille perdue par Magnence en Dauphiné, 353.

10° Défaite de Procope, 366.

11° Défaite de Maxime à Aquilée, 388.

12° Défaite d'Eugène à la bataille d'Aquilée, 394.

Douze grandes batailles, sept guerres civiles en 82 ans; à la suite de l'anarchie des trente tyrans et des querelles qui suivirent l'abdication de Dioclétien. Voilà le bilan militaire du christianisme. Dans ce bilan ne sont pas comprises les guerres et défaites dans lesquelles le christianisme n'a été engagé qu'indirectement : exemple, la lutte des fils de Constantin, la réaction de Julien, etc., etc. — Il faudrait dresser ce compte.

Faire un dénombrement des *conciles* — et en général pour toute cette période de 325 à 476, procéder par dénombrements de *batailles*, *révoltes*, *guerres civiles*, *conciles*, *hérésies*, *schismes*, *lois*, *édits*, *décrets*, etc., etc. — Des chiffres, des nombres, des résumés, placés chacun au lieu le plus convenable du récit. — Faire aussi des listes de *pères*, *papes* ; de leurs *ouvrages*, *canons*, *lettres*, etc., etc.

La société profondément divisée; la dévastation des monuments, une ochlocratie formée; un état dans l'État; le monachisme; une situation révolutionnaire sans principe, car le principe de Jésus est persécuté dans les donatistes et circoncellions; — sans conduite, puisque le gouvernement est celui des conciles (382) le pire de tous, au dire de Grégoire de Nazianze; sans but, puisque désormais tout objet temporel est exclu du christianisme, qui dit, comme la philosophie de Schelling, qu'il n'a rien en soi d'empirique, d'utilitaire, de séculier, etc.

Le christianisme apparaît en ce moment comme une conspiration contre l'humanité : il condamne implicitement le mariage par l'encouragement donné au célibat, à la virginité et à la moinerie : il condamne les emplois, le commerce, l'industrie, l'état militaire, la richesse, la science, etc.

— Concile de Bagaïa en Afrique, 24 avril (Fleury, 695), au sujet des donatistes.

— Concile de Constantinople, *septembre*, sur un différend d'évêques.

Épître canonique de Grégoire de Nysse.

Commencements d'Augustin, né en 355, manichéen, jusqu'à 32 ans, fait prêtre en 391 ; cette année, il écrit contre les donatistes. (Cf. Fleury, 692.)

— Paulin de Nole est fait évêque malgré lui par le peuple.

Zèle, fanatisme, sottise de masses christianisées.

395. 17 *janvier*. — Mort de Théodose. L'empire est définitivement partagé en deux parties indépendantes. Arcadius, âgé de vingt ans, règne sur l'Orient ; Honorius âgé seulement de dix ans sur l'Occident; autant et plus incapables que les fils de Constantin; avec eux fleurit le pouvoir des eunuques, déjà si grand sous Constance et Théodose.

Rufin est ministre d'Arcadius; Stilicon, d'Honorius.

La rivalité des deux ministres devint pour les deux empires une source de calamités. Rufin appelle les Huns et les Goths, qui pénètrent jusqu'en Achaïe. Stilicon se retire dans les Gaules, et fait la paix avec les Francs. Mort de Rufin, assassiné par les soldats de Gaïnas (27 novembre), officier goth, envoyé par Stilicon au service d'Arcadius. Ce jeune empereur est complètement dominé par sa femme Eudoxie, beauté bel esprit, qui met en combustion Constantinople.

— Stilicon fait brûler les livres Sibyllins. Que ne donnerait-on pas aujourd'hui pour les lire!

Cessation du calcul des Olympiades.

Invention des caractères arméniens, géorgiens et albaniens.

Loi d'Honorius en faveur de l'Eglise : création des privilèges.

— Ferveur monastique. (Fleury, V, 1-28.)

Division parmi les donatistes (7 d. 29.)

Augustin est fait évêque d'Hippone.

Révolte des Goths : ils marchent sur la Grèce.

396. Passage des Thermopyles par Alaric, roi des Goths, et prise d'Athènes. Stilicon marche contre lui, le presse dans le Péloponèse et le laisse échapper.

Cessation des mystères d'Éleusis, et destruction du temple de Cérès par Alaric.

Frigitille, reine des Marcomans, se convertit au christianisme.

— Macrobe, philosophe et littérateur latin.

Trois lois contre les héritiques.

397. Gouvernement d'Eutrope à Constantinople (Gibbon 771). Eutrope fait sommer Stilicon de quitter la Grèce et le déclare traître à l'empire.

Le gouverneur d'Afrique, Gildon, qui, depuis 386, s'était rendu à peu près indépendant, mais qui continuait de fournir le tribut de blé à Honorius, passe du côté d'Arcadius. — Le sénat de Rome condamne Gildon, comme traître à l'empereur.

Loi d'Honorius, pour les privilèges de l'Eglise. — Loi d'Arcadius contre le crime de trahison. (Gibbon, 476, p. 775.)

— Mort et célébrité d'Ambroise, évêque de Milan. (Fleury, V, 36-51.) — 28 *août*. — Concile de Carthagène. (Fleury 57-63).

Dans la fertile Campanie, 528,642 arpents de terres exemptées d'impôt par les agents de l'empire, vu la désertion et l'inculture. (Le juger est environ 28.800 pieds anglais carrés = 267m5; soit 1412, 776, 371 mètres carrés; ou 141,277 hectares 6371 mètres.)

398. Élection de Chrysostôme à Constantinople. 26 *février*. (Cf. Gibbon.)

Guerre d'Afrique contre Gildon : sa défaite et sa mort.

Alaric, retiré en Épire, traite avec la cour de Constantinople, qui le déclare maître de l'Illyrie orientale et roi des Wisigoths, et s'apprête à le lancer sur l'Italie, contre Honorius !....

Loi d'Arcadius contre les hérétiques. (Cf. Fleury, V, 66.)

Autre loi du même pour la protection de l'Église. (Fleury, 67).

Troubles des donatistes. — 8 novembre, quatrième concile de Carthage, (Fleury, V, 74-82.)

Loi contre les asyles. (*Id.*, 82.)

L'Afrique rentre sous le pouvoir d'Honorius, qui fait en même temps fortifier la Grande-Bretagne contre les Écossais.

— Célébrité d'Hypathie, fille du philosophe Théon d'Alexandrie; elle invente l'aréomètre, enseigne les mathématiques et l'algèbre. — Les chrétiens d'Alexandrie, l'accusant de magie, la firent périr en 415.

Un oracle répandu parmi les païens dit que la religion chrétienne ne doit durer que 365 ans. — Ces 365 ans, suivant le calcul d'Augustin, devaient finir à l'an 398, ce qui, selon lui, démontrait la fausseté de l'oracle.

399. Gaïnas, chefs des Goths et commandant des armées

d'Arcadius, excite un des dieux Tribigild à se révolter en Phrygie et à demander la destitution d'Eutrope. Chute de ce ministre. *Janvier.*

Loi d'Arcadius, 13 *juillet*, contre les temples païens. — Loi d'Honorius contre les statues et les temples. — Les Vandales n'auront que les restes des chrétiens.

Une émeute de païens en Afrique coûte la vie à 60 chrétiens.

Égill, roi de Danemark, contraint Armand, roi de Suède, à lui payer un tribut.

Vararane, roi de Perse, est tué par ses sujets; il a pour successeur Izdegarde.

400. Conspiration et chute de Gaïnas, 20 *juillet.* (Gibbon, 778.)

Alaric et Radagaise pénètrent en Italie et s'avancent jusqu'à Ravenne. Honorius est sur le point de leur abandonner l'Italie; il en est empêché par Stilicon.

5° Concile de Carthage. — (Fl., 94.) Polémique d'Augustin contre les donatistes. (96-109.) — Concile de Tolède, septembre, au sujet des priscillianistes et agapètes, 110-112.

Paulin de Nole invente les cloches. Art chrétien!

Némésius, évêque d'Émèse, entrevoit la circulation du sang.

Commencement de l'architecture gothique. (?)

Rufin, traducteur d'Origène, est condamné à Rome par le pape Anastase. Acharnement de l'Église contre le savant d'Alexandrie; Jérôme se justifie de l'avoir loué.

Commencement des maronites sur le mont Liban.

SIÈCLE D'ATTILA.

Après le siècle de Constantin, le siècle d'Attila; après le christianisme, les barbares.

401. Les Vandales, descendus de la Baltique, s'arrêtent un instant dans la Dacie et la Pannonie et s'apprêtent à pénétrer en Espagne.

Démêlés de Jean Chrysostôme avec l'impératrice Eudoxie et les ariens. Caractère farouche, violent, insociable.

— Concile de Carthage au sujet des donatistes.

— Affaire des *Grands frères*.

— Claudien, poète latin, flatteur de Stilicon. (Cf. Gibbon.)

402. Concile de Milève en Afrique — affaire épiscopale.

403. 29 *mars*. — Alaric est défait par Stilicon à Pollentia en Italie. Il se retire de l'autre côté de l'Adriatique, et se rejette sur l'empire d'Orient. Ainsi la division de l'empire amène fatalement l'antagonisme et livre les deux empires à la merci des barbares.

— Nouvelle querelle entre Chrysostôme et l'impératrice Eudoxie. Mauvais courtisan, il fait beau jeu aux ariens, et compromet son Église par un zèle indiscret,— il est déposé.

— Concile de Carthage.

— Dispute entre Jérôme et Augustin sur la Sainte-Ecriture et les fraudes pieuses.

— Épiphane de Chypre; ses livres contre les manichéens et les ariens.

— Concile du *Chêne*. Chrysostôme est déposé, puis rétabli aussitôt.

404. Triomphe d'Honorius à Rome. Il abolit les spectacles de gladiateurs. Puis il fixe sa résidence à Ravenne.

— Nouvelle querelle entre Chrysostôme et l'impératrice Eudoxie; il est envoyé en exil. Un incendie dévore, la nuit de son départ, le palais d'Arcadius et l'église. Symbole de l'agitation que cause cette affaire dans la chrétienté. (Cf. Fleury, presque tout le livre XXI.)

405. Stilicon traite avec Alaric, lui donne le commandement de l'Illyrie, et le lance sur Arcadius.

Pélage, à la lecture des *confessions* de Saint-Augustin, commence à revendiquer les droits de la liberté. (Cf. *P. Leroux. Encyclopédie nouvelle* et *Épître de Paul aux Romains*.)

Opposition de la *liberté et de la grâce*. La doctrine d'Augustin est le dernier coup porté à la pensée révolutionnaire du Christ.

— Polémique de Jérôme contre Vigilance, qui s'élève

contre le culte des reliques. — Loi d'Honorius contre les donatistes. (V. 262.) — Nouveau concile à Carthage. — Réclamation des Occidentaux en feveur de Chrysostôme. Intrigues.

406. Radagaise entre en Italie avec 400,000 Scythes; il est défait par Stilicon, secouru par les Goths et les Huns réunis.

Les Vandales (401) sont d'abord battus par les Francs; puis, ligués avec les Alains et les Suèves, ils sont vainqueurs à leur tour, et ravagent les Gaules jusqu'en 416. Confusion et extermination mutuelle des barbares, pour la possession de l'empire qui ne se défend plus. L'Orient est ravagé par des brigands isauriens.

407. Concile de Carthage: contre les évêques de cour, et non résidents.

— Lois d'Honorius (15 *novembre*) pour l'Église : il confirme les privilèges des clercs : — elles furent, dit Fleury, le fruit de la défaite de Radagaise.

Désolation de la Gaule : Marc, Gratien et Constantin sont élus successivement empereurs dans la Grande-Bretagne. (Cf. Gibbon, 720.)

— Établissement des Alains, Suèves et Vandales en Espagne.

406-413. — Les barbares commencent à former des établissements dans l'empire.

Les Vandales en Espagne, les Goths dans l'Aquitaine, les Burgondes à l'ouest du Jura, songent à se fixer, las de courses et de pillages. L'admiuistration impériale se désorganise, l'organisme centralisateur se brise nécessairement dans un état dont les communications sont coupées en tout sens par l'invasion. Derniers recours des âmes asservies et démoralisées, les évêques deviennent partout les premiers magistrats; la société civile s'affaisse; le pouvoir épiscopal grandit de la misère universelle. La municipalité, c'est l'évêché.

— Théodose II célèbre les quinquennales. Son oncle Honorius avait triomphé trois ans auparavant.

Quels arguments pour Symmaque! Oui, c'est bien le christianisme qui achève l'empire. Comptons.

Constantin, pour faire triompher le parti chrétien, détruit les armées impériales : Rome, Andrinople, Cibalis, Mardie, Andrinople (*bis*), ete., etc.; ses fils, divisés sur la question du Verbe, déchirent l'empire par la théologie; la réaction chrétienne soulève la révolte païenne; et quels lâches princes, qu'un Constance, un Arcadius, un Honorius. Valens introduit les Goths dans l'empire; Gratien et Valentinien II, se font chasser pour leur bigoterie; Théodose n'a guère de vigueur que contre les païens et les hérétiques; son abominable postérité amène partout l'invasion!... c'est le siècle de l'Église, le siècle de Constantin !...

408. Pêle-mêle général.

Les généraux d'Arcadius sont battus par les Goths. — Mort d'Arcadius, remplacé par Théodose jeune, âgé de *huit ans*.

Constantin, proclamé empereur en Bretagne, 407, fait César, son fils Constant, et l'envoie en Espagne, qui est bientôt soumise. Lui-même établit à Arles, le siège de son empire.

Alaric, dirigé par Stilicon, rentre en Italie et exige une contribution. La trahison est découverte; Stilicon est mis à mort avec son fils et son beau-père, 23 août (408). Cette trahison de Stilicon et de Rufin, qui tous deux livrent l'empire aux barbares, semble l'accomplissement du vœu chrétien, qui, dans l'Apocalypse, appelle sur Rome Gog et Magog. La vieille politique romaine est oubliée et méconnue, il n'y a plus que des intrigues de dynasties, d'eunuques, d'évêques, de chefs barbares et de femmes.

Le supplice de Stilicon n'arrête point Alaric, qui se joint aux Huns et vient mettre le siège devant Rome. (Cf. Gibbon, 729-744.)

— Héraclien, gouverneur d'Afrique, se révolte contre Honorius (?) (Cf. Gibbon, 760.)

— La mort de Stilicon sert de prétexte aux donatistes et aux païens d'Afrique pour désobéir aux dernières lois d'Honorius. — Concile de Carthage à ce sujet; lettre d'Augustin à

Olympius, successeur de Stilicon, son ami. — On a du temps pour les querelles religieuses ; on ne fait rien contre les barbares.

Sédition de Calame, en Afrique, pour cause de religion.

Lois d'Honorius contre les juifs et les hérétiques, et païens. (Cf. Fleury, 280-281.)

409. Alaric, moyennant rançon, lève le siège de Rome ; et bientôt il reçoit un renfort considérable de troupes par l'arrivée d'Ataulphe, son beau-père. Le ministre d'Honorius, Olympius, manque à la foi jurée ; un détachement de 6,000 légionnaires, reste des armées impériales, est massacré par les Goths; un secours de 10,000 Huns les remplace et entretient l'opiniâtreté d'Honorius.

Deuxième siège de Rome par Alaric.

— Proclamation d'Attale, prétendant porté par le parti polythéiste pour le Sénat ; à la demande d'Alaric, guerre entre Attale et Honorius. — Héraclius refuse de reconnaître cette élection et affame l'Italie.

Révolte de Jérôme, comte d'Espagne, contre Constantin : il donne à Maxime le titre d'empereur, et bloque Constantin dans Arles.

Ligue entre la Grande-Bretagne, l'Armorique et les Francs contre les barbares.

— Loi d'Honorius contre les mathématiciens (25 janvier). — Autre loi du même contre les donatistes. (Fleury, 285.)

Entrée des Vandales en Espagne ; les Alains et les Suèves les suivent.

Concile de Brague, Braccara, en Lusitanie (Fleury, 369).

— Cassien se retire dans les Gaules et fonde deux monastères à Marseille.

410. En ce moment, il y a neuf, tant empereurs que césars, pour se disputer et ruiner au reste l'empire romain : Arcadius, Honorius, Constantin, Constant, Gérôme, Maxime, Attale, Jovin et Sébastien.

Alaric, qui s'était rapproché des Alpes, inquiété sur ses derrières, rebrousse chemin, et vient pour la troisième fois mettre le siège devant Rome.

La ville est prise le 24 août 410 (Cf. Gibbon).
Puis Alaric va mourir à Rhège. Ataulphe lui succède.

Rome assiégée	par Porsenna.	507	avant.
—	par Coriolan.	489	—
Prises de Rome	par les Gaulois	389	—
—	par les soldats de Marius. .	87	—
—	par Vespasien	69	après
—	par Alaric	410	—
—	par Ataulphe	413	—
—	par Genséric	455	—
—	par Ricimer.	472	—
—	par le connétable de Bourbon	1525	—

Défaite des prétendants, Gérôme, Constantin et Maxime. — Règlements pour le soulagement de l'Italie. (Cf. Gibbon, 759.) — Honorius exempte d'impôt les biens de l'Église!.. Voilà l'occupation des empereurs !...

— Gédaire, paysan, déifié par les Daces pour sa force.

— Zosime, alchimiste, enseigne publiquement le secret de faire de l'or. — Zosime, historien des empereurs. — Sulpice Sévère, historien ecclésiastique. — Avienus, Espagnol, traducteur des *Phénomènes* d'Aratus, etc.

— Fondation du monastère de Lérins, par Honorat. (Fleury, V, 610.)

— Incursion des barbares en Syrie, Phénicie, Palestine, Arabie, Égypte.

— Ordination de Pissian : spéculation. (Fleury, V, 298.) — Lois contre les donatistes. (Fleury, p. 307.) — Extorsions de l'évêque Théodose. (Fleury, p. 308.)

411. Jovin et Sébastien sont proclamés empereurs, se joignent à Sarus, chef de Goths, puis sont défaits et tués par Ataulphe. — Mort de l'usurpateur Constantin, 18 novembre, (Cf. Gibbon, 762.) — Pulchérie, sœur de Théodose le Jeune, âgée de 16 ans, se charge du gouvernement de l'empire.

— Conférences de Carthage, au sujet des donatistes. (Cf. Fleury, 309-335.)

— Syneïus, évêque de la Cyrénaïque, de la race de Lycurgue. (Fl. V, 335-347.) — Olympiodore, historien. — Théodose de Mopsueste, philosophe déiste.

412. Héraclius (408) se déclare indépendant en Afrique.

Fondation du royaume des Wisigoths, à Toulouse, par Ataulphe ; ceux de Pannonie reçoivent en même temps le nom d'Ostrogoths.

L'Arménie est partagée entre les Perses et les Grecs.

— Célestius étend la doctrine de Pélage; il prouve qu'il y a eu des honnêtes gens avant l'Évangile, et qu'il peut y en avoir encore sans l'Évangile; conséquemment que l'Évangile est inutile. (Cf. Fleury, 361. Concile de Carthage à ce sujet.)

Concile de Cirtha au sujet des donatistes.

Lettres d'Augustin. (349-359.) — Lettre à Marcellin, sur la politique. — (Fleury, V, 354 et 371).

— Confirmation des privilèges de l'Église par Honorius. (Fleury, 367.)

413. Fondation du royaume de Bourgogne, par Gondicaire. (Fl., 368.)

Rome est prise et pillée pour la deuxième fois par Ataulphe ! Son mariage avec Placidie amène la paix ; le chef barbare se retire et va assiéger Marseille.

Héraclien arrive d'Afrique avec 700 vaisseaux et 30,000 hommes. Flotte et armée sont détruites par Marin, et l'usurpateur tué. (Cf. Gibbon, 760.)

414. Loi de Théodose II contre les sabbatiers ou protopaschites !...

— Saint Augustin compose son livre de la *Cité de Dieu.* (Cf. Fleury, V, 372-382.) — Sermon contre les pélagiens. (388-393.)

414. Pulchérie, sœur e Théodose II, est nommée Auguste. Une fille dévote remplace les puissants empereurs ! (786.)

Les Wisigoths, battus par Constance, général d'Honorius, évacuent la Gaule et passent en Espagne. (*S. d.*, 764.)

— Lois d'Honorius contre les donatistes. (Fleury, V, 383-384.)

— Livre de Pélage à Démédriade (385, 308).

— Augustin, sur l'*Origine de l'âme* (394, 398).

— Fin du schisme d'Antioche, qui avait duré 85 ans. (Cf. *suprà* 329 ; Fleury, V, 421.)

415. Mort d'Ataulphe, tué avec ses enfants à Barcelone; il a pour successeurs d'abord Sigaric, puis au bout de sept jours Wallia. (Gibbon, 765.)

Les Armoriques, la Narbonnaise et l'Aquitaine retournent aux Latins.

Izdejarde, roi de Perse, se fait chrétien. — Ce roi barbare n'est pas le premier qui copie les empereurs.

Nouvelle dédicace de l'église de Sainte-Sophie.

— Jérôme écrit contre les pélagiens. (Fleury, 399, 411.)

Concile de Jérusalem sur le même sujet. (*Ibid.*)

Invention des reliques. (416, 417.)

Sédition à Alexandrie, causée par la rivalité de la puissance civile et de la puissance épiscopale. (418-420.)

416. Placidie, veuve d'Ataulphe, obtient d'Honorius la paix pour les Wisigoths, qui sont ainsi reconnus paisibles possesseurs de l'Espagne. Elle épouse ensuite Constance, vainqueur de ses sujets (414).

Honorius reçoit son deuxième triomphe (404).

— Loi de Théodose jeune contre les parabolains (Fleury, 420-21); — révoquée en 408.

— Écrits de Pélage. (Fleury, V, 427.) — Conciles de Carthage et de Milève, contre lui. — Correspondance épiscopale à ce sujet. On voit par cet exemple, et beaucoup d'autres, comment les évêques se *mettaient d'accord* entre eux, lorsqu'une doctrine venait à surgir dans la chrétienté.

— Décrétale d'Innocent, pape, sur les sacrements. (Fleury, 433, 434.) — Lettre du même à Aurélius, sur les ordinations (427).

L'épiscopat tourne à la papauté. Après une rivalité de quelques siècles, entre les métropolitains de Jérusalem, Alexandrie, Antioche, Constantinople, Rome, la ville italique l'emporte.

417. Défaite des Alains et des Vandales, par Wallia,

roi des Visigoths. Après tout, si l'empire romain avait pu jouir d'une vie intérieure, les barbares n'y eussent pu entrer jamais. L'invasion ne fut qu'une avalanche, qui ne laissa même pas de traces, après quelques années. Elle ne devint sérieuse qu'en se rendant permanente. Les barbares eussent pu suffire à détruire les barbares.

— Zosime, pape. Richesse de l'Église romaine. (Fleury, 439.)

— Augustin sur la Trinité, et contre Pélage (440, 464, 450, 457).

— Exaspération des donatistes (444, 450).

— Concile de Carthage, au sujet des pélagiens (462, 465).

418. Pharmund, roi des Francs, premier de la monarchie franque ou française. — Sa législation. (Cf. Buret de L.)

— Concile de Carthage contre les pélagiens. (Fleury, 465, 468.) — Rescrit d'Honorius contre les mêmes. Condamnation des mêmes par Zosime (470.)

— Livre d'Augustin sur la Grâce (474). — Du même sur le Péché originel (476). — Lettres du même à Optant et à Marcelin (480).

Acharnement universel contre la liberté. Empereur, pape, évêque, personne n'en veut plus. Anathème solennel à la liberté.

Juifs convertis, et autres miracles à Minorque, par les reliques de saint Étienne. (Fleury, V, 488-498.)

Affaire d'Apiarus : les évêques d'Afrique ne reconnaissent plus l'appel au pape, ni celui des prêtres et clercs d'églises à l'évêque voisin ! (Fleury, 499.)

Par conséquent ils affirment l'indépendance des évêques, au moins en ce qui concerne l'administration, la juridiction, la discipline !...

— Mort de Zosime : le préfet de la ville, Symmaque, défend au peuple d'intervenir dans l'élection. Cela n'empêche pas le clergé de se diviser et d'élire simultanément deux papes (décembre. Fleury, 500, 502.)

Éclipse de soleil, totale, 19 juillet; effroi général. Cône lumineux dans le ciel, durant quatre mois.

419. Schisme à Rome. (501, 506.)

Concile de Carthage au sujet de l'affaire d'Apiarus, 25 mai (506, 511). Un tremblement de terre renverse en Syrie des villes et des villages.

Apparition de Jésus-Christ dans les nuées. Croix lumineuses ; on attend la fin du monde. Correspondance à ce sujet entre Augustin et Hésychius. (Fleury, 514, 515.)

— Rescrit d'Honorius contre les pélagiens (518-521.)

Traités d'Augustin des *Noces* et de la *Concupiscence* (516-521).

Lettre de Boniface aux évêques des Gaules (520).

Mort de Wallia, roi des Visigoths ; règne de Théodoric Ier à Toulouse.

Établissement des Bourguignons. (Gibbon, 766.)

420. Constance, général d'Honorius et époux de Placidie, est associé à l'empire.

Mort d'Izdegarde, roi de Perse : guerre contre Vararane son successeur, et Théodose II. Les Perses unis aux Sarrasins sont défaits.

— Religion des Subiens, ou Mandaïstes, produit incestueux du christianisme et du magisme.

— Doctrine de la spiritualité de l'âme. — Livre d'Augustin à ce sujet. (Fleury, 526.)

Mort de Jérôme, 91 ans.

Orose, *Histoire universelle.* — Isidore de Péluré. — Jean Cassior, *Histoire ecclésiastique.*

Époque de Merlin, le célèbre enchanteur breton.

421. Constance est fait empereur le 8 février et meurt en juillet. Il eut le temps de faire démolir à Carthage un temple de la reine du ciel.

— Mariage de Théodose II avec Eudoxie, fille du philosophe Léonce; ce mariage avait été arrangé par Pulchérie et tourna mal. — Théodose II, crétin couronné, plus crétin que son père et son oncle.

Derniers écrits d'Augustin contre les donatistes. (Fleury, V. 529-535).

Les pélagiens sont condamnés en Orient : tout marche d'accord contre la liberté (535).

Persécution en Perse, provoquée par Abdas (541).

Marie Égyptienne (536).

— Contestation entre Théodose jeune et Boniface Ier sur l'autorité de l'évêque de Rome (554-557).

422. Paix entre les Perses et les Grecs.

Ravages des Huns dans la Thrace.

Rivalité de Cartinus et Boniface, généraux d'Honorius, le premier en Espagne, le deuxième en Afrique.

Publication de la loi salique. Est-ce que les barbares jouent aux législateurs?

Lettres de Boniface, au sujet des élections ecclésiastiques en Grèce. (Fleury, 556.) — En Gaule, en Italie, partout il revendique le *privilège* de l'Église de Rome (557).

423. Mort d'Honorius, 15 août, hydropique.

Jean, primicier des notaires, se fait d'abord reconnaître, et règne un an et demi. Valentinien III, âgé de 5 ans, fils de Placidie et du général Constance, est proclamé à Constantinople (Gibbon, 792.)

Plusieurs lois rendues, au nom de cet enfant, en faveur de l'Église. (Fleury, 559.) — Lois de Théodose II, de la même année, pour le même objet. (Fleury, 552.) — La sagesse dit: *Per me regis regnat.*

Conférences de Cassien sur la vie épiscopale. (Fleury, 609.)

— Xénophon d'Éphèse et Chariton, auteurs de romans érotiques: c'est phénoménal, à une pareille époque.

424. Commencement de Venise sur les lagunes de l'Adriatique.

Une armée de 100.000 Perses, fuyant les Grecs, se noie dans l'Euphrate.

— Contestation entre les évêques d'Afrique et celui de Rome, au sujet des *appelants*. — Ils déclarent ne vouloir plus souffrir d'appel. — Faveur des papes pour les appelants. (Fleury, 559-565.)

Miracles divers. Augustin refuse un legs (574.) — Les donations aux églises furent d'abord parfaitement accueillies du peuple, qui en profitait; il ne prévoyait pas que ces biens immobilisés finiraient par être le patrimoine du parasitisme...

Ceux qui crient contre la communauté, qui en 420 poursuivaient les donatistes et les circoncellions, ont bonne grâce d'approuver les donations au clergé !...

425. Défaite et mort de l'empereur Jean : Valentinien est reconnu seul empereur d'occident sous la tutelle de Placidie.

Dans cette dynastie, ce sont les femmes qui héritent du courage du fondateur. Malheureusement elles ne peuvent monter à cheval.

Rivalité d'Aétius et de Boniface.

Les Vandales d'Espagne pillent les îles Baléares et fondent la piraterie. — Les Latins se retirent définitivement de la Grande-Bretagne. — Siège d'Arles, par Théodoric, roi des Goths; Aétius le force d'en lever le siège.

— Compétition entre le peuple et le clergé pour la nomination des évêques (Fleury, 583); le primat de Constantinople aspire, comme le pape de Rome, à la suprématie des églises de l'empire d'Orient.

426. Publication du code de Papinien. — L'empereur Valentinien III ordonne que, lorsque les opinions seront différentes entre les jurisconsultes, on suivra celle de Papinien,

— Livre de la *Correction et la grâce*, et du *Libre Arbitre* par Augustin. (Fleury, V, 584, 593.)

427. Intrigues de cour : Boniface, appelé par Placidie et averti perfidement par Aétius, refuse d'obéir; la cour de Ravenne alors le déclare rebelle et envoie des troupes contre lui. Boniface, pour se défendre, appelle les Vandales, dont il avait épousé une princesse. (Gibbon, 795.)

— Secte des semi-pélagiens. — *Rétractation* de saint Augustin. (Ph. 592.) — *Lettre à Vital.*

428. Assemblée des sept provinces de la Gaule, (Cf. Gibbon, 770.)

— Les Francs sont défaits par Aétius qui s'empare de la Gaule rhénane.

Mort de Pharmund, premier roi des Francs ; son successeur est Clodion, dit le Chevelu.

— Nestorius, évêque de Constantinople, est réfuté par Cyrille d'Alexandrie, qualifié saint par l'Église, mais l'un des plus méchants hommes.

— Conférence d'Augustin avec Maximin et Pascentius (601-603).

Lettre décrétale de Célestin, pape, aux évêques de Vienne et Narbonne. (Fleury, 606-608.)

Saint Prosper de Riez, en Aquitaine, attaque la doctrine d'Augustin touchant la grâce; réponse d'Augustin. (Fleury, 614-623.)

— Conférences de Cassien (409).

— Rétablissement des écoles publiques de Constantinople, par Théodose le Jeune.

429. *mai.* — Arrivée des Vandales en Afrique; (Gibbon, 776), par convention entre eux et Boniface, l'Afrique devait être partagée en trois parties une pour Gontrain, l'autre pour Genséric, la troisième pour Boniface. L'évêque Augustin écrit à ce général pour lui reprocher son crime; l'intrigue d'Aétius se découvre; Placidie n'ose le renvoyer, mais elle supplie Boniface de renvoyer les barbares : il n'est plus temps!.... Pour la seconde fois, la rivalité des ministres (395-410) perd les empereurs.

— L'Irlande embrasse la doctrine de Pélage.

En même temps que l'empire agonisant est livré aux barbares, l'Église est déchirée par les sectes. Opinions opposées de Nestorius et Eutychès. (Cf. Fleury, A. V. I.)

Antagonisme de l'esprit et du symbole; les donatistes (cf. Gibbon, 797) accueillent les barbares.

— Dernier écrit d'Augustin, de la *Persévérance*,

430. L'Afrique est désolée par les barbares. Boniface, dont le repentir tardif essaie avec le secours de Théodose le Jeune et de Placidie de renvoyer les barbares, est vaincu par eux et assiégé dans Hippone.

Mort de saint Augustin, 28 août.

— Victoire remportée sur les Huns par les Bourguignons, et sur les Goths auprès d'Arles, par Aétius.

— Fondation de Kiow, par Rii, chef russe (?).

— Les Sarrasins embrassent le christianisme et l'accommodent à leur guise; les Bourguignons en usent de même. Autant de races, autant d'expressions chrétiennes différentes.

430-440. Les Huns s'emparent de la Perse. (Cf. G. 807.)

431. Seconde défaite de Boniface.

Incendie d'Hippone, après un siège de 14 mois. L'Afrique est perdue pour les Romains. Les débris de l'armée s'embarquent avec une partie des habitants.

— Les Suèves, demeurés seuls en Espagne après le départ de Genséric, rompent la paix avec les Vandales.

Troisième concile général tenu à Éphèse : Nestorius et Pélage y sont condamnés; la maternité divine, reconnue à Marie, transporte d'enthousiasme les habitants, comme au lendemain d'une victoire.

Paulin, de Bordeaux, défend l'Eucharistie.

Les Euchites soutiennent que le salut dépend exclusivement de la prière. La folie est universelle, complète.

432. Victoire d'Aétius sur les Noriques et les Francs. Boniface est rappelé par Placidie : son retour est suivi de la révolte d'Aétius, qui rentre en Italie avec une armée de barbares. Les deux rivaux décident leur querelle dans une bataille rangée, où Boniface remporte la victoire et périt de la main de son rival. Aétius se retire ensuite en Pannonie, chez les Huns, d'où il revient, l'année suivante, avec 60,000 hommes imposer à Valentinien III, ses services et sa tutelle.

— Apparition d'un mesise juif, dans l'île de Chypre : il prend le nom de Moïse. Il fallait avoir la rage du messianisme.

432-440. Promenades des Vandales à travers l'Afrique. La discorde avait fait le succès de Genséric. La discorde lui rend tout établissement impossible. Il traite avec l'empereur d'Occident et lui rend les trois Mauritanies.

433. Attila, dit le *fléau de Dieu*, reçoit en pompe une épée mystérieuse avec laquelle il doit conquérir la terre. Encore du messianisme. L'invasion appelle l'invasion : après

›s Goths, les Huns, après Radagaise, Alaric, Attila. Il ravage ı Thrace, la Macédoine, toute la Grèce et impose à l'empeeur de Constantinople un tribut de 750 livres pesant d'or. endant vingt ans, nous le verrons labourer l'empire. Cf. Gibbon, 805.)

Guerre entre les Danois et les Suédois.

434. Honoria, âgée de seize ans, destinée au célibat pour aison d'État, est chassée par son frère Valentinien III pour es amours clandestins et envoyée à Constantinople sous la arde de ses cousines.

Défaite des Francs par Aétius.

435. Valentinien III (17 ans), ou Aétius, fait la paix avec ;enséric, roi des Vandales, et lui cède l'Afrique pour 3 ans. .e même traité a lieu avec les Bourguignons, qui sont bientôt attaqués et battus par Attila, et avec les Francs, dont le oi Clodion devient allié des Romains. Tout se ligue donc our résister au torrent des Tatares.

Tibaton, chef des bagaudes, soulève la Gaule au delà de a Loire.

Nestorius est exilé par Théodose II.

436. Mort de Gondicaire roi des Bourguignons; ses suc-:esseurs rompent la paix et sont battus par Aétius. Théodoric, roi des Wisigoths, attaque la Gaule au midi; siège de Narbonne, défendue par Littorius.

Conversion en masse des barbares : elle avait commencé déjà sous Constantin. En cela, comme en tout le reste, les barbares ne sont que les plagiaires des empereurs ; et comme ces derniers, le christianisme, au lieu d'améliorer leurs mœurs, les empire. (Cf. Buret de L.)

437. Alliance matrimoniale entre Valentinien III et Théodose II. — Censorinus est envoyé en Espagne contre les Suèves : défaite des Goths en Sicile par Aétius.

438. Première invasion des Saxons en Angleterre, sous Hengist, fondateur du royaume de Kent. (Cf. Mac-Auley.)

Paix entre les Romains et les Wisigoths, bientôt rompue. — Publication du code Théodosien.

L'empereur fait entourer Constantinople de murailles.

439. Cosmogonie et législation des Turcs. Une nation nouvelle naît sur la scène du monde. (Cf. Buret de L.)

Commencement des Turcs Assena, à l'O. du Chanoi.

— Prise de Carthage, 9 octobre, par Genséric, roi des Vandales. (Cf. Gibbon, 801.)— Défaite de Littorius dans la Gaule par Théodoric, roi des Wisigoths. — L'empire fond à vue d'œil.

440. Genséric passe d'Afrique en Sicile et met le siège devant Palerme. (F. Gibbon, 840.)

Ausorinus est bloqué dans Marsalla par Rechila, roi des Suèves. — Les Huns s'emparent de la Perse. (Gibbon, 807.)

441. Théodose II, après une démonstration contre Genséric, lui accorde ou plutôt en reçoit la paix.

— Attaque générale contre l'empire d'Orient : les Perses, les Sarrasins et les Huns infestent la Syrie; les Zanniens et les Isauriens ravagent l'Asie Mineure ; les Vandales couvrent la mer ; les Éthiopiens désolent la Libye et l'Égypte ; Attila continue ses courses en Mésie ; les Suèves, sous Rechila, s'emparent de la Bétique, prennent Séville et Carthagène. (Gibbon, 806.)

— Disputes entre les latins, qui veulent célébrer la Pâque le 30 mars, et les alexandrins, qui prétendent la fêter le 23!..

442. Valentinien et Théodose achètent à prix d'or la paix de Genséric et Attila, qui les méprisent.

443. Les Bourguignons s'établissent entre le Rhône et le Rhin, à Genève, à Lyon et dans le Midi.

— Les manichéens sont persécutés à Rome et leurs livres brûlés. Vraiment, c'est chose exécrable que la religion.

444. Attila, après avoir tué son frère Bléda, règne seul sur les Huns, les Gépides, les Goths de Pannonie, les Suèves, les Alains, les Hérules, les Marcomans et les Quades.

445. Guerre infructueuse de Nitus, général de Valentinien, contre les Suèves et les Wisigoths d'Espagne. — L'empire ne conserve plus rien dans cette contrée.

446. Traité de paix entre Attila et l'empire d'Orient (Gibbon, 812.)

Les Pictes et les Écossais ravagent la Grande-Bretagne. Les Bretons appellent à leurs secours les Angles, les Saxons et les Juntes.

447. Bataille des Thermopyles, gagnée par Attila sur Arnégisèle, général de l'empereur. Théodose II demande humblement la paix, qui lui est accordée par le barbare.

448. Mort de Clodion, roi des Francs, et de Rechila, roi des Suèves.

Le premier a pour successeur Mérovée; le deuxième Réchiaire, qui épouse la fille de Théodoric, roi des Wisigoths.

Secte d'Eutychès, antithèse de celle de Nestorius; elle subsiste encore parmi les coptes et abyssiniens.

Ambassade de Maximin à Attila. — Théodose II tente de faire assassiner le barbare: le complot est éventé par Attila, qui se moque de l'empereur et lui pardonne. (Gibbon, 814, 819.)

449. Commencement de l'heptarchie saxonne. Hengist épouse la fille de Vortigerne, refoule les Bretons dans le pays de Galles et dans l'Armorique. (Gibbon, 923.)

Mérovée s'empare de la Batavie et domine tout le pays sur la Somme, la Meuse et le Rhin.

450. Mort de Théodose II (28 juillet). Pulchérie, sa sœur, epouse alors Marcien, sous condition qu'il respectera sa virginité, et le fait déclarer empereur. Dès son début, Marcien repousse les prétentions d'Attila, qui, sollicité secrètement par Honoria, sœur de Valentinien III, demandait la main de la princesse prisonnière (434), avec la moitié de l'empire d'Occident pour dot. Honoria avait été déclarée Auguste par son frère, afin qu'elle ne pût, en se mariant, susciter de compétiteur à l'empire. (Cf. Gibbon, 820.)

Attila fait alors volte-face et, résolu de soutenir ses prétentions, s'avance contre la Gaule.

451. Ligue générale des Romains, des Gaulois, des Francs, des Wisigoths, des Saxons, des Bourguignons et des Belges, sous la conduite d'Aétius, de Mérovée et de Théodoric, contre Attila.

Vieil antagonisme de la Horde contre la Tribu.

Bataille de Mauriac, près Châlons-sur-Marne, où il périt 300,000 hommes. Attila, repoussé, mais non défait, se retire en Thuringe. (Gibbon, 829-834.)

Fondation de la république de Venise (424). (Gibbon, 834.)

Mort de Placidia.

— Quatrième concile œcuménique tenu à Chalcédoine, en Asie Mineure : les eutychiens et nestoriens, le *thèse* et l'*antithèse*, sont à la fois condamnés; ce qui n'y fait guère, et sert encore moins au salut de l'empire.

Claudien Mamest, de Vienne, auteur de poésies religieuses.

452. Descente d'Attila en Italie, siège d'Aquilée, pillage de Pavie et Milan ; Rome, à la prière du pape Léon, est épargnée.

Le barbare est de nouveau défait par Aétius et Marcien et forcé de se retirer, emportant le fruit de ses rapines.

— Les moines d'Égypte prennent le parti d'Eutychès... Pascal a prouvé depuis que des moines ne sont pas des raisons !

— Marcien met à la charge des consuls la réparation des aqueducs. Misère extrême de l'empire, à cette époque.

453. Attila recommence ses ravages dans la Gaule du côté de Trèves et de Metz; il est battu par Thorismond, roi des Wisigoths, et meurt peu après d'une hémorragie, ou étouffé par une femme. Destruction de son empire. (Gibbon, 836-37.)

454. Aétius est assassiné par Valentinien, sur une fausse accusation; dans d'autres conditions, les victoires nombreuses remportées par Aétius auraient sauvé l'empire, aujourd'hui elles ne finissaient rien. Ce n'étaient que des combats entre barbares.

Les Vandales maîtres de la Sicile.

455. Valentinien viole la femme de Maxime; il est tué lui-même (16 mars) par le mari, qui se proclame empereur, et veut épouser de force la veuve de Valentinien. *Par pari* (Gibbon, 839.)

Celle-ci appelle Genséric, qui s'empare de Rome (15 juin), dévaste les monuments, abat ce qu'il ne peut emporter, fait périr Maxime et enmène l'impératrice et tous les personnages les plus considérables en captivité.

Proclamation d'Avitus, commandant des Gaules; il est reconnu par Marcien.

De retour en Afrique, Genséric fait démolir toutes les fortifications des villes.

— Les Pictes et les Angles accommodent de même la Grande-Bretagne.

456. Mort de Mérovée, roi des Francs; Childéric, son fils, lui succède.

Établissement définitif des Bourguignons entre la Saône et le Rhône.

Guerre pêle-mêle entre les Latins, les Wisigoths, les Suèves et les Vandales. Elle a pour résultat l'occupation de l'Espagne par Théodoric II, fils de Thorismond, roi des Wisigoths, et la déposition d'Avitus par Ricimer, qui lui donne pour remplaçant, après quelques mois de règne, Majorien. (Gibbon, 848.)

Expédition de Théodoric, roi des Wisigoths, en Espagne.

457. Mort de Marcien, empereur d'Orient; il a pour successeur Léon, Thrace. Trois dynasties chrétiennes ont passé sur l'empire et, plus cruelles que les barbares, l'ont conduit, en 142 ans, à sa perte; la dynastie de Constantin, celle de Valentinien et celle de Théodose.

Rome est prise pour la quatrième fois et mise au pillage par Genséric, qui la rend presque déserte.

Childéric, roi des Francs, est chassé par ses sujets, qui donnent la régence à Egidius, général romain.

— Lois de Majorien. (Gibbon, 850.)

458. Tremblement de terre en Syrie, Asie Mineure, Thrace et dans l'Archipel.

Succès de Majorien contre les Vandales.

L'invasion saxonne continue dans la Grande-Bretagne.

459. Maldras, roi des Suèves, pille la Lusitanie et la Galice.

Alliance de M ɪɟ, ɪien avec les Wisigoths.

460. Mort de Maldras, roi des Suèves. Ses deux successeurs, en se divisant, affaiblissent la puissance de cette nation.

461. Majorien se prépare à chasser les Vandales de l'Afrique. — Perte de la flotte. L'empereur est tué par ordre de Ricimer, 7 *août*, qui règne sous le nom de Sévère.

Paix avec les Ostrogoths; ils livrent en ôtage le célèbre Théodoric.

462. Narbonne est livrée aux Wisigoths, le comte Marcellin s'empare de la Dalmatie et s'y forme un État. (Gibbon, 861.)

Genséric continue de temps à autre ses descentes en Italie.

Négociation avec Léon, empereur d'Orient. (Gibbon, 856.)

463. Bataille d'Orléans, gagnée par les Francs, commandés par Gilles, sur les Wisigoths.

Prise de Cologne.

La Batavie est confondue dans le domaine franc.

464. Béorgos (?), roi des Alains, essaie de pénétrer dans la Gaule; il est vaincu et mis à mort par Ricimer.

Paix entre les Suèves, réunis sous un seul roi en Espagne, et les Wisigoths.

Le comte Marcellin chasse les Vandales de la Sicile.

Le général Gilles est empoisonné, les Wisigoths tiennent toute la Gaule; Syagrius, fils de Gilles, tient encore à Soissons.

465. L'empereur Sévère, créature de Ricimer, est empoisonné par lui. Interrègne de deux ans, en Occident.

Promenades de Genséric en Italie, en Achaïe, en Libye et en Égypte.

Childéric, roi des Francs, est rappelé; il se rend maître de Paris, tandis que les Saxons s'établissent vers Nantes et Bordeaux.

— Les Suèves embrassent l'arianisme.

— Un incendie consume une partie de Constantinople.

Salvien, de arseille, auteur d'un livre lamentable, *De*

gubernatione Dei. — Dieu n'est pour rien dans les affaires de l'empire; ce sont les Césars et les évêques qui ont fait tout le mal.

466. Succès de l'empereur Léon contre les Huns.

Mort de Théodoric II, roi des Wisigoths, remplacé par Euric. (Gibbon, 845.)

Publication de la loi gothique, rédigée sous Euric, et depuis augmentée par Leuvigilde et Rinedo....(?)

467. Anthémius, 12 avril, est porté à l'empire d'Occident par le sénat et par l'armée et marie sa fille au fils de Ricimer.

468. Cet empereur de *poche* fait célébrer à Rome les *Lupercales !* (Cf. Gibbon, 857-858.)

Préparatifs contre les Vandales d'Afrique.

Victoire navale de Basiliscus, beau-frère de Léon, sur Genséric; il trahit ensuite, est rappelé à Constantinople et exilé (?) (Gibbon, 859-860.)

Mort du comte Marcellin, tué en Sardaigne, par trahison.

Procès d'Arvandus. *Quid?* (Gibbon, 862.)

— Origine de la procession des rogations dans les Gaules.

469. Les Huns sont défaits par les Grecs et les Ostrogoths réunis.

Les Wisigoths chassent entièrement les Latins d'Espagne.

Révolte d'Egidius dans la Gaule. (Gibbon, 855.)

— Idace, auteur des *Fastes consulaires*.

470.

471. Victoire des Francs sur les Saxons de la Loire et les Romains. Prise d'Angers.

Discorde d'Anthémius et Ricimer. (Gibbon, 864.)

— Pierre le Foulon prétend que les trois personnes de la Trinité ont souffert dans la Passion.

472. 23 *mars*. — Anthémius est déposé par Ricimer, qui lui donne pour successeur Olybrius, sénateur romain, époux de Placidie, petite-fille de Valentinien III; il arrive de Constantinople à Ostie, avec l'aide de Genséric.

Encore la race de Théodose : elle ne quittera l'empire que mort !...

11 *juillet.* — Le peuple et le sénat, fidèles à Anthémius, s'opposent à la proclamation d'Olybrius; guerre civile aux portes de Rome, défendue par les Goths; enfin la ville est prise par Ricimer et saccagée pour la cinquième fois, depuis 410.

Anthémius est mis à mort.

20 *août.* — Mort de Ricimer, meurtrier de quatre empereurs.

Les Ostrogoths quittent la Pannonie, se divisent en deux bandes, dont l'une marche sur Constantinople, tandis que l'autre attaque l'Italie.

[**473** (?)] 23 *octobre.* — Mort d'Olybrius : il est remplacé par un soldat de Gundobald, nommé Glycérius, qui figure quelques mois.

473. Julius Népos, qui régnait en Dalmatie, après la mort de Marcellin, est porté par l'empereur Léon à l'empire d'Occident.

Par un traité avec les Wisigoths, il leur cède l'Auvergne; mais cette cession ne le sauve pas de la fureur des barbares. Ceux de Rome, mécontents, se révoltent. Les Wisigoths, auxquels il venait de livrer la Gaule, sont battus à Clermont en Auvergne par Ecdicius, fils de l'empereur Avitus, et Gondobald, neveu de Ricimer.

474. Glycérius, à l'arrivée de Julius Népos, son compétiteur, se voyant abandonné par Gondobald, qui était retourné dans la Gaule conquérir un royaume, troque la pourpre impériale contre la mitre d'évêque de Salone.

Julius Népos saisit l'empire avec de grandes espérances du peuple et du sénat, espérances bientôt déçues.

Mort de l'empereur Léon l'Ancien; proclamation de Léon II, son petit-fils, sous la régence de son père Zénon. L'enfant ne tarde pas à mourir; Zénon alors est fait empereur, et bientôt déposé pour ses débauches.

Progrès des Sarrasins dans la Mésopotamie, et des Huns dans la Thrace.

475. Le patrice Oreste, ancien secrétaire d'Attila, marche contre Julius Népos et l'assiège dans Ravenne. — Julius Népos s'enfuit par la mer, dans sa principauté de Dalmatie, et laisse l'empire disponible. — Oreste, refusant pour lui-même le titre d'empereur (comme avaient fait Arbogaste, Aétius, Ricimer), le fait donner à son fils, encore enfant, Romulus Augustus, surnommé par les Grecs et les Romains *Momyllus Augustulus*.

Les Wisigoths s'emparent de tout le pays entre le Rhône et la Loire, malgré les Bourguignons.

Avènement de Théodoric III, dit le Grand, roi des Ostrogoths.

Zénon, rappelé par l'armée, chasse Basiliscus et le fait mourir de faim.

476. Odoacre, chef Scythe, Goth, Hérule, Franc, on ne sait lequel, réclame, au nom des barbares coalisés en Italie, le tiers des terres de la Péninsule.

Refus d'Oreste.

Odoacre l'assiège dans Pavie, s'empare de la ville, qu'il met à sac, tue Oreste, et fait une pension à l'empereur enfant Romulus Augustulus, qui va vivre en Campanie, dans l'ancienne maison de campagne de Lucullus.

Lui-même se fait proclamer par ses bandes roi d'Italie.

— Secte juive des sabuséens; ils protestent contre le Thalmoud.

Incendie de la bibliothèque de Constantinople, 120,000 volumes. (Cf. Buret.)

Finis Romæ. — L'empire est mort; la maladie qu'il portait dans son sein et qui *l'a tué*, *le catholicisme*, passe aux barbares.

Ainsi l'empire est successivement démembré :

1° Par le partage en empire d'*Orient* et empire *d'Occident;*

2° Par l'introduction des Goths au sud du Danube;

3° Par l'établissement des Francs, Wisigoths, Suèves, Alains, Ostrogoths, Hérules, Lombards, en Gaule, Espagne, Italie;

4° Par la perte de l'Afrique, sous Genséric;

5° Par la perte de la Dalmatie, comte Marcellin;

6° Par le progrès des Perses, des Sarrasins, etc.

DÉSAGRÉGATION *générale* et spontanée.

Au milieu de cette décomposition que fait l'Église? Étrangère aux intérêts de l'État, aux intérêts de la nationalité, elle s'occupe de *convertir* la barbarie.

Au prix de ces *conversions*, qui lui servent à établir insensiblement son influence sur la barbarie et sa domination sur la partie civilisée, rien ne lui coûte: elle livre l'une après l'autre les provinces; pour une conversion, elle promet à Clovis l'empire de la Gaule; pour une conversion, elle affermit les Wisigoths ariens d'Espagne dans leurs possessions; pour une conversion, elle accueillera Genséric, Attila, et en fera ses princes et ses chefs.

C'est ensuite de cet esprit que plus tard on la verra chasser les Maures d'Espagne non convertis, les protestants de France non convertis, etc., etc.

Satané esprit, etc.

L'unité peut-elle être obtenue par la séparation et l'alliance des pouvoirs temporel et spirituel? Voilà le problème qui s'était posé après Constantin.

Ce que César n'a su faire tout seul, parce qu'il n'était que *force*, César le fera-t-il maintenant que l'Église lui prête sa pensée?

Reste donc à voir cette pensée?

Ici commence la constitution du dogme (325-475).

Le Christianisme pour produire l'unité doit être UN; il se constituera donc comme *un:* travail qui exige du temps, si tant est qu'il puisse se faire?

En attendant, il n'a d'autre unité que celle de l'empire même et de son organisation épiscopale, *non originelle.*

L'empire ne trouve donc pas de soutien : il périt!

La question subsiste: Le Christianisme peut-il fournir la solution du problème de l'unité *politique et religieuse.*

Recomposition *politique*, artificielle, de la chrétienté. En attendant l'unité chrétienne, période provisoire: les États *Goths*, *Wisigoths*, *Ostrogoths*, *Lombards*, *Francs*, *Hérules*, *Vandales*, etc. (475-800).

Entre temps, conversion des barbares.

Concurrence nouvelle du mahométisme.

Long travail du catholicisme.

Idée catholique, ou système féodal.

APERÇU DE LA PÉRIODE FÉODALE (800 A 1789), POUR LA PLUS COMPLÈTE INTELLIGENCE DE LA PÉRIODE MESSIANIQUE (45 AVANT J.-C. 800 APRÈS).

Le Césarisme a échoué.

Le Christianisme de son côté a poursuivi sa marche envahissante, la formulation de son dogme, et sa systématisation pontificale, romaine et unitaire.

La catholicité s'accuse donc nettement dans le domaine *spirituel.*

Mais la séparation du temporel et du spirituel n'est qu'une vaine hypothèse, une fiction de légiste, qui ne saurait subsister devant la réalité.

D'ailleurs une question capitale se pose depuis la chute du paganisme et la promulgation de la fraternité chrétienne, c'est celle de l'*organisation du pouvoir séculier lui-même.*

L'antiquité reposant sur la base large, immense, prépondérante, de l'esclavage; l'antiquité n'avait eu véritablement que des simulacres de gouvernements.

La démocratie, même la plus radicale, celle d'Athènes par exemple, n'était au fond qu'une association politique de marchands, industriels, propriétaires, tous exploiteurs d'esclaves: — 20,000 citoyens servis par 400,000 bêtes de somme.

Au-dessus de l'esclave, il y avait quelquefois une plèbe, et au-dessus de la plèbe une sorte de bourgeoisie ou aristocratie; dans ce cas, la dispute du pouvoir avait lieu entre les deux castes. La plèbe triomphante créait un *tyran;* la bourgeoisie, un sénat. Le paria ne comptait pas.

La monarchie, celles de Perse, d'Assyrie, etc., n'était qu'une variété de l'aristocratie. On a vu ce qu'était le Césarisme.

Le problème du gouvernement d'une société *sans esclaves*, où tous devaient produire, où tous auraient des droits, une somme de libertés et de privilèges, ce problème n'avait jamais été posé: avec le Christianisme, il se posait.

La catholicité d'une part à développer, le gouvernement à créer, de l'autre: voilà quelle devait être l'œuvre, après la conversion des barbares, à partir de Charlemagne.

Le génie ecclésiastique et le génie barbare, fondus ensemble, tentèrent cette solution: ce fut le système féodal.

Pape, églises nationales, primats, archevêques, évêques, abbés, bénéficiaires, ordres religieux, etc.

Empereur, rois, princes, ducs, marquis, comtes, barons, seigneurs, vassaux, varlets, hommes-liges, vilains et serfs; communes, cités, bourgeois, lombards, corporations, compagnonnages, etc.

Telle était la sainte et catholique hiérarchie, à la fois temporelle et spirituelle, créée à la fois par le génie chrétien, les mœurs barbares, la tradition hiérarchique des Césars, et les inégalités sociales, que laissait inévitablement subsister l'esclavage païen.

L'unité du genre humain se trouvait donc de nouveau affirmée; bien plus, elle recevait, pour la première fois, une CONSTITUTION. Il ne s'agissait plus que de la développer, de l'étendre.

La période qui s'étend de l'an 800 à l'an 1789 est la période de discussion expérimentale de ce système.

On le voit se poser hautement en Grégoire VII, Innocent III, Urbain II et les croisades.

Que les croisades réussissent, et la monarchie universelle des papes était fondée...

Le catholicisme romain est vaincu en Orient; il ne peut

ni ramener les Grecs, ni vaincre l'Islam. Dès lors, l'empereur triomphe du pape sans retour; la grande Charte s'établit en Angleterre; les rois de France proclament la séparation des pouvoirs; la dissolution commence.

A Bâle, les pères assemblés déclarent que le pape est *au-dessous du concile:* c'est la condamnation du catholicisme, prononcée par l'Église elle-même.

Successivement, alors, l'élément théocratique, monarchique, seigneurial, bourgeois, sont mis en discussion; tour à tour niés, abrogés, éliminés, au moins virtuellement: la révolution de 1789 est l'*enterrement du système.*

Après 89, il ne reste plus rien de tout cela qu'une chose informe, grossière, matérialiste, brutale, inorganique, entourée de souvenirs féodaux, d'habitudes gouvernementales, et d'hypocrisies religieuses. — Cette chose, c'est le CAPITAL.

Le *capital*, une fois reconnu, fait surgir l'idée féconde, intelligible, civilisatrice, le TRAVAIL. De là, la révolution de 1848, inauguration de l'élément économique, qui peut seule constituer la liberté de l'espèce et l'exploitation unitaire du Globe.

La période de 800 à 1789 comprendra donc la discussion critique des *institutions ecclésiastiques*, *judiciaires*, *seigneuriales*, *policières*, *administratives*, *politiques*, jusques et y compris le système de transition, autrement nommé CONSTITUTIONNEL.

FIN DU SECOND VOLUME.

TABLE DES MATIÈRES

DU SECOND VOLUME

DEUXIÈME PÉRIODE (SUITE)

LA GNOSE ET LES ANTONNINS (DE LA PRISE DE JÉRUSALEM A LA FIN DU PRINCIPAT)

TROISIÈME PÉRIODE

LE PRÉTORIANISME

QUATRIÈME PÉRIODE

RÉVOLUTION

CINQUIÈME PÉRIODE

L'ARIANISME

SIXIÈME PÉRIODE

MORT DE L'EMPIRE

PARIS. — IMP. C. MARPON ET E. FLAMMARION, RUE RACINE, 26.

PARIS — IMPRIMERIE C. MARPON ET E. FLAMMARION, RUE RACINE, 26.

www.ingramcontent.com/pod-product-compliance
Ingram Content Group UK Ltd.
Pitfield, Milton Keynes, MK11 3LW, UK
UKHW021903260726
13966UKWH00006B/403